Paris

EXTRA ISSUE

[Book in Book] **Paris's Café**

- ☐ The favorite of Parisiens
- ☐ Typical Parisian café
- ☐ Elegant tearoom
- ☐ Museum café
- ☐ Parisiens's café
- ☐ Paris's café drink catalog

"Ladurée Paris Bonaparte"

Paris's Café

The favorite of Parisiens

Café terrace

Pancake&Cappuccino

朝の出勤前にエスプレッソを一杯、昼にサラダや
ハンバーガーのランチ、夕食前に友人やカップルで
アペロ（食前酒）と、フランス人の1日はカフェと
ともにある。旅行中にカフェに立ち寄る際は、お
天気がよければぜひテラス席へ。エスプレッソやワ
インを飲みながら道行く人を眺めれば、パリジャン・
パリジェンヌ気分を味わえるだろう。
パリには芸術家や作家のたまり場だった有名老舗
カフェから、昔ながらのローカルカフェ、ボボ（ブ
ルジョワ・ボヘミアンと呼ばれる若い裕福層）が集

うおしゃれカフェなどさまざまあるが、最近増え
ているのが自家焙煎の豆でフィルターコーヒーを出
す店。テイクアウトがメインの気軽な雰囲気の店
が多いので、散策のついでに立ち寄りたい。紅茶
派ならサロン・ド・テがおすすめ。香り高いフレー
バーティーと一緒に繊細なスイーツも味わおう。パ
リ観光で外せない美術館鑑賞に疲れた時は、併設
のミュージアムカフェでひと休みを。カフェを上手
に利用すれば、パリ観光がさらに充実したものに
なるはずだ。

Tuna toast

Sweets

① パリの多くのカフェにはテラス席がある（▶ P.12）
② クロワッサンとコーヒーで朝ごはん（▶ P.5）③ フランスの定番デザート、プロフィットロール（▶ P.4）④ おしゃれカフェでこだわりのコーヒーとスイーツを（▶ P.13）⑤ トーストは朝食やランチにおすすめ（▶ P.13）⑥ 回廊にあるサロン・ド・テ（▶ P.8）⑦ 牛肉のタルタルはカフェの定番メニュー（▶ P.5）⑧ 博物館併設のカフェで優雅なひと時を（▶ P.11）⑨ フランスならではのスイーツも（▶ P.10）⑩ 自家製マカロンが人気のサロン・ド・テ（▶ P.8）

C'est bon!

01

パリを代表する有名老舗カフェ

Typical Parisian café

`#パリのカフェ` `#老舗カフェ`
`#有名カフェ` `#著名人が集ったカフェ`
`#café Célèbre` `#petit-déjeuner`

CAFÉ STORY

1910年後半にはダダイストたちが熱い議論を繰り広げ、1930年代以降は文学者やインテリ人のたまり場に。夫婦で哲学者・作家であったサルトルとボーヴォワールは、いつも2階席で執筆していた。カミュなどが常連。

作家たちに愛された文化カフェ

カフェ・ド・フロール

Café de Flore

1887年創業。春の女神「フロール」が店名の由来。著名な作家が事務所代わりにするなど、文化人が出入りする名物カフェだった。現在は1994年から続く「フロール文学賞」などが行われている。

`サン・ジェルマン・デ・プレ`
▶**MAP** P.239 E-2

🏠172 Bd. St-Germain, 6e ⊗ M 4号
線St-Germain-des-Présサン・ジェルマン・デ・プレ駅から徒歩1分 ☎01-45-48-55-26 ⏱7:30～翌1:30 ⊗無休

\ Bonjour! /

Café crème

❶人気はテラス席。静かに過ごしたいなら2階へ ❷アール・デコ調の落ち着いた内装 ❸カフェ・クレーム€6.40 ❹ル・ジョッキー（クロック・マダム）€14.50

①

文化・芸術の中心となった文豪カフェ

レ・ドゥ・マゴ

Les Deux Magots

1884年の創業以来、多くの文学者や芸術家が通い、パリの文化・芸術の中心的役割を果たしてきた。1933年からはこの店の常連作家や詩人が「ドゥ・マゴ文学賞」を設立するなど、新しい文化の発信地となる。

サン・ジェルマン・デ・プレ
▶**MAP** P.239 E-2

🏠6 Pl. St-Germain-des-Prés, 6e
Ⓜ M4号線St-Germain-des-Présサン・ジェルマン・デ・プレ駅から徒歩1分
☎01-45-48-55-25 🕐7:30〜翌1:00
🈲無休

❶大通りや教会を見渡せるテラス席が人気 ❷店内は落ち着いた雰囲気 ❸ポットで提供されるフィルター式コーヒー€5とクロワッサン€4.50 ❹チキンとパストラミのクラブサンドイッチ€25

\ Bienvenue! /

パリを代表する有名老舗カフェ

かつて芸術家の常連が集った

ラ・ロトンド

La Rotonde

赤い屋根が目をひく1903年創業の老舗カフェ。往時の雰囲気をしのばせるクラシックな店内には、常連だった芸術家モディリアーニの作品が並ぶ。料理はどれも本格的で、日替わりメニューがおすすめ。

モンパルナス ▶ **MAP** P.235 F-1
🏠105 Bd. du Montparnasse, 6e
Ⓜ M4号線Vavinヴァヴァン駅から徒歩1分
☎01-43-26-48-26 🕐7:30〜24:00
Ⓗ無休

CAFÉ STORY

1910年代には画廊やダンスホールも兼ねており、シャガールやユトリロ、モディリアーニなど、多くの芸術家たちが毎晩集まって芸術談義に花を咲かせていたそう。

❶ドビュッシーやピカソ、コクトーなども常連だった ❷レモン風味のスズキのポワレ ライス添え€32 ❸赤を基調とした店内には文化の薫りが漂う

古き良きパリの面影が残る

ル・セレクト

Le Select

1924年創業。趣のあるカフェは数々の小説や映画に登場している。店内の内装は当時のまま。ピカソやマティスなどの芸術家が通った名店は、今では作家や俳優といった文化人のくつろぎの場となっている。

モンパルナス ▶ **MAP** P.235 F-1
🏠99 Bd. du Montparnasse, 6e
Ⓜ M4号線Vavinヴァヴァン駅から徒歩1分
☎01-45-48-38-24 🕐7:00〜翌2:00
（金・土曜〜翌3:00） Ⓗ無休

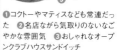

CAFÉ STORY

ヘミングウェイが座っていたスツールが今もカウンターにある。ピカソは奥の席が指定席だったとか。ヘミングウェイの『日はまた昇る』やゴダールの映画『勝手にしやがれ』にも登場した。

❶コクトーやマティスなども常連だった ❷名店ながら気取りのないなごやかな雰囲気 ❸おしゃれなオープンクラブハウスサンドイッチ

セレブも多い高級カフェレストラン

ル・ドーム

Le Dôme

1898年から続く老舗のカフェ兼高級レストラン。店内はアール・デコの装飾が美しく、気の利いたサービスが心地よい。魚屋を併設しているだけに、食事をするなら店のスペシャリテである魚介料理がおすすめ。

モンパルナス ▶**MAP** P.235 F-1

🏠108 Bd. du Montparnasse, 14e
Ⓜ M4号線Vavinヴァヴァン駅から徒歩1分
☎01-43-35-25-81 🕐8:00～翌1:00
（食事は12:00～14:45、19:00～22:30）
㉬7月中旬～8月の日・月曜

CAFÉ STORY

狂乱の時代といわれる1920年代、ヘミングウェイなどのアメリカ人作家や、藤田嗣治をはじめとするエコール・ド・パリの画家たちのたまり場として利用された。

❶シックな雰囲気の店内。セレブの常連も多く訪れる　❷店の手前がカフェで、奥が高級レストラン　❸生ガキの盛り合わせ€24（6個）

店内の"パレット"が歴史を物語る

ラ・パレット

La Palette

ボザール（国立美術学校）のすぐそばにあり、芸術や出版関連の常連が足を運ぶ老舗カフェ。歴史的建造物に指定されている店内には、多くの絵画やパレットが飾られている。セザンヌなどが常連だった。

サン・ジェルマン・デ・プレ ▶**MAP** P.239 G-1

🏠43 Rue de Seine, 6e　Ⓜ M10号線Mabillonマビヨン駅から徒歩4分　☎01-43-26-68-15　🕐8:00～翌2:00（日曜10:00～）　㉬無休

CAFÉ STORY

店のあちこちに飾られているパレットや絵は、ボザール（国立美術学校）の学生たちがカフェ代の代わりに残していったもの。現在はハリウッド俳優も訪れるという。

ヤギのチーズ！

❶セピアカラーの内装がアーティスティック
❷トーストのせ温かいヤギのチーズのサラダ€17
❸晴れた日はテラス席は常連客でいっぱいに

02

優雅な
サロン・ド・テ

Elegant tearoom

#パリのサロン・ド・テ #Salon de thé
#スイーツ&紅茶 #優雅なサロン
#mont blanc #macaron

Salon de thé élégant

マダム御用達の老舗店

カレット

Carette

1927年創業のサロン・ド・テの2号店は、ヴォージュ広場の回廊という素晴らしいロケーションにある。スイーツだけでなく評判のヴィエノワズリー（菓子パン）も試したい。

マレ ▶MAP P.233 H-2

🏠25 Pl. des Vosges, 3e Ⓜ️M8号線Chemin Vertシュマン・ヴェール駅から徒歩3分 ☎01-48-87-94-07 🕐7:30〜23:30 ㊡無休

❶モンブラン€9.80、自家製ティー€9.50 ❷甘さ控えめな大人味のマカロンもトップレベル ❸回廊にある店舗は気品漂うクラシカルな雰囲気。パリには計3店舗ある

Mont blanc aux marrons

看板スイーツのモンブランで有名

アンジェリーナ

Angelina

ココ・シャネルも愛した、いつも混雑している有名サロン・ド・テ。定番人気のモンブランには、ホットチョコレートのほか、3種類あるオリジナルティーもおすすめ。ランチのサラダも評判が高い。

オペラ〜ルーヴル ▶MAP P.228 A-4

🏠226 Rue de Rivoli, 1er Ⓜ️M1号線Tuileriesチュイリー駅から徒歩1分 ☎01-42-60-82-00 🕐8:00〜19:00（金〜日曜8:30〜19:30）㊡無休

❶モンブラン€10、アンジェリーナ特製ホットチョコレート€8.90 ❷パリには計3店舗 ❸極上の時間が流れる

マリアージュ・フレール

Mariage Frères

1854年にマレ地区で誕生した老舗の紅茶専門ショップ。約1000種類の世界の紅茶が揃い、量り売りでも購入ができる。併設するサロン・ド・テでは、おいしい紅茶はもちろんのこと、自家製スイーツもいただける。

マレ▶MAP P.233 F-1
🏠30 Rue du Bourg Tibourg, 4e
Ⓜ1・11号線Hôtel de Villeオテル・ド・ヴィル駅から徒歩3分 ☎01-42-72-28-11 ⓝ12:00〜19:00、ショップ10:30〜19:30 ⓦ無休

\ Thé /

❶たっぷりのフルーツとクリームが相性抜群な自家製スイーツ、アントルメ・オ・テ・ヴェール・リリ・ミュゲ€15 ❷紅茶の香りに包まれる空間 ❸パリに計6店舗ある（サロン・ド・テ併設は2店舗） ❹缶入りや箱入りの紅茶も販売

名店の新店舗で至福のひと時を

ダロワイヨ

Dalloyau

1802年創業の老舗がサンラザール駅構内にレストラン＆サロン・ド・テを2021年にオープン。シェフ・パティシエ、ジェレミー・デル・ヴァル氏の絶品ケーキと紅茶を楽しめる。

市街北部▶MAP P.228 A-2
🏠Gare Saint-Lazare, 2ème étage, Passerelle Eugénie, 8e ⓈGare Saint-Lazareサン・ラザール駅／Ⓜ3・12・13・14号線Saint-Lazareサン・ラザール駅 ☎01-42-99-91-20 ⓝ6:30〜19:00(日曜〜18:00) ⓦ無休

モダンな装飾の中、紅茶とともに自慢のケーキがいただける。ケーキのマドモワゼル・シャルロットは€11.90、紅茶メランジュ・ダロワイヨ€6.50

いろいろなスイーツを試したい

ダロワイヨが発祥のスイーツ。オペラ1955 €9.50

こちらもおすすめ

マカロン名店のサロン・ド・テ

ラデュレ・パリ（ボナパルト店）

Ladurée Paris Bonaparte

マカロンで有名なラデュレの同店舗はサロン・ド・テとしても人気。8:30〜12:00に利用できる朝食セットや、パン・ペルデュなどのスイーツを目当てに多くの人が訪れる。▶P.112

邸宅のようなエレガントな内装

マカロン付きのパン・ペルデュ・バナナ・キャラメル€13もおすすめ

わざわざ訪れたい ミュージアムカフェ

Museum café

(03)

Un délicieux moment

#パリのミュージアムカフェ

#café des musées #nouveau café du musée

#アート鑑賞後の休憩スポット

ヴィクトル・ユゴー記念館

カフェ・ミュロ

Café Mulot

ヴィクトル・ユゴー記念館(▶P.171)併設。気鋭のシェフ、ファビアン・ルイヤール氏に引き継がれた老舗メゾン・ミュロ(▶P.119)のカフェで、スイーツのほか、キッシュなどの惣菜メニューも充実。

マレ▶MAP P.233 H-2

🏠 6 Pl. des Vosges, 4e ⓜM1・5・8号線 Bastilleバスティーユ駅から徒歩6分
☎01-82-83-03-80 🕙10:00〜17:45
㊡月曜

ミルフォイユ€9.80、アールグレイティー€5.50、白桃のネクター€6.50。落ち着いたテラス席で自家製ケーキを味わいたい

❶偉大な文学者ユゴーをイメージした内装 ❷ロマンティックな中庭テラスも人気 ❸老舗の名品スイーツが並ぶ ❹店内に展示されている陶器は若手アーティストによる特注品 ❺記念館見学のあとに立ち寄って

（上）朝食セット€28
は11:00まで　（右）
アーティスティックな
内装の店内

コーヒー€5.50〜、ランチはメイン€24〜。
15:30からのティータイムはパティスリー€12〜

オテル・ド・ラ・マリンヌ

カフェ・ラペルーズ・コンコルド

Café Lapérouse Concorde

オテル・ド・ラ・マリンヌ（▶P.89）内に
あり、豪華な内装はディオールのアー
ティスティック・ディレクターが手が
けている。エッフェル塔を一望できる
テラス席もおすすめ。

オペラ〜ルーヴル ▶**MAP** P.236 D-4

🏠2 Pl. de la Concorde, 8e
Ⓜ1・8・12号線Concordeコンコルド駅から
徒歩1分　☎01-53-93-65-53　🕗8:00〜
11:00、12:00〜18:00、19:00〜23:00
🈺無休

カフェはガラス張りで明るい日差しが差し込む。
モンマルトルの喧騒から逃れて静かに過ごせる

モンマルトル美術館

カフェ・ルノワール

Café Renoir

モンマルトル美術館（▶P.162）に併
設された、広々とした庭園が広がる隠
れ家的なカフェ。画家ルノワールがこ
の庭でさまざまな作品を描いたことか
ら名付けられた。

モンマルトル ▶**MAP** P.234 C-1

🏠12 Rue Cortot, 18e　Ⓜ12号線
Lamarck-Caulaincourt ラマルク・コラン
クール駅から徒歩6分　☎01-49-25-89-39
🕘11:00〜18:00　🈺10〜4月の月・火曜

❶❸カフェ利用には入場料€5が必
要。美術館のチケットにはカフェ入場
料も含まれる　❷軽いランチやティー
タイム利用におすすめ

04

パリジャンに人気の今どきカフェ

Parisiens's café

#パリで人気のカフェ #注目カフェ
#美味しいコーヒー #おしゃれカフェ
#café filtre #café à emporter

ホームメイドクッキー

❶おしゃれな外観が目を引く ❷ハーフサイズのサンドイッチ€4.10〜、カフェ・クレーム€4.50 ❸次々と客が訪れる ❹ホームメイドクッキー一各€3.50

サン・マルタン運河の定番カフェスポット

テン・ベル

Ten Belles

2012年のオープン以来、国際色豊かな客層でにぎわう名物コーヒーショップ。自家焙煎のカフェはもちろん、自家製パンを使ったサンドイッチも美味でおすすめ。

`サン・マルタン運河` ▶**MAP** P.229 H-2
🏠 10 Rue de la Grange aux Belles, 10e
Ⓜ M 5号線 Jacques Bonsergentジャック・ボンセルジャン駅から徒歩6分 ☎09-83-08-86-69
🕐8:30〜17:30（土・日曜9:00〜18:00）Ⓧ無休

注目ホテルの中にあるくつろぎカフェ

ザ・ホクストン

The Hoxton

ロンドンやアムステルダム、NY などに展開するザ・ホクストンが2017年にパリに誕生。18世紀の豪奢な建物の入口をくぐると、眼前にカフェ空間が広がる。

`オペラ〜ルーヴル` ▶**MAP** P.228 D-3
🏠 30-32 Rue du Sentier, 2e Ⓜ M 8・9号線 Bonne Nouvelleボンヌ・ヌーヴェル駅から徒歩2分 ☎01-85-65-75-00
🕐7:00〜翌1:00 Ⓧ無休

Un hôtel café

❶ホテルの看板がないので見落としに注意 ❷カプチーノ€5、ブラウニー€4.50、フィナンシェ€3とお手頃価格 ❸スタイリッシュながらくつろげる雰囲気 ❹カフェと焼き菓子はテイクアウトも可

乙女心をくすぐるパティスリー

ボンタン

Bontemps

隠れ家のようなパティスリー兼サロン・ド・テ。サブレを使ったかわいいタルト菓子、ロマンティックなデコレーションと、どこを切り取ってもフォトジェニックなカフェ。

北マレ ▶ MAP P.229 G-5

♠ 57 Rue de Bretagne, 3e ⊗M3・11号線 Arts et Métiers アールゼ・メティエ駅から徒歩5分 ☎01-42-74-11-66(サロン・ド・テ) ⏰12:30〜18:30(日曜11:45〜)、ブティック11:00〜19:00(土曜10:30〜、日曜10:30〜18:00) ⊛月・火曜、8月に3週間

Photogénique ♡

①室内席とテラス席がある ②乳白色のペンダントライトや古い石器のタイル、魅惑的な音楽や香りが相まって五感が刺激される空間

ショーケースのケーキ

C'est bon

ランチにはトマトコンフィと生ハムがのったパイ€23を

思わず写真を撮りたくなるミニサブレは4つで€10

メニュー充実の人気メゾン直営カフェ

カフェ・キツネ

Café Kitsuné

日本でも人気のメゾン・キツネによる本格カフェ。ルーヴル店は広々とした2階フロアがあり、食事メニューが最も豊富に揃うのでぜひ立ち寄って。

オペラ〜ルーヴル ▶ MAP P.228 C-5

♠ 2 Pl. André Malraux, 1er ⊗M1・7号線 Palais Royal Musée du Louvre パレ・ロワイヤル・ミュゼ・デュ・ルーヴル駅から徒歩3分 ☎01-40-15-99-65 ⏰8:00〜19:00 ⊛無休

①メープルシロップとバナナ、ピーカンナッツ添えパンケーキ€12、カプチーノ€4.50 ②アイス・ユズ€6 ③ガラス張りの店 ④イートインもテイクアウトも1階のカウンターで注文を ⑤2階は広々

※ P.12-13はすべてイートインの値段。

カフェのドリンクカタログ

Paris's Café Drink Catalog

パリの
カフェを
楽しんで

カフェ
Café
フランスでカフェ＝コーヒーといえば「エスプレッソ」のことで、朝や食後に飲む、夜はカフェインレスのデカフェ（Décafé）を飲む人も多い。

カフェ・クレーム
Café Crème
カフェ・オ・レのことで、エスプレッソに温めた牛乳、もしくはスチームした牛乳を入れたもの。大きなカップで提供される。

カプチーノ
Cappuccino
イタリアのコーヒーの飲み方のひとつで、エスプレッソにスチームした牛乳と泡立てた牛乳を入れたもの。モコモコした泡が特徴。

"Café（カフェ）"のこと
フランスで「カフェ（Café）」とは、店そのものとエスプレッソの両方を意味する。1杯のエスプレッソを注文するときは「アン・カフェ・スィル・ヴ・プレ」と言おう。

カフェ・ノワゼット
Café Noisette
エスプレッソに牛乳をちょっとだけ加えたもので、まろやかな味になる。ノワゼットはヘーゼルナッツという意味だが、ナッツ味がついているわけではない。

カフェ・アロンジェ
Café Allongé
エスプレッソにお湯を加えたもので、大きなカップで提供される。ここ数年パリではフィルター式のコーヒー、カフェ・フィルトゥ（Café filtre）も人気。

ショコラ・ショー
Chocolat Chaud
チョコレートドリンクのこと。高級カフェではチョコレートを溶かした本格的なものが出てくるが、ココアパウダーと牛乳で作っているカフェも多い。

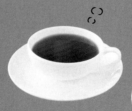

テ
Thé
紅茶のことで、数種類のフレーバーが用意されていることも。カフェではほぼティーバッグ式。ハーブティーのアンフュージョン（infusion）もよくある。

サロン・ド・テとは？
サロン・ド・テとは「ティー・サロン」という意味。フランスでカフェの飲み物といえばコーヒーが一般的だが、実は紅茶好きな人も多い。おいしい紅茶とスイーツを求めて集う場所。

How to order

カフェの利用の仕方

テーブル担当者が交代する際に先に会計を促されることがあるが、会計後もゆっくりしてOK!

❶ 入店する

入店したらスタッフが声をかけてくるのを待とう。テラス席であればスタッフに声をかけて好きな所に座ってOK。喫煙はテラス席のみ。入店時は「ボンジュール」とあいさつを忘れずに。

❷ 注文する

席に着いたらスタッフがメニューを持ってくる。注文を決めたら大声で呼ばず、目があったら「スィル・ヴ・プレ」と声をかけよう。忙しいとすぐに来ないこともあるが、気長に待とう。

❸ 支払う

注文したものと同時かその後にスタッフがレシートを持ってくる。支払いはテーブル会計。すぐに会計したいときはスタッフがレシートを持ってきたときに支払おう。お釣りの必要がなければテーブルにお金を置いて立ち去ってもよい。

ビエール
Bière

ビールのこと。生ビールはプレッション（Pression）という。フランスブランドの「1664（セイズ）」やベルギービールを用意しているところが多い。

ヴァン・ブラン　ヴァン・ルージュ
Vin Blanc　Vin Rouge

ヴァンはワイン、ブランは白、ルージュは赤。白ワインのグラスを注文する時は「アン・ヴェール・ド・ヴァン・ブラン、スィル・ヴ・プレ」で。

ギャルソンとは？

カフェ専門のプロの給仕スタッフのこと。一般的なカフェではあまり見られなくなったが、老舗カフェではまだまだ健在。プロフェッショナルなふるまいに注目したい。

食事の時間帯の呼び方

朝食：プチ・デジュネ（Petit déjeuner）、昼食：デジュネ（Déjeuner）、食前酒：アペリティフ（Apéritif）、夕食：ディネ（Diner）。ちなみにおやつはル・グテ（Le Gouter）。

オー・ミネラル
Eau Minérale

ミネラルウォーターのこと。フランスブランドのヴィッテルやエビアンを用意しているところが多い。炭酸入りの水はオー・ガズーズ（Eau Gazeuse）。

ジュ・ドランジュ
Jus d'Orange

ジュはジュースのことで、ジュ・ドランジュはオレンジジュース。生のオレンジを絞ったものはジュ・ドランジュ・プレッセ（Jus d'Orange Pressé）という。

マンタロー
Menthe à l'Eau

さわやかなミントシロップを水で割ったもの。炭酸水で割ったものはディアボロ・マント（Diabolo Menthe）で、こちらもよく飲まれる。

カフェ・グルマン
Café Gourmand

エスプレッソと数種類のミニサイズのスイーツがセットになったもの。飲み物と一緒に少し甘いものが食べたいときにおすすめ。

アペロのドリンク

ビールやワイン以外にカクテルも好まれる。モヒート（Mojito）やキール（Kir）といった定番以外に、近年人気なのがオレンジ色がさわやかな「アペロ・スプリッツ（apéro spritz）」。

Salut!

BON VOYAGE

Paris

HOW TO USE
この本のポイント

まっぷるWORLD で
特別な旅の時間を♬

はじめて訪れる人も、新たな体験を求めるリピーターもパリへの特別な旅へご案内。
ココロ動かす感動、非日常、ごほうび、リラックスなど海外旅行に求める体験が
この一冊ですべて叶います! さあ、新しい旅のはじまり……

Special Point

01 巻頭BOOK in BOOK

バリでカフェ体験を♪

CAFÉ GUIDE

ごはんや休憩したいときなどに
便利なカフェは旅の大定番。
素敵なカフェで、トレンドや
エリアの雰囲気を味わって!

\ぼくたちが案内するよ/

ペンギンくん　ハシビロコウ先輩　ウサギどん

旅するエリアについて
詳しくなれる
旅のプロローグ付き
▶P.8

02 充実度UP!
旅に役立つスマホ術

パリに来たら憧れのあの店へ!

海外旅行へはスマホが必須! 出入国の手続きは電
子申請が主流に。レストランの予約、アプリの活用、
SNSでの情報取得など、うまくスマホを使いこなせ
ば、旅の充実度が何倍もアップ!

スマホ活用術例
★ハッシュタグで情報やトレンドをCHECK!
★必須のアプリをDL ▶P.197
★フォトジェニックな写真を撮る
★素敵な写真をSNSにUP!!

ここから
アクセス

03 無料!
電子書籍付き

旅の前に電子書籍をスマホやタブ
レットにダウンロードしておけば、旅
行中は身軽に動ける便利なアプリ。

04 実際に役立つモデルプラン
王道プランからタイプ別まで使えるプランを掲載。

05 ジャンル別の旅テクが便利
役立つ旅のテクニックやお得ネタを厳選紹介。

06 ツウのクチコミ情報をGET
ジャンル別の「パリLOVERS」で、パリ通のおすすめやクチ
コミ情報をGET。

07 必見スポットやテーマを深掘り
必見スポットやテーマを深掘りして紹介。いつもとは違う
目線で楽しめる内容に。

08 楽しく読めるBOOK CAFEコラム
旅行中のブレイクタイムや行かなくても楽しく知識を深め
られる読み物コラム。

09 詳しい基本情報で不安を解消
充実した旅には入念な準備が大事。出発前に出入国関
連やアプリのダウンロードを。

10 便利に使えるアクセス&MAP
巻末に現地のアクセス情報と見やすい詳細MAP付き。

etc.
はみ出しメモや得するコラムでより旅を楽しめる情報が満載!!

 絶対行くべきSPOT
やおすすめ店

 映えスポット

【物件マーク】
🏠…所在地
⊗…最寄り駅などからの所要時間(Ⓜメトロ、Ⓑバス、Ⓣトラム)
☎…電話番号
🕐…営業時間(閉店時間ではなくラストオーダー時間を表示してい
る場合があります)、開館・開園時間
㊌…定休日
¥…入館・入場料(大人料金)、ホテ
ル一室の料金(Ⓢシングル、Ⓓダ
ブル、Ⓣツイン)
URL…ホームページ

【MAPのマーク】
●ENJOY　●MUSEUM　●GOURMET　●SHOPPING
●EXCURSION　●STAY

※休業日は原則、クリスマスやバカンスなどの特別休暇をのぞいた定休日の
みを表示しています。
※施設により別途サービス料がかかる場合があります。

【ご注意】本誌に掲載されているデータは2023年9〜11月現在の調査・取材によ
るものです。いずれも諸事情により変更されることがあります。2024年オリン
ピック開催に向けた変更も多いため、ご利用の際には事前にご確認ください。
また、本誌に掲載された内容に生じたトラブルや損害等については、弊社
では補償いたしかねますので、あらかじめご了承のうえ、ご利用ください。

Paris
France

パリ フランス

. . . . .

新しい旅のはじまり

旅は非日常に出会える、とっておきの体験。

そして、旅先で感じた音、香り、風、味わいすべてが帰ってからの

日々の糧になる。さて、今度はどこへ行こうか。

この本を開いた瞬間から、あなただけの特別な旅がはじまる。

Trip to Paris France / CONTENTS
[パリ フランス]

Paris, Quick Guide

パリ早わかり

歴史的スポットからトレンドのブティックまで、見どころが詰まったパリの街。
まずは主要なエリアと特徴、必見スポットの位置を把握しよう。

📍 Paris
France

どんな街？

フランスの首都パリは、歴史ある街並み、芸術、ファッション、グルメなど、さまざまな魅力にあふれた世界有数の観光地。環状道路に囲まれた街は20の区に分かれ、真ん中をセーヌ川が流れている。南北9km、東西約12kmの広さに、歴史的建造物や世界有数の美術館などの見どころがぎゅっと詰まっているパリの街。各エリアのランドマークを意識して、効率よくまわりたい。

人口 約210万人（2023年）　面積 約105km

Bienvenue!

A シャンゼリゼ大通り
サン・ラザール駅
凱旋門　オペラ座（パレ・ガルニエ）
8区
16区　シャンゼリゼ大通り　1区
ブーローニュの森　コンコルド広場・
ルーヴル美術館
エッフェル塔　7区　オルセー美術館・
サン・ジェルマン・
デ・プレ教会
C エッフェル塔周辺　6区
D サン・ジェルマン・デ・プレ　リュクサンブール公
トゥール・モンパルナス・
モンパルナス駅
15区
K モンパルナス
14区

「花の都」を象徴するパリの目抜き通り

Must! 凱旋門 ▶P.32

A シャンゼリゼ大通り

Av. des Champs-Élysées

凱旋門とコンコルド広場を結ぶ大通りは、カフェやショップが建ち並ぶパリでもいちばん華やかなエリア。「花の都パリ」を体感できる。▶P.34

パリの歴史や文化に触れられる観光の中心地

B オペラ〜ルーヴル

Must! オペラ座 ▶P.36
ルーヴル美術館 ▶P.70

Opéra, Louvre

かつての王室の宮殿を利用したルーヴル美術館や庭園などがあり、芸術とフランス史に触れられるエリア。荘厳な雰囲気のオペラ座など主要スポットが集まる。▶P.156

パリのシンボルを中心に美しい景観が広がる

C エッフェル塔周辺

Tour Eiffel

エッフェル塔を中心に、シャイヨー宮やシャン・ド・マルス公園などがあり、美しい街並みが広がる。さまざまな撮影スポットから、ベストショットを狙おう。
▶P.28

\ こちらもCheck! /

I サン・マルタン運河 Canal Saint-Martin
地元の人たちの憩いの場。旬のショップやカフェも集まる。▶P.173

J 北マレ Nord Marais
マレ地区の北側。こだわりの店が集まるパリのトレンド発信地。▶P.172

K モンパルナス Montparnasse
トゥール・モンパルナスが目印。芸術家が集った老舗カフェが点在する。

芸術家たちに愛された丘の上の街

H モンマルトル

サクレ・クール寺院
▶P.38

Montmartre

白亜のサクレ・クール寺院が建つ丘の街。19世紀半ばまで「モンマルトル村」だった下町の風情が残る街は、多くの芸術家に愛された。石畳の坂道を気ままに歩きたい。▶P.160

中世の街並みにおしゃれな店や美術館が点在

G マレ〜バスティーユ

Marais, Bastille
古い街並みに最先端のブティックが軒を連ね、人気の美術館が点在するマレ地区。東側のバスティーユ地区は、多くの飲食店やお店が集まる、若者や地元の人に人気のエリア。▶P.170

中世の面影を残すパリ発祥の島

F シテ島〜サン・ルイ島

Île de la Cité, Île Saint-Louis
セーヌ川に浮かぶ2つの中州。パリ発祥の地であるシテ島には、ノートル・ダム大聖堂など歴史ある建造物が並ぶ。サン・ルイ島は17世紀の面影が残る閑静な住宅街。▶P.164

洗練された知的な雰囲気が漂う文化的エリア

D サン・ジェルマン・デ・プレ

Saint-Germain-des-Prés
パリ最古の教会を中心に伝説的な文学カフェが点在し、今もセレブや文化人に愛される知的な雰囲気の街。ファッションブランドが集まり、ショッピングも楽しめる。▶P.166

学生街の活気あふれる左岸の文教地区

E カルチェ・ラタン

Quartier Latin
「ラテン地区」を意味するエリアは、中世から続く名門ソルボンヌをはじめ多くの教育機関が集まる学生街。丘の上のドームが雄大なパンテオンなど見どころも多い。
▶P.168

地図エリア

🏛 モンマルトル
サクレ・クール寺院
19区
北駅
ビュット・ショーモン公園
東駅
10区 **I サン・マルタン運河**
・サン・マルタン運河
B オペラ〜ルーヴル
3区
20区
J 北マレ
・ポンピドゥー・センター
11区
4区 **G マレ〜バスティーユ**
・ノートル・ダム大聖堂
バスティーユ広場
F シテ島〜サン・ルイ島
・パンテオン
5区 植物園・
E カルチェ・ラタン
リヨン駅 12区
ベルシー駅
オーステルリッツ駅
13区
ヴァンセンヌの森

ペンギンくんと
ハシビロコウ先輩の
愉快な旅が始まるよ〜

PENGUIN-KUN NO TRIP DIARY.

パリ旅行のプロローグ

Experience in Paris

シテ島

サン・ルイ島

シテ島は
パリ発祥の地
なんじゃよ

雄大なセーヌ川の流れ
火事にあってもなお堂々たる
ノートル・ダム大聖堂……
うーん素晴らしい！

紀元前3世紀、ここにケルト系の
パリシイ族が住み始めたんじゃ
その後いろいろあったんじゃが……

いろいろ？！

・ローマ人に支配される
・ルテティアからパリに改名
・フランク王国の首都になる
・ユーグ・カペーが
　フランス国王に

12世紀になると、この
ノートル・ダム大聖堂の建築が
始まるのじゃ。やがてパリは
ヨーロッパの政治・経済・文化の
中心となっていくぞ

向こうに見える
トンガリ屋根の重厚な
建物はな〜に？

建築に200年もかかった
ノートル・ダム大聖堂は
ゴシック建築の代表的傑作じゃ！

ペンギンくん　好奇心旺盛で、自由人。旅先でカフェに立ち寄るのが大好きだが、猫舌で熱いのが苦手

あれはコンシェルジュリ。1789年に起きた
フランス革命では、マリー・アントワネットなど
たくさんの王族や貴族が投獄され、
コンコルド広場の断頭台（ギロチン）に
送られたんじゃよ……

コンコルド広場

マリー・アントワネット

パリの街はまさに
世界史の舞台なんだね！

街路や広場、
建物のひとつひとつに
歴史が積み重なって
いるんじゃ

次は凱旋門に
行ってみようかの

うん！

凱旋門　展望台

パリはどうしてこんなにきれいな
街並みなんだろう～
歩道も広くて街路樹も美しい！

実は19世紀までは、人口密度が高く
不衛生で劣悪な環境だったんじゃ
道も入り組んでてのう

これがパリ?！

ナポレオン3世の命を受けたオスマン男爵が
パリを大胆に改造して、今の美しい街が
できあがったん
じゃよ

へー、知らなかった

ハシビロコウ先輩　世界の知見を広げるために旅をしている。ペンギンくんとは気が合う

9

この凱旋門を囲む広場も、放射状に伸びる12本の
大通りも、オスマン男爵の大改造によるものだよ
なかでもシャンゼリゼ大通りは
花の都パリを代表する通りだね

うさぎ でん！

♪オー シャンゼリゼー※
ちなみに、この「オー」は
フランス語の「Aux」
（〜で・〜のを表す前置詞）
って知ってた？

へえー
「おぉ！シャンゼリゼ」
だと思ってたよ

フーケッツ・パリ

宮廷文化が栄えるなかで
フランス料理はどんどん
発展していったんじゃ
実はイタリア料理の影響も
大きいといわれるんじゃよ

パリといえば美食の街だよね〜。世界三大料理に
数えられる洗練されたフランス料理！

1533年
イタリアのメディチ家の
カトリーヌ・ド・メディシス
がのちのフランス王
アンリ2世に嫁いだとき
料理人も一緒に
連れてきたからじゃ

そうなのよ

カトリーヌ・ド・メディシス

へぇ〜

ミシュランガイドも
フランス生まれだね

どうぞ

ハッピー

1900年にタイヤメーカーのミシュランが
ドライバーに配ったのが始まりだよ

予約は必須だけど
旅の間に一度は
星付きレストランを
訪れたいね

そうじだよ

食べたーい!

フランスは農業大国でもあって
おいしい食材の宝庫じゃ

繊細なレストランの料理だけじゃなく
スーパーで買えるチーズやワイン、加工肉なども
種類が豊富でとびきりおいしいんじゃよ

じゃあ、さっそくモノプリに行こう!

パン屋さんでバゲットを買うのも
忘れずにね。毎年コンクールで
一番おいしいお店を決めるくらい
パリジャンはバゲットにうるさいんだよ

MONOPRIX

うわーおいしい!
無限に食べちゃうよ

パク パク

このあと三つ星レストランで
ディナーなんだから
食べ過ぎはダメだよ!!

IN PARIS

4 NIGHTS 6 DAYS

4泊6日王道モデルプラン

Day 1

到着日はホテル近くのカフェで
パリ到着に乾杯!

17:00 パリに到着後、ホテルへ

東京からパリへは直行便で朝発だと夕方着。シャルル・ド・ゴール国際空港からパリ右岸まではタクシーで約50分。バスならオペラ座近くのバス停まで約1時間。

20:30 有名カフェで軽くディナー ▶P.159

オペラ座近くの文化財指定の**カフェ・ド・ラペ**でパリ到着をお祝い。その後は翌日からの観光に備えてしっかり休もう。

室内の豪華な装飾は一見の価値あり。テラス席でオペラ座を見ながら軽食を取るのもいい

©Jérôme Galland

12

世界的に有名なパリのシンボル、エッフェル塔

Day 2

パリ観光の王道からスタート
有名大通りやクルーズも

09:30 まずはエッフェル塔へ！ ▶P.28

事前に日時指定チケットを購入して、できるだけスムーズに入場したい。3つの展望台からの眺めを楽しもう。

12:30 近くのビストロでランチ ▶P.103

エッフェル塔近くの人気ビストロ、**ラ・カンティーヌ・デュ・トロケ・デュプレックス**へ。ボリュームたっぷりで満足。

14:30 巨大な凱旋門も見逃せない ▶P.32

ナポレオンが建造を命じた戦勝記念の門へ。圧巻の姿を眺めたら、屋上の展望台にも上ってみよう。

15:30 シャンゼリゼ大通りを散策 ▶P.34

凱旋門からコンコルド広場まで続くマロニエの並木道を散歩。道路の両側の歩道には多くの店が並んでいる。

16:00 話題の店でカフェ&ショッピング ▶P.34

ピエール・エルメとロクシタンのコラボ店、**キャトルヴァン・シス・シャン**へ。限定マカロンやコスメをチェック。

18:00 セーヌ川クルーズでパリ観光 ▶P.40

シャンゼリゼ大通りを堪能したらセーヌ川まで歩いて**バトー・ムッシュ**に乗船。約1時間のクルーズを楽しもう。

20:00 ディナーは定番フランス料理を ▶P.100

クラシック料理が安価に食べられると評判の**ブラッスリー・デ・プレ**へ。王道の定番料理をいただこう。

凱旋門とシャンゼリゼ大通りも観光のマストスポット

©givaga / shutterstock

シャンゼリゼ大通りの86（キャトルヴァン・シス）番地にあることが店名の由来

歴史的なパッサージュにある同店で味わいたい定番フレンチ

4 NIGHTS 6 DAYS
王道 モデルプラン

09:00 ルーヴル美術館で
世界一有名な名画に対面 ▶P.70

とにかく広いので、あらかじめ目当て
の作品をピックアップして鑑賞しよう。
もちろん『モナ・リザ』は必見。 **1**

12:30 美術館併設カフェでランチ ▶P.77

ル・カフェ・マルリーでランチ休憩。テ
ラス席からは美術館のシンボル、ガラ
スのピラミッドが眺められる。

14:00 オルセー美術館で
印象派の作品を堪能 ▶P.78

日本でも人気が高い印象派の傑作が
集まる美術館も見学したい。駅舎の
面影を残すモダンな建築に注目。 **2**

16:00 シテ島&サン・ルイ島を散策
人気のアイス屋にも立ち寄って ▶P.164

サント・シャペルを見学し、修復中の**ノ
ートル・ダム大聖堂**も眺めよう。**ベル
ティヨン**のアイスも食べたい。 **3**

18:30 16年ぶりに再開した
老舗デパートへ ▶P.130

2021年に再オープンした**サマリテー
ヌ・パリ・ポンヌフ**。内観のアール・ヌ
ーヴォー様式を見るだけでも楽しい。 **4**

19:30 ホテルへ戻ってディナーの身支度を

今日のディナーは星付きレストラン。
買い物した商品をホテルに置いて、ち
ょっとおめかしして出かけよう。

20:30 滞在の思い出に
2つ星レストランでディナー ▶P.107

**レストラン・ル・ムーリス・アラン・デュカ
ス**へ。豪華な内装と心地よいサービ
ス、繊細な料理の数々に夢見心地に。 **5**

2つ星ならではの
ハイレベルな料理
を堪能したい

©maki manoukian

有名な作品が多数
揃っていて、感動の
一言。印象派好き
はぜひ時間に余裕
を持って見学しよう

ルーヴル美術館はアートにさほど関心がな
くても一生の思い出に観光しておきたい

M'O

Day 3

今日はアート鑑賞の日!
星付きレストランも体験

3 ノートル・ダム大聖堂は復旧工事中も人気の観光スポット。セーヌ川沿いの景色も楽しもう

島の対岸のセーヌ沿いに並ぶブキニスト(古本市)ものぞいてみよう

シテ島とサン・ルイ島に点在する小さな店を見るのも楽しい

4 サマリテーヌ・パリ・ポン・ヌフのブティック・ド・ルルでは限定みやげが購入可

09:00 世界遺産のヴェルサイユ宮殿を
半日観光 ▶P.48

パリから電車で30分、宮殿だけの見
学なら半日でOK。豪華絢爛な内装
は圧巻。とくに鏡の回廊は必見！ ①

12:00 宮殿内のカフェで昼食 ▶P.53

人気サロン・ド・テのアンジェリーナで
は軽食も食べられる。限定パティスリ
ーも試してみたい。

14:30 パリに戻ったらモンマルトルの
サクレ・クール寺院へ ▶P.38

王道観光スポットの1つ、モンマルトル
の丘に建つ白亜の寺院を見学。丘か
らはパリ市街が見下ろせる。 ②

15:00 下町情緒漂う
モンマルトルの街を散策 ▶P.160

似顔描きでにぎわうテルトル広場、イ
ンスタスポットのジュテームの壁などを ③
めぐろう。ミニトレインのプチ・トランな
どで周遊しても楽しい。

16:30 話題の店が集まるマレ＆
北マレ地区へ ▶P.170、P.172

ヴィクトル・ユゴー記念館併設のカフ
ェ・ミュロ（▶付録P.10）で小休憩した ④
ら、メルシー（▶P.136）などの話題の
お店をひとめぐり。

20:00 人気のビストロで
最新フレンチを味わう ▶P.102

予約必須の人気店ナロでディナー。
繊細で彩り豊かな料理の数々は、味
覚だけでなく視覚も満たしてくれる。

1 ヴェルサイユ宮殿では見学ルート順に部屋
を見て回る。どの部屋の装飾も美しく豪華

2 モンマルトル散策は同地域
のシンボルであるサクレ・ク
ール寺院からスタートしよう

3 300の言語で愛の言葉が
書かれたジュテームの壁

メルシーはパリでい
ちばん人気のセレク
トショップ。洋服や
インテリア、雑貨な
どが揃う

Day 4

世界遺産を見学したら、
モンマルトルの丘を散策

カフェ・ド・フロールで人気のドリンク、カフェ・クレームをいただこう

最終日は有名カフェで朝食、観光、ショッピング！

08:30 最終日の朝食はカフェで
　　　　▶付録P.4

かつて文化人が集ったサン・ジェルマン・デ・プレの**カフェ・ド・フロール**でゆっくり朝食を楽しみたい。①

09:30 サン・ジェルマン・デ・プレを散策
　　　　▶P.166、P.112

サン・ジェルマン・デ・プレ教会や、マカロンで有名な**ラデュレ・パリ**に立ち寄ろう。②

11:30 オペラ座を見学　**▶P.36**

公演を見る時間はなくても、場内を見学して雰囲気を味わおう。

13:00 デパートで買い物＆ランチ
　　　　▶P.132、P.134

ギャラリー・ラファイエット・パリ・オスマンと**プランタン・オスマン**へ。館内でさくっとランチを済ませたら、おみやげを調達！③

17:30 軽食をすませて空港へ

夜遅い便の飛行機だとお腹がすくので軽食を取って。空港へは早めに移動しよう。

ラデュレのボナパルト店ではマカロンやパティスリーをイートインできる②

パリ最大のデパートいえばギャラリー・ラファイエット。美しいクーポール（丸天井）は必見③

©MyrMuratet

17

4 NIGHTS 6 DAYS 女子旅モデルプラン

おしゃれもグルメも全部を制覇したい！
よくばり女子旅モデルプラン

1日目
念願のパリに到着！
初日はルーフトップカフェバーで
夜景を見ながら乾杯 ▶P.105

2日目
朝食はラデュレで。
マカロンもいただこう ▶付録P.9
その後はサン・ジェルマン・デ・プレを
お散歩 ▶P.166 ❶
ドラッグストアで
プチプラコスメもゲット ▶P.144

3日目
今日はマレ＆北マレでトレンドチェック
▶P.170、172
ランチはマルシェで ▶P.43
夜ごはんは人気のビストロへ ▶P.102

4日目
2021年から見学可能になった
オテル・ド・ラ・マリンヌへ ▶P.89
その後は併設のカフェで
ティータイム ▶付録P.11 ❷
憧れの食器やパリジェンヌに人気の
洋服もチェック ▶P.137、P.138 ❸

5日目
最終日はひたすらおみやげ購入！
おいしいものが揃っている
ル・ボン・マルシェ・リヴ・ゴーシュへ ▶P.135
スーパーでプチプラみやげも購入 ▶P.146
荷物を整理して空港へ

アスティエ・ド・ヴィラットで
念願の陶器をゲットしよう

同地区のランドマーク、
サン・ジェルマン・デ・プレ教会

食品館のラ・グランド・エピスリーには
おいしいものが揃っている

カフェ・ラペルーズ・コンコル
ドで休憩を

---

6 NIGHTS 8 DAYS 世界遺産旅モデルプラン

ツアーを活用！パリに宿泊して
パリ周辺の世界遺産をめぐる8日間

1日目
日本からパリに到着

2日目
パリから電車でシャルトルへ ❶
▶P.188

3日目
パリから電車で
ウェルサイユ宮殿へ ▶P.48

4日目
パリから日帰りツアーで
ロワールの古城めぐりへ ❷
▶P.184

5日目
パリから電車で
フォンテーヌブローへ ▶P.180 ❸

6日目
パリから日帰りツアーで
モン・サン・ミッシェルへ ▶P.54 ❹

7日目
パリから日本へ帰国

© Anne-Marie Nouar

街のシンボル
シャルトル大聖堂

©Ludovic-Le

ロワール地域に点在する古城の中で
も人気のシャンボール城

一度は行きたい神秘の島
モン・サン・ミッシェル

モン・サン・ミッシェルで
は名物のオムレツ！

パリから最も近い城、
フォンテーヌブロー城
©chateaudefontainebleau

ENJOY

Paris

Enjoy in Paris

世界中から人が集まる観光名所や
パリならではの体験が待っている

パリの街のランドマークといえば
エッフェル塔。遠くから見ても、近く
で見ても絵になる「鉄の貴婦人」

パリ近郊のヴェルサイユ宮殿はぜ
ひ訪れたいスポット。絶対王政時
代の栄華を伝える貴重な遺産だ

Visiting historical heritage sites
is one of the best parts of a
trip to Paris.

21

Enjoy 楽しむ の旅テク 9

見どころいっぱいの
パリの街を効率よく
まわるために、予習
をしておこう！

#01

エッフェル塔は事前購入を

人気スポットは常に混雑しているパリだが、なかでもエッフェル塔は、チケット購入と入場に数時間かかる場合も。チケットを持っていれば専用ゲートからスムーズに入場できるので、なるべく事前に日時指定チケットを購入しておきたい。公式サイトでは2か月先まで購入ができるが、売り切れることもあるので、日程が決まったら早めに押さえよう。公式サイトで売り切れていても窓口での購入はできる。

URL www.toureiffel.paris

ツアーで入る選択も

ガイド付きツアーに参加してスムーズに入場する手もある。旅テク#03や#04の予約サイトやアプリからもツアーの予約ができる。

#02

日時の予約が必要に！
ヴェルサイユ宮殿の見学

ヴェルサイユ宮殿内の見学は予約が必要。予約せず現地に行くと数時間待ったり、ハイシーズンは売り切れで入場できなかったりするので注意したい。下記のチケット販売ページから日時指定のチケットを予約・購入しておこう。パリ・ミュージアム・パス（▶P.64）を持っている場合でも日時の予約は必要となる。その場合、下記サイトで券種（PALACE TICKET）と日時を選び、無料入場（Free admission Palace）のチケットを選ぼう。

URL billetterie.chateauversailles.fr

ヴェルサイユ宮殿
入口。30分刻み
で予約枠がある

#03

事前にチケットが購入できるアプリ

予約必須の施設以外も、事前にチケットを購入しておけば、チケット窓口で並ばずに入場できる。優先入場ができる日時指定チケットを販売する施設も多い。チケットは各施設の公式サイトから購入できるが、下記のような日本語対応のアプリ（またはWEBサイト）を利用するのも手。管理がしやすく、eチケットの提示もすぐできて便利。ただし手数料がかかる場合があり、取り扱いがない施設もある（サービスにより異なる）。以下のサービスではチケット購入のほか、ガイド付きツアーなどの予約もできる。

 Get Your Guide
URL www.getyourguide.jp

 Tiquets
URL www.tiqets.com/ja

#04

近郊の旅はツアーも検討を

モン・サン・ミッシェルや、ロワール地方▶P.184などの近郊の旅には、移動が便利なオプショナルツアーの利用も検討したい。ヴェルサイユ宮殿は個人でも行きやすいが、ツアーなら宮殿前までバスで移動でき、並ばず入場できるメリットがある。

主な予約サイト

VELTRA（ベルトラ）**URL** www.veltra.com
KK day **URL** www.kkday.com
楽天トラベル観光体験
URL experiences.travel.rakuten.co.jp

#05

観光案内所へ行ってみよう

情報収集やチケット購入などに利用できる観光案内所。オリンピックが開催される2024年は、エッフェル塔そばに新設された「スポット24(SPOT24)」がメインの観光案内所となる(2025年以降は未定)。その他、市内各所にキオスクと一体になった案内所が設置されているほか、ルーヴル美術館直結のカルーゼル・デュ・ルーヴルにもレセプションがある。また観光局の公式サイトからは、観光施設のチケット購入やショーの予約などもできる。

URL parisjetaime.com

スポット24

MAP P.230 B-2

🏠 101 Quai Jacques Chirac Ⓜ 6号線 Bir-Hakeim ビラケム駅から徒歩3分 🕐 10:00～18:00 Ⓧ 無休

カルーゼル・デュ・ルーヴル内レセプション

MAP P.228 B-5

🏠 99 rue de Rivoli 🕐 11:00～19:00 Ⓧ 火曜
※チケット販売は行っていない

キオスクで情報収集

キオスクと一体になった小さな観光案内所がパリ中心部の各所に設置されており、今後は50か所に増える予定。

デパート内の観光案内所

ギャラリー・ラファイエット・パリ・オスマン(▶P.132)のメンズ館には、イル・ド・フランス地方観光局の案内所がある。アクセスしやすく便利。

#06

お得な観光パスの活用

複数の施設に入場できるお得なパス。いちばん人気はパリ・ミュージアム・パスで、美術館のほか凱旋門やヴェルサイユ宮殿などの観光スポットにも使える(詳細は▶P.64)。他に「パリ・パスリブ Paris Passlib'」という観光パスも。32施設から3つ選べる「ミニ」€49、52施設から5つ選べる「シティ」€99などのほか、ルーヴル美術館も選べるパスリブ・カルチャー€49～などがある。詳細は以下より。

URL parisjetaime.com/eng/article/paris-passlib-a978

#07

夜の楽しみ方

せっかくパリに来たら夜も存分に楽しみたい。遅くまで開館している凱旋門やエッフェル塔から夜景を楽しむのもいい。華やかな夜を堪能するならキャバレーのショー▶P.46へ。店舗HPのほか、観光案内所や現地ツアー予約サイトからも予約ができる。他にも夜の景色を楽しめるナイトバスツアーや、セーヌ川のディナークルーズ、美術館の夜間利用▶P.65もおすすめ。ただし夜のひとり歩きには十分注意し、移動はなるべくタクシーの利用を。

#08

オリンピックでパリの街は激変中？

パリで開催される2024年夏季オリンピック・パラリンピックに向けて、街は急ピッチで工事が進行中。メトロ駅が工事で閉鎖されるなど交通機関への影響も。修復工事を行っている観光スポットなども多い。オリンピック終了後も工事が継続する施設が少なくないようなので留意したい。

#09

覚えておきたい予備知識

車は右側通行

日本とは逆で車は右側通行。道路を横断するときは左側から車や自転車が来る。右を確認して事故に遭わないよう注意しよう。

日本と違うフロアの呼び方

フランスの1階は日本でいう2階。日本でいう1階(地上階)は0階(niveau 0)またはRez-de-Chaussée(レ・ド・ショセ)といわれる。略して「RC」と表記されることも。なお地階はSous-Sol(スーソル)で、−1や−2と表記される。

※住所表示の見方やトイレ事情などは▶P.154を参照

BOOK CAFE

映画の中のパリに出会う

1895年、リュミエール兄弟が世界初の「映画」をパリで公開した。以来、映画発祥の地でもあるパリは、数多くの名作の舞台となってきた。

1 パリを感じる映画

世界中で社会現象を巻き起こしたフランス映画の傑作や、ロマンティックに街を描いた作品など、パリへの旅情を誘う映画をご紹介。

#『アメリ』

Le fabuleux destin d'Amélie Poulain　2001年／フランス

アメリが恋する青年ニノを呼び出すサクレ・クール寺院の麓

モンマルトルで暮らす空想好きな女性アメリが起こす小さな奇跡と不器用な恋の顛末を、ポップな映像で描き世界中で大ヒットした作品。色彩豊かに描かれるモンマルトルの風景、ガーリーなファッションやインテリアも見どころ。アメリが働くカフェ・デ・ドゥ・ムーラン▶ P.163やラマルク・コランクール駅、トロワ・フレール通りの食品品店などのモンマルトルのロケ地は、今も訪れる人が絶えない。

#『ミッドナイト・イン・パリ』

Midnight in Paris　2011年／スペイン・アメリカ合作

アメリカ人の脚本家ギルは、婚約者とその両親とともに憧れの街パリに滞在中。ある夜、通りすがりの車に乗って迷い込んだのは、芸術が花開く1920年代だった。ピカソやダリがいた当時のパリの描写も楽しいロマンティック・コメディ。ヴェルサイユ宮殿やオランジュリー美術館、ロダン美術館、アレクサンドル3世橋などパリ名所が次々登場し、観光気分も味わえる。

サンテティエンヌ・デュ・モン教会（**MAP** P.233 E-4）の階段に座るギルの前に不思議な車が現れて…

#『ビフォア・サンセット』

Before Sunset　2004年／アメリカ

9年ぶりに再会した男女がパリの街で過ごす、わずかなひと時を描いた大人のラブストーリー。劇中と同じ約80分の時間の中で、路地を歩き、カフェで語らい、セーヌ川をクルーズする二人の会話劇が進んでいく。二人が入るル・ビュール・カフェ（**MAP** P.234 C-4）は今も人気のスポット。

再会の場は書店シェイクスピア・アンド・カンパニー**MAP** P.233 E-3

#『勝手にしやがれ』

À bout de souffle　1960年／フランス

1950年代後半にフランスで始まった新しい映画の潮流「ヌーヴェル・ヴァーグ」の旗手、ジャン＝リュック・ゴダール監督作品。小悪党を演じるジャン＝ポール・ベルモンドと若きジーン・セバーグが、シャンゼリゼ大通りやパリの街中を歩き、走り回るさまが鮮烈な印象を残し、のちの時代にも多大な影響を与えた。

2 映画に登場するパリ名所

幅広いジャンルの映画に登場するパリの街。好きな映画の場面を実際に訪れることができれば、感動もひとしおだ。

#ポン・ヌフ

Pont Neuf　▶P.41

パリ最古の橋が舞台といえば『ポンヌフの恋人』(1991年)。撮影は主にセットだが、革命200年祭の花火の中で踊るシーンや雪降るラストは映画史に残る名場面。『ボーン・アイデンティティー』(2002年) でも重要な場面で登場。同作は街なかのカーチェイスも必見だ。

#ビラケム橋

Pont de Bir-Hakeim　▶P.31

上がメトロ、下が車道と歩道の二重構造で独特な景観の橋。『ラスト・タンゴ・イン・パリ』(1972年)、『死刑台のエレベーター』(1958年)、『地下鉄のザジ』(1960年) など多くの映画のロケ地になった。クリストファー・ノーラン監督『インセプション』(2010年) でも、夢の中の印象的なシーンに登場している。

#ルーヴル美術館

Musée du Louvre　▶P.70

美術館館長の変死を発端に、歴史を覆す謎に迫る『ダ・ヴィンチ・コード』(2006年) では、夜の館内やピラミッドが印象的に描かれる。ゴダール監督作『はなればなれに』(1964年) では男女3人が館内を駆け抜けるシーンがあるが、撮影は無許可だったとか。『岸辺露伴 ルーヴルへ行く』(2023年) のロケも行われた。

#サン・マルタン運河

Canal Saint-Martin

フランスの巨匠、マルセル・カルネ監督の『北ホテル』(1938年) は、サン・マルタン運河沿いのオテル・デュ・ノールが舞台。現在もレストランとして営業している ▶P.173。『アメリ』では水切りをして遊ぶシーンが撮影された。

#ナイトスポット

老舗キャバレーのムーラン・ルージュは、同名ミュージカル映画 (2001年) や『フレンチ・カンカン』(1954年) の舞台に。また『ラ・ラ・ランド』(2016年) の終盤では、ジャズバーのカヴォー・ド・ラ・ユシェットが登場する。▶P.46

CHECK

映画好きならこちら
シネマテーク・フランセーズ
La Cinémathèque française　　**ミュージアムパスOK**

映画遺産の保存を目的とした文化施設。映画創成期に活躍し、映画の父といわれるジョルジュ・メリエスの名を冠した博物館のほか、映画監督などの企画展、特集上映も行われている。映画好きならぜひチェックしたい。

フランク・ゲーリーによる建築も見どころ

© Stéphane Dabrowski - La Cinémathèque française

市街東部 ▶MAP P.225 G-4
🏠51 Rue de Bercy, 12e Ⓜ6・14番線 Bercyベルシー駅から徒歩5分 ☎01-71-19-33-33 Ⓛメリエス博物館12:00〜19:00 (土・日曜は11:00〜、第2木曜は〜18:00) ほか施設により異なる Ⓗ火曜、一部祝日 Ⓟメリエス博物館 €10

調査

パリLOVERSおすすめの過ごし方&体験は?

Let's have fun!

エッフェル塔を
間近に感じて♪

#ビストロバスでパリ観光と美食を同時に楽しむ

凱旋門やオペラ座、エッフェル塔など、食事をしながら観光する2階建バスツアー。ランチ4皿、ディナー6皿のコースで、専任のシェフが季節の素材で創作する美味なるメニューと絶景を同時に堪能でき、とても贅沢!（木戸）

バストロノーム
Bustronome

シャンゼリゼ大通り
▶**MAP** P.226 C-3

🏠2 Av. Kléber, 16e（乗車場所） 🚇M6号線
Kléberクレベール駅から徒歩2分 ☎09-54-
44-45-55 🕐12:15〜、12:45〜、19:45〜、
20:45〜（乗車は15分前から） 🈲無休
💴昼€70〜、夜€120〜 **URL**https://www.
bustronome.com/en/paris/ ※要予約

①凱旋門からシャンゼリゼ大通りを通過
②ライトアップが楽しめるディナーもおすすめ
③360°ガラス張りで絶景が楽しめる

#パリのトップフローリストからブーケレッスンを受ける

花屋ローズバッドのオーナー兼トップフローリストのヴァンソン氏から、日本語通訳付きで最新のブーケを学んでプチ留学気分に。（タナカ）

ヴァンソン・レサールのブーケレッスン

サン・ジェルマン・デ・プレ
▶**MAP** P.239 H-5

会場:ローズバッド・フルリスト（花屋）
🏠4 Pl. de l'Odéon, 6e
🚇M4・10号線Odéonオデオン駅から徒歩5分
開講日:木・土曜 所要時間:1時間半
※日本語解説・通訳／受講証明書付き
※詳細問い合わせ先
Emailyumisaitoparis@gmail.com

#馬車に乗ってロマンチックなひとときを過ごす

馬車に乗ってお姫様気分に浸れる、夢のサービス。ボルドー色の馬車でエッフェル塔下のシャン・ド・マルス公園周りを1周するのが基本コース。追加料金でカボチャの馬車も選べます!（木戸）

パリ・カレッシュ
Paris Calèches

エッフェル塔周辺 ▶**MAP** P.230 C-1

🏠3 Av. Anatole France, 7e 🚇M6号線Bir-Hakeimビラケム
駅から徒歩10分 ☎06-62-20-24-88 🕐10:00〜22:00
🈲月・火曜 💴30分€95〜（4人料金） **URL**https://www.
pariscaleches.com/ja/circuits.php ※要予約

PARIS LOVERS

横島朋子さん
パリ在住のライター・コーディネーター。ファッション雑誌やTVロケなどで活動。カフェをこよなく愛し、年中ロゼワイン愛飲家。
📷 @tomokoyokoshima

木戸美由紀さん
パリ在住ライター。マガジンハウスの月刊誌「アンド プレミアム」にパリガイド「パリところどころ案内」を連載中。
📷 @kidoppifr

タナカアツコさん
パリ在住歴20年のライター・コーディネーター。近年は食関係のPR業務にも従事しつつ、小学生の娘と楽しめるパリ情報の収集に余念がない。

宮方由佳さん
フランス国家公認ガイド兼フリーライターとして、フランス関連の書籍に多く携わる。すでに人生の約半分を過ごしたパリに骨をうずめる覚悟。

#『エミリー、パリへ行く』のカフェでアペロ、レストランでディナー！

まずはカフェへ

大学教授などの客が多く、落ち着いた店で1人でも行きやすい。クラシックな内装も素敵

カフェ・ド・ラ・ヌーヴェル・メリー
Café de la Nouvelle Mairie

`カルチェ・ラタン`
▶MAP P.232 D-4
🏠19 Rue des Fossés Saint-Jacques, 5e
Ⓜ10号線Cardinal Lemoineカルディナル・ルモワヌ駅から徒歩10分 ☎01-44-07-04-41 🕐8:00〜24:00 🈺土・日曜

ディナーはココ

ドラマではイケメンシェフ、ガブリエルが働く店

テッラ・ネラ
Terra Nera

`カルチェ・ラタン`
▶MAP P.232 D-4
🏠18 Rue des Fossés Saint-Jacques, 5e
Ⓜ10号線Cardinal Lemoineカルディナル・ルモワヌ駅から徒歩10分 ☎01-43-54-83-09 🕐12:00〜14:30、19:00〜22:30 🈺日曜

前菜の盛り合わせは野菜たっぷり！

> **『エミリー、パリへ行く』とは？**
> Netflixで2020年から配信中のドラマ。シカゴでマーケティングの仕事をしていたエミリーが、赴任先のパリで仕事に恋に全力投球。カルチェ・ラタンに住んでいる設定となっている。
>
>
> カルチェ・ラタンは大学や歴史的建造物が多い地区

テッラ・ネラはドラマではフレンチビストロだが、実際はイタリア料理店。スカロピーネや魚介類のパスタなどどれを食べても満足度が高く、近所にあったら通いたい店。(横島)

#子供と一緒なら1日遊べるラ・ヴィレット公園へ

©William Beaucardet

パリ最大の面積55haを誇る公園。コンサートホールにプラネタリウム、科学産業博物館などを擁し、子供向け遊具も充実。家族連れならピクニックセット持参で丸1日楽しめるはず。(タナカ)

ラ・ヴィレット公園
Parc de la Villette

`市街北東部` ▶MAP P.225 G-1
🏠211 Av. Jean Jaurès, 75019 Paris Ⓜ5号線Porte de Pantinポルト・ド・パンタン駅、7号線Porte de la Villetteポルト・ド・ラ・ヴィレット駅から徒歩1分 ☎01-40-03-75-75 🕐6:00〜翌1:00 🈺無休

#ブロカント（ヴィッド・グルニエ）でフリマ体験！

ブロカントまたはヴィッド・グルニエと呼ばれるフリマは、毎週末に市内のさまざまな場所で開催。業者が並ぶ蚤の市と違い、フランス人の普段の暮らしが垣間見えて楽しい。(宮方)

Photo:©Laurent BICHAUD

> **開催情報は下記サイトから**
> ● パリ市のサイト
> URL https://www.paris.fr/pages/brocantes-et-vide-greniers-chiner-a-paris-18730
> ● パリのヴィッド・グルニエ情報のサイト
> URL https://vide-greniers.org/75-Paris

エッフェル塔をとことん満喫♡

#エッフェル塔 #パリのランドマーク #絶景スポット
#toureiffel #eiffeltower #parislandmark #全高330m

Must!

❶エッフェル塔に上る!

塔内の3つの展望台から
絶景パノラマを楽しもう!

330m

2022年に新しいラ
ジオアンテナが設置
され、全高が324m
から330mに!

276m

116m

57m

Tour Eiffel

「鉄の貴婦人」と称されるシンボル

エッフェル塔

Tour Eiffel

1889年、パリ万博の目玉とし
て建設。当初は景観を損なう
と批判されたが、今ではパリに
不可欠の存在となり、世界中
から年間700万人の観光客が
訪れる。鉄の貴婦人と称され
る華麗な姿と、展望台からの
景色を楽しみたい。

MAP P.230 C-1

⌂ Champ de Mars, 7e ⓜ6号線Bir-
Hakeimビラケム駅から徒歩8分 ☎01-44-
11-23-23(フランス国内からは08-92-70-
12-39) ⏰9:30〜23:45(最上階行きは〜
22:30、階段は〜22:45)※7月中旬〜8月は
9:00〜翌0:45(最上階行きは〜23:30、階段
は9:00〜23:45)※入場はいずれも終了の1時
間前まで ⓗ無休 ⓟ第2展望台までエレ
ベーター€18.80、階段€11.80、最上階までエレ
ベーターのみ€29.40、階段＋エレベーター
€22.40 URL www.toureiffel.paris

※天候・入場者状況により終了時間等の変動可能性あり
※2024年パリ五輪に向けた改修のため変更になる可能性あり

How To

絶景が広がる展望台に上ろう!

❶敷地内に入る

敷地内への入口は2か所(塔の南側と東側)。
チケットの有無で列が分かれている。セキュリ
ティチェックを受けて中に入ろう。

❷チケット購入

エレベーターと階段で購入窓口が異なる。オン
ラインで事前購入していれば、「VISITEURS
AVEC E-BILLETS(Visitors with
E-ticket)」と書かれたゲートへ進もう。

事前購入が
おすすめ!

チケット窓口は常に大行列。公式サイトで日時指
定チケットを購入しておけば比較的スムーズに
入場できる。売り切れも多いので早めに購入を。

❸塔に上る

エレベーターは北・東・西、階
段は南の柱にある。階段で
上れるのは第2展望台まで
で、全674段。最上階まで上
るなら、階段＋エレベーター
のチケットを購入しておこう。

エレベーター Ascenseur	階段 Escalier

Uiew Point
南西方向にセーヌ川の
中州、白鳥の小径やブ
ーローニュの森が見える

最上階 Sommet

下方の屋内デッキと上方の屋外デッキがあり、晴れていれば遠く郊外まで一望できる。地上276mで感じる風もまた格別。直通エレベーターはないので第2展望台で乗り換えて昇る。

風が強めに吹く屋外デッキ。シャンパンバーで乾杯するのもおすすめ

第2展望台 2ème étage

2階層に分かれており、上方は視界を遮るネットもなく、パリの街がよく見渡せる。凱旋門などの名所を望遠鏡で眺めてみるのも楽しい。ここまでは階段でも上ることができる。

Uiew Point
東側の眺め。ナポレオ
ンが眠るアンヴァリッド
の丸い屋根が見える

第1展望台 1er étage

Uiew Point
緑が美しいシャン・ド・マルス
公園。奥の高層ビルはトゥー
ル・モンパルナス

最も広い展望台。おみやげが買えるブティックや軽食がとれるブッフェ、レストラン、エッフェル塔の歴史を紹介する展示などがある。広々としたテラスでは、期間限定カフェがオープンすることもある。

Take a Break ...

エッフェル塔を知ろう

❶ 設計者は ギュスターヴ・エッフェル

建築家で鉄の高架橋の技師でもあったエッフェルにより、新素材の「鉄」が用いられた。塔の脚下(北の柱)に胸像がある。

❷ 1889年のパリ万博で建築

パリ万博にあたり、革命100周年を記念する300mの塔の建築コンペが行われ、エッフェルの案が選ばれた。石から鉄への時代の変化を象徴する建築となった。

❸ 7年に一度、塗り替える

鉄の塔をサビから守るためにも塗り替えが必要に。平均して7年に一度塗り替えが行われており、使われるペンキの総量は60トンにも及ぶという。

広いテラスでゆったり景色を堪能。一部フロアはガラス張りで、地上の様子が眺められる

ENJOY

エッフェル塔

凱旋門

シャンゼリゼ大通り

オペラ座

サクレ・クール寺院

セーヌ川

マルシェ／蚤の市

ナイトスポット

ヴェルサイユ宮殿

モン・サン・ミッシェル

旅メモ　公式HPでは、通常チケットのほか、英語のガイドツアーや、シャンパン付きチケットなども販売されている。

エッフェル塔をとことん満喫♡

❷塔内で食べる・飲む・買う！

塔内にはレストランやカフェ、バー、ショップが入っており、さまざまな楽しみ方ができる。

星付きシェフ監修の
レストランで食事

第1展望台にティエリー・マルクス氏の「マダム・ブラッスリー」、第2展望台にフレデリック・アントン氏の「ル・ジュール・ヴェルヌ」があり、星付きシェフの美食を堪能できる。予約があればレストランの階まで入場チケットは不要。

ジュール・ヴェルヌは専用エレベーターで直行できる

第1展望台
マダム・ブラッスリー
Madame Brasserie
パリとその近郊でつくられるオーガニック食材にこだわったヘルシーな料理を提供。
☎01-83-77-77-78　🕐10:00～23:00

メニューはランチ€60.10～、ディナー€127.10～。簡単な朝食も提供

パリの街を見下ろしながら
シャンパン＆カフェタイム

最上階のシャンパンバーで、眼下に広がる絶景を眺めながら乾杯しよう。ちょっとした休憩ならセルフサービスのカフェも便利。また、季節限定で第1展望台のテラスがオープンカフェになるイベントもあるので要チェック。

最上階
バー・ア・シャンパーニュ
Bar à Champagne
最上階にあるシャンパンバーでは、モエ・エ・シャンドンのグラス白€22、ロゼ€25を提供。一緒にキャビアやマカロンを味わうこともできる。
🕐10:30～23:30（冬季～22:30）

ピエール・エルメのマカロン（左下）のボックス€28も購入可

第1展望台
レ・ビュッフェ
Les Buffets

軽い休憩に最適なカフェ。マカロンなどのスイーツや軽食のほか、エッフェル型の飴も買える。

エッフェル塔グッズを
おみやげにしよう

エッフェル塔グッズは、パリみやげの定番。第1展望台のブティックには700点以上のアイテムが勢揃い。おしゃれなデザインや、コラボ商品などもある。

シックなデザインのノート。左€15.95、右€7.95

塔の高さが330mになった際の記念トート€19.95

おしゃれなキーホルダーとピンのセット各€8.95

コンフィチュール・パリジェンヌとコラボしたイチゴジャム€19.95

限定マカロンもCheck！

第2展望台
バー・ア・マカロン
Bar à Macarons
ピエール・エルメのマカロンが揃う。エッフェル塔でしか買えない2種類の限定マカロンは必食。第1展望台のレ・ビュッフェでも食べられる。

「エッフェル塔」の文字が刻まれたマカロンは€3.50

第1展望台
エッフェル塔
公式ブティック
La Boutique Officielle

最も広い第1展望台のお店のほか、第2展望台や塔の下にもお店がある

❸ おすすめ撮影スポット！

パリのランドマークを映える写真に収めよう。
独自のビュースポットを探してみるのもいい。

#真正面から

Genic!

トロカデロ庭園
MAP P.226 B-5

セーヌ川を挟んだ対岸のトロカデロ庭園。シャイヨー宮から下りる階段から、噴水越しに撮影できる。

#緑の広場と

塔の足下に広がる芝生が美しい広大な公園。緑と青空のコントラストにエッフェル塔が映える。

シャン・ド・マルス公園
MAP P.230 D-2

#メリーゴーランドと

イエナ橋のたもとにある、かわいらしいメリーゴーランドとも記念撮影してみたい。

#街の通りから

街路樹や建物の間から見えるエッフェル塔も、いかにもパリらしく風情がある。

手のりエッフェル♪

トロカデロ駅を出てすぐのシャイヨー宮のテラスは特等席。彫刻越しに撮影してみよう。

シャイヨー宮
MAP P.226 B-5

#彫刻と

#セーヌ川と

線路と道路が2層になった美しい橋から、セーヌ川越しにエッフェル塔と遊覧船を収めてみよう。

ビラケム橋
MAP P.230 B-2

ENJOY

エッフェル塔

凱旋門

シャンゼリゼ大通り

オペラ座

サクレ・クール寺院

セーヌ川

マルシェ／蚤の市

ナイトスポット

ヴェルサイユ宮殿

モン・サン・ミッシェル

31

I

See the great view from the Triumphal Arch

凱旋門 からのパノラマは大迫力!

#凱旋門 #シャンゼリゼ大通り #絶景スポット #パリのシンボル
#arcdetriomphe #champsélysées #parislandmark

凱旋門から放射状に12の
通りが伸びている

シャンゼリゼ大通りの起点に建つ
凱旋門

Arc de Triomphe

高さ50m、幅45mの巨大なア
ーチ。1805年のオーステルリッ
ツの戦いに勝利したナポレオン
が、栄光をたたえるために古代
ローマ風凱旋門の建築を命じた。
着工から30年を要し、ナポレ
オン死後の1836年に完成した。

ミュージアム
パスOK

MAP P.226 C-2

⌂ Pl. Charles de Gaulle, 8e
Ⓜ Ⓜ 1・2・6号線 Charles de
Gaulle- Étoile シャルル・ド・
ゴール・エトワール駅から徒歩2
分 ☎ 01-55-37-73-77
🕐 10:00〜23:00（10〜3月
は〜22:30）、入場は閉館の45
分前まで ㉔一部祝日 ㉕€16
（11〜3月の第1日曜は無料）

Arc de Triomphe

How To
展望台に上ろう

❶ 地下通路に下りる

凱旋門へは地下
道からアクセスす
る。シャンゼリゼ
大通りかグランダ
ルメ大通りからの
階段を下りる。

❷ チケット購入

地下通路を進む
と凱旋門下に出
る階段がある。そ
の足下がチケット
売り場。

❸ らせん階段を上る

展望台までは全
284段。階段利
用が困難な人は
エレベーターを利
用できる。

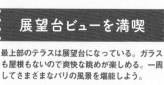
ENJOY

エッフェル塔

凱旋門

シャンゼリゼ大通り

オペラ座

サクレ・クール寺院

セーヌ川

マルシェ／蚤の市

ナイトスポット

ヴェルサイユ宮殿

モン・サン・ミッシェル

展望台ビューを満喫

最上部のテラスは展望台になっている。ガラスも屋根もないので爽快な眺めが楽しめる。一周してさまざまなパリの風景を堪能しよう。

▲エッフェル塔と記念撮影もおすすめ
▶まっすぐ伸びるシャンゼリゼ大通りの眺め

360度の開放的な眺め

彫刻やレリーフを鑑賞

壁面にはナポレオン1世の戦功を讃えるレリーフが。シャンゼリゼ大通りから見て右がリュード作「1792年の義勇軍の出陣」、左がコルトー作「1810年の勝利」。

花や幾何学模様のアーチ天井部分は、革命家の名前や共和制と帝政時代の将軍の名が刻まれる

▲コルトー作、勝利の女神から桂冠を授かるナポレオン
◀通称「ラ・マルセイエーズ」はリュードの傑作

Take a Break …

凱旋門を知ろう

❶ 凱旋門は他にもある

ルーヴルの中庭にカルーゼル凱旋門が、ラ・デファンス地区に新凱旋門（グランダルシュ）があり、3つの凱旋門は直線上（歴史的軸線）に並んでいる。

カルーゼル凱旋門	グランダルシュ
MAP P.228 B-5	MAP P.224 A-1

❷ 無名戦士の墓がある

凱旋門の足下には第一次世界大戦で戦死した無名戦士の墓があり、毎日18:30から、祖国のために命を落とした兵士たちを追悼するセレモニーが行われている。

凱旋門グッズをCheck！

展望台の階下にあるアッティカの間に、おみやげものが揃うショップが併設されている。
🕐10:00～22:30（冬季は～22:00）

凱旋門モチーフの表紙がおしゃれなノート€7

凱旋門を形どったピンズもかわいい€5

ファッションブランドとコラボしたカップ€13.50

🖊旅メモ　凱旋門のある広場を囲む12棟の建物は、建築家イットルフにより統一されたデザインとなっている。展望台から眺めてみよう。

33

Take a stroll along the Champs-Élysées

シャンゼリゼ大通りをおさんぽ♬

#シャンゼリゼ大通り #花の都パリ #パリのメインストリート
#オープンカフェ #achats #Champselysee #illumination

・シャンゼリゼ大通り・

Avenue des Champs-Élysées

凱旋門からコンコルド広場を結ぶ約2kmのシャンゼリゼ大通りは、世界でもっとも美しい通りともいわれるパリのメインストリート。注目ショップもたくさん並ぶ。

SHOP **CAFÉ**

店舗限定品に注目のコラボ店

ⓒ キャトルヴァン・シス・シャン

86 Champs

創業者同士が20年来の友人だったことがきっかけで、ピエール・エルメとロクシタンがコラボ。ブティックのほかカフェも併設。

MAP P.240 B-2
🏠 86 Av. des Champs-Élysées, 8e
Ⓜ 1号線 George V ジョルジュ・サンク駅から徒歩2分 ☎ 01-70-38-77-38
🕐 10:30〜22:00（金・土曜は10:00〜23:00、日曜は10:00〜22:00）🈺無休

店舗限定販売の香水各 €120

ハンドクリーム各 €8.50

店舗限定のマカロン各 €2.80

サッカー好きならここもチェック!
パリ・サンジェルマン公式ショップ

シャルル・ド・ゴール・エトワール
Charles de Gaulle-Étoile

Ⓜ

凱旋門 ▶ P.32

Ⓐ

ジョルジュ・サンク
George V Ⓜ

ルイ・ヴィトン本店 Ⓑ

ラデュレ
シャンゼリゼ店

Ⓒ

ⒺⒹ

SHOP

買い物や休憩に便利な凱旋門前の複合施設

Ⓐ ピュブリシス・ドラッグストア

Publicis Drugstore

レストランやショップ、ブラッスリーなどが入り、食事や休憩ができる便利なお店。2階には有料トイレがある。

MAP P.226 C-3
🏠 133 Av. des Champs-Élysées, 8e Ⓜ 1・2・6号線 Charles de Gaulle-Étoile シャルル・ド・ゴール・エトワール駅から徒歩2分 ☎ 01-44-43-75-07 🕐 8:00〜翌2:00（土・日曜は10:00〜）🈺無休

おみやげや雑貨、ワインも手に入る買い物スポット

CAFÉ

老舗のカフェで優雅な時間を

Ⓑ フーケッツ・パリ

Fouquet's Paris

シャンゼリゼ大通りに面した、1899年創業のカフェ。2017年に新装オープンし、3つ星シェフ、ピエール・ガニェール氏とのコラボでメニューを一新。

© Marc Bérenguer

MAP P.240 A-2
🏠 99 Av. des Champs-Élysées, 8e Ⓜ 1号線 George V ジョルジュ・サンク駅から徒歩1分 ☎ 01-40-69-60-50 🕐 7:30〜翌1:00 🈺無休

映画や演劇関係者の利用も多く、壁一面に名優のポートレートが。ドリンク€9〜、前菜€18〜、メイン€28〜

© Alban Countunier

SHOP 銀行の建物をリニューアル

D ギャラリー・ラファイエット・シャンゼリゼ

Galeries Lafayette Champs-Élysées

1930年代にアメリカの銀行として建設された豪奢な空間をリニューアルし、2019年にオープンした。

MAP P.240 C-2

🏠60 Av. des Champs-Élysées, 8e ⊗Ⓜ1・9号線 Franklin D. Rooseveltフランクラン・デ・ルーズヴェルト駅から徒歩2分 ☎01-83-65-61-00 ⏰10:00～21:00 ㊡無休

地上3階、地下1階からなる建物で、地階にはフードコートを併設。イートインやおみやげ選びにもおすすめ

SHOP パリらしいおみやげが揃う

E モノプリ（シャンゼリゼ店）

Monoprix Champs-Élysées

ギャラリー・ラファイエット・シャンゼリゼと同じ建物にある大型スーパー。地下中階にある、オリジナルのみやげ雑貨が揃うコーナーがおすすめ。

MAP P.240 C-2

🏠52 Av. des Champs-Élysées, 8e ⊗Ⓜ1・9号線 Franklin D. Rooseveltフランクラン・デ・ルーズヴェルト駅から徒歩2分 ☎01-53-77-65-65 ⏰9:00～22:00（日曜は10:00～21:00）㊡無休

星の王子さまとエッフェル塔のメガネケース€9.95

エッフェル塔のカップ€4.99

メガネ拭き€5.95。スマホ拭きにも

シャンゼリゼ店のエコバッグ€9.90

数々の名画を無料で鑑賞

F プチ・パレ

Petit Palais

モネの『ラヴァクールの日没』を展示

グラン・パレの隣に位置する小さな宮殿。館内ではモネやセザンヌなど多数の名画を無料で見ることができる。

MAP P.227 F-4

🏠Av. Winston Churchill, 8e ⊗Ⓜ1・13号線 Champs-Élysées Clemenceau シャンゼリゼ・クレマンソー駅から徒歩1分 ☎01-53-43-40-00 ⏰10:00～18:00（金・土曜は企画展のみ～20:00）、入場は閉館の45分前まで ㊡月曜、一部祝日 ㊎無料（企画展は有料）

オテル・ド・ラ・マリンヌ ▶P.89

Ⓜコンコルド Concorde

シャンゼリゼ・クレマンソー
Champs-Élysées Clemenceau

フランクラン・デ・ルーズヴェルト
Franklin D. Roosevelt

モンテーニュ大通り

高級ブランドの本店が建ち並ぶ通り

グラン・パレ（改装中）

Ⓕ

ひと足のばして

エジプトから寄贈のオベリスクが立つ

G コンコルド広場

Place de la Concorde

もとは「ルイ15世広場」の名だったが、フランス革命時に「革命広場」と呼ばれ、ルイ16世などの処刑が行われた。

MAP P.236 C-5

🏠Pl. de la Concorde, 1er ⊗Ⓜ1・8・12号線 Concorde コンコルド駅から徒歩1分

ファッションの巨匠の真髄に触れる

イヴ・サンローラン美術館

Musée Yves Saint Laurent

かつてYSLが本社を構えていた豪奢な建物を、ピエール・ベルジューイヴ・サンローラン財団が改装し、美術館として公開。

MAP P.240 A-5

🏠5 Av. Marceau, 16e ⊗Ⓜ9号線 Alma Marceauアルマ・マルソー駅から徒歩2分 ☎01-44-31-64-00 ⏰11:00～18:00（木曜は～21:00）、入場は閉館の1時間前まで ㊡月曜、一部祝日 ㊎€10

企画展のみで定期的に入れ替わる。館内にはアトリエの様子も再現

© Thibaut Voisin

✏️ **旅メモ** グラン・パレは改装工事で閉館、2025年に再開予定。臨時パビリオン「Grand Palais Éphémère」をシャン・ド・マルス公園 ▶P.31に設置。

ENJOY

エッフェル塔

凱旋門

シャンゼリゼ大通り

オペラ座

サクレ・クール寺院

セーヌ川

マルシェ／蚤の市

ナイトスポット

ヴェルサイユ宮殿

モン・サン・ミッシェル

Visit the Opulent Opera House of the Palais Garnier

舞台芸術の殿堂、いざ憧れのオペラ座へ

Palais Garnier

Genic!

彫刻も
見どころ！

アポロン像

古代ギリシアの弦楽器リラを掲げる音楽の神アポロン。エメ・ミレー作

芸術の女神像

ギュメリー作の黄金像。向かって右がポエジー、左がハーモニー

7人の作曲家の像

正面にはモーツァルトやベートーヴェンなど音楽家のブロンズ胸像が

ラ・ダンス

カルポー作のダンス群像の複製。オリジナルはオルセー美術館にある

Trip to Paris / ENJOY

華麗なる舞台芸術の殿堂

オペラ座（パレ・ガルニエ）

Opéra (Palais Garnier)

1875年に完成した、宮殿を思わせる壮麗な劇場。豪華な大理石の階段や、絵画や彫刻を展示した大広間など構造も装飾も圧巻。見学だけでも十分楽しめるが、本場のバレエやオペラの演目もぜひ鑑賞してみたい。

MAP P.237 H-1

1 Rue Auber, 9e
M 3・7・8号線 Opéra オペラ駅から徒歩1分　01-71-25-24-23　見学10:00〜17:00（7月中旬〜8月末は10:30〜18:00）、入場は閉館の45分前まで　一部祝日、公演期間中　見学€15、ガイド付き見学€23（10:30〜17:00で複数回開催、日により異なる。HPから予約可）
URL www.operadeparis.fr

How to

オペラ・バレエを鑑賞するには？

パリにはオペラ座（パレ・ガルニエ）と、オペラ・バスティーユの2つの国立劇場があり、バレエやオペラを鑑賞できる。HPから予約できるので、観たい公演があれば早めの購入がおすすめ。現地の劇場窓口でも購入できるが、人気の演目は完売の場合も多い。チケット料金は演目や座席により異なる。

チケット予約・購入窓口

劇場窓口:オペラ座（パレ・ガルニエ）10:00〜18:30、オペラ・バスティーユ12:00〜18:30（日曜、祝日は開演1時間前まで）
電話予約:01-71-25-24-23（フランス国内からは08-92-89-90-90）月〜土曜9:00〜19:00
URL www.operadeparis.fr

もう1つのオペラ座
オペラ・バスティーユ　Opera Bastille

1989年にオープンしたモダンなファサードの建物。最高の設備と音響を備え、舞台も見やすい現代のオペラ座。

MAP P.234 A-5

Place de la Bastille, 12e　M 1・5・8号線 Bastille バスティーユ駅から徒歩1分
ガイド付き見学のみ€17（日時はHPで要確認）

オペラ座の見どころ5

1 グラン・フォワイエ

丸天井から高低2段のシャンデリアが下がる大広間。ポール・ボードリーの天井フレスコ画には、音楽やダンスの寓話が描かれる。

2 グラン・エスカリエ

高さ30mの吹き抜けの広間にある中央階段。白大理石の階段が左右に分かれ、フォワイエと呼ばれるロビーや観客席へアクセスできる。

3 客席

赤と金色で彩られた、馬蹄型の5層の観客席の装飾も豪華。頭上には重さ8トンの巨大なシャンデリアが輝く。

4 シャガールの天井画

観客席の天井には、1964年にシャガールがオペラとバレエをモチーフに描いた天井画『夢の花束』がある。よく見るとエッフェル塔や凱旋門などの名所も描かれていることがわかる。

© E.Bauer / Opéra national de Paris

5 博物館・図書館

300年以上にわたる上演演目の楽譜などが収められている場所。絵画や写真、舞台の模型などを常時展示。特別展が開催されることも。

オペラ座グッズをCheck!

オペラ座併設のブティックでは、ロゴ入りの小物から本格的なバレエ用品、オペラのDVDまで揃う。
🕐 10:30〜18:30（公演日は公演終了まで）

小さなトゥシューズがかわいいキーホルダー€9.95

オペラ座のチャームがついたキーホルダー€14.95

Take a Break

オペラ座にあるレストラン

ココ

CoCo

歴史的建造物にあるゴージャスな雰囲気のレストラン。観劇しなくても食事やブランチを楽しめる。

週末はブランチ€20〜を提供、テラス席で優雅なひと時を

🏠1 Place Jacques Rouché, 9e Ⓜ3・7・8号線 Opéra オペラ駅から徒歩1分 ☎01-42-68-86-80 🕐12:00〜15:00、19:00〜23:00（土・日曜は12:00〜18:00） ⊛無休

 旅メモ　オペラ座が舞台の小説『オペラ座の怪人』。怪人が指定した5番ボックス席には「LOGE DU FANTÔME DE L'OPERA」のプレートが。

ENJOY

エッフェル塔

凱旋門

シャンゼリゼ大通り

オペラ座

サクレ・クール寺院

セーヌ川

マルシェ／蚤の市

ナイトスポット

ヴェルサイユ宮殿

モン・サン・ミッシェル

Visit the basilica standing on the hill of Montmartre

モンマルトルの サクレ・クール寺院 へ!

丘の上に建つ白亜の寺院

サクレ・クール寺院

Basilique du Sacré-Cœur

「聖なる心臓」の名を持つ、ビザンチン様式の教会。1870年の普仏戦争や翌年のパリ・コミューンで亡くなった人たちを追悼するために計画され、40年を経た1914年に完成した。

MAP P.234 C-1

🏠 Pl. du Parvis du Sacré-Cœur, 18e ⓂⓂ2号線 Anvers アンヴェール駅から徒歩12分 ☎01-53-41-89-00 🕐寺院6:30〜22:30、ドーム10:30〜20:30（季節により異なる）※宗教行事中は入場不可 ⓇⓇ無休 ⓈⓈ寺院無料、ドーム€8

How To
見学のポイント

❶ アクセスは 階段かケーブルカーで

丘の上に建つ寺院に行くには階段を上るほか、ケーブルカー（フニキュレール）も活用できる。

フニキュレール
Funiculaire
🕐6:00〜翌0:45
ⓈⓈ€2.15（片道）

❷ 展望台へは正面左手から

展望台への入口は、寺院正面に向かって左手の階段を下りたところ。チケットを購入し、らせん階段を上ろう。

Genic!

Basilique du Sacré-Coeur

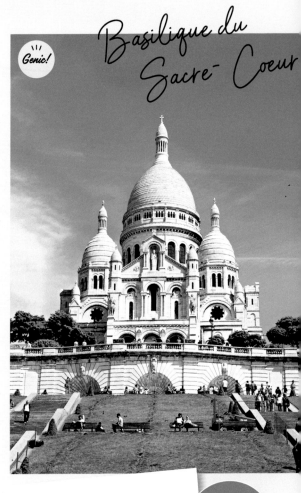

パリの街を一望!

丘にそびえる寺院から見下ろすパリの街並みも素晴らしい

寺院の見どころ6

ENJOY

エッフェル塔

凱旋門

シャンゼリゼ大通り

オペラ座

サクレ・クール寺院

セーヌ川

マルシェ／蚤の市

ナイトスポット

ヴェルサイユ宮殿

モン・サン・ミッシェル

1 ドームの展望台

ドームには360度見渡せる展望台がある。展望台までの階段は280段。標高130mの丘の上に建つ展望台から見渡すパリの眺望を堪能しよう。

2 鐘楼

中央ドームの裏手には高い鐘楼があり、1895年にサヴォワ地方で鋳造し、寄贈された鐘が収められている。鐘は19トンもあり世界最大級の重さ。

3 キリスト像

ファサードの上部中央に立つキリスト像。右手で街を祝福し、左手では自身の心臓を示している。両脇には雛を庇護する雌鳥とペリカンのレリーフがある。

4 騎馬像

正面入口の上部に堂々と構える2体のブロンズ騎馬像。馬上の人物は、向かって右側（写真）が聖女ジャンヌ・ダルクで、左側は聖王ルイ9世。

5 キリストの生涯

寺院正面の3つの入口には、キリストの物語を描いた彫刻やレリーフが施されている。中央の扉の右上に『最後の晩餐』の場面も。

ハートモチーフをおみやげに

寺院内のブティックでは、ハートがモチーフのチャームや、ロザリオ、カードなどを販売。

🕘9:30〜18:45
（11〜2月は18:30）

ハートがかわいいチャームは右上が€4、他の2つが€6。裏側に寺院が刻まれたものも。

6 寺院内のモザイク画

寺院内部の丸天井には、475㎡という世界最大級の大きさを誇る見事なキリストのモザイク画が。寺院内ではステンドグラスやパイプオルガンにも注目を。

Experience a cruise on the beautiful Seine

セーヌ川クルーズで河岸の絶景を眺める

#セーヌ川クルーズ #世界遺産の絶景 #ディナークルーズ
#seine #batobus #seinerivercruise #worldheritage

世界遺産

世界遺産の河岸

世界遺産に登録されているセーヌ河岸の絶景を、船の上から優雅に眺めよう。

Take a Break ...

セーヌ川の雑学

①　世界遺産の範囲は？

1991年に世界遺産に登録された「パリのセーヌ河岸」。サン・ルイ島に架かるシュリー橋からエッフェル塔の北側のイエナ橋までの約8kmの地域が対象。

②　右岸、左岸とは？

東から西へと流れるセーヌ川。上流から見て右手（北側）を右岸（リヴ・ドロワット）、左手（南側）を左岸（リヴ・ゴーシュ）と呼ぶ。

③　夏はビーチになる？

7月上旬〜9月上旬、セーヌ川沿いにパラソルやチェアを設置し、ビーチとして楽しむイベント「パリ・プラージュ」が開催される。

1. 公共の水上バスに乗る

乗り降り自由で移動手段としても使える。

バトビュス Batobus

セーヌ川沿いの9つの停留所に停まる。乗り降り自由な1〜2日券は、オンラインか停留所（一部除く）で購入可。

☎08-25-05-01-01 ⏰10:00〜19:00(夏季は〜21:30、年末年始をのぞく冬季の月〜木曜は〜17:00)、季節により25〜40分間隔で運航 ㊡無休 ㋹1日券€23、2日券€27 URL www.batobus.com

2. 観光船に乗る

観光クルーズのほか、ランチ・ディナークルーズもある。

バトー・ムッシュ

Bateaux Mouches

アルマ橋から出発し、サン・ルイ島と白鳥の小径の先（自由の女神）で折り返す。所要約1時間10分。

MAP P.240 C-5

🏠Pont de l´Alma, 8e Ⓜ9号線 Alma Marceau アルマ・マルソー駅から徒歩3分 ☎01-42-25-96-10 ⏰10:00〜22:30(10〜3月は11:00〜21:20)、時間帯により30〜45分間隔で運航 ㊡無休 €15 URL www.bateaux-mouches.fr

バトー・パリジャン

Bateaux Parisiens

エッフェル塔から出発、サン・ルイ島とイエナ橋で折り返す。所要約1時間。ガラス張りの船で景色を満喫。

MAP P.226 C-5

🏠Port de la Bourdonnais, 7e Ⓜ6・9号線 Trocadéro トロカデロ駅から徒歩12分 ☎01-76-64-14-45 ⏰10:00〜22:00、30〜45分間隔で運航、変動あり ㊡無休 €18〜 URL www.bateauxparisiens.com

ヴデット・デュ・ポン・ヌフ

Vedettes du Pont Neuf

シテ島のポン・ヌフ近くで発着し、アクセスが便利。サン・ルイ島とエッフェル塔で折り返す。所要約1時間。

MAP P.232 C-1

🏠1 Square du Vert-Galant, 1er Ⓜ7号線 Pont Neuf ポン・ヌフ駅から徒歩4分 ☎01-46-33-98-38 ⏰10:30〜22:30(冬季は〜21:45)、30〜60分間隔で運航、変動あり ㊡無休 €15 URL www.vedettesdupontneuf.com

船から望むパリの名所

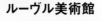

アレクサンドル3世橋

Pont Alexandre III

1900年完成のパリで最も壮麗といわれる橋。名の由来はロシア皇帝アレクサンドル3世で、息子のニコライ2世が寄贈した。

MAP P.227 F-5

ルーヴル美術館

Musée du Louvre

ロワイヤル橋からポン・デザールまでの広大な敷地と建物はかつて王室の宮殿だった。船から見ると壮大さがよくわかる。

▶P.70

ポン・ヌフ

Pont Neuf

「新しい橋」という名前ながら、1607年完成のパリ最古の橋。中央にアンリ4世の騎馬像がある。

MAP P.232 D-1

パリ市庁舎

Hôtel de Ville

ネオ・ルネサンス様式の堂々たる市庁舎。現在の建物は19世紀に建設されたもの。夜のライトアップも美しい。

▶P.171

観光船乗り場
バドビュス停留所
バドビュス航路

アレクサンドル・ミュッシュ乗船場
ドビリー橋
セーヌ川
アルマ橋
アンヴァリッド橋
バトー・パリジャン乗船場
イエナ橋
エッフェル塔
コンコルド橋
レオポール・セダール・サンゴール橋
ロワイヤル橋
オルセー美術館
カルーゼル橋
ルーヴル美術館
ポン・デザール
ヴェデット・デュ・ポン・ヌフ乗船場
ポン・ヌフ
シテ島
サン・ミッシェル橋
ノートル・ダム大聖堂
サン・ルイ島
パリ市庁舎
シュリー橋

オルセー美術館

Musée d'Orsay

もとは駅舎として建てられた堅牢な造りが印象的。2つの大時計に注目を。

▶P.78

エッフェル塔

Tour Eiffel

地上で見るのとはひと味違うパリのランドマークの姿。いろんな角度から記念撮影を楽しもう。

▶P.28

ノートル・ダム大聖堂

Cathédrale Notre-Dame de Paris

シテ島と大聖堂の全景を眺められる。船上から見る大聖堂はまた違った迫力が感じられる。

▶P.165

ランチ&ディナークルーズもおすすめ

デュカス・シュル・セーヌ

Ducasse sur Seine

アラン・デュカスの美食を景観とともに楽しめる豪華なクルージング体験。船内の厨房で仕込まれる本格フレンチは、地上レストランと変わらぬクオリティ。

MAP P.226 C-5

🏠 Port Debilly, 16e ⓂⓂ6・9号線 Trocadéroトロカデロ駅から徒歩7分 ☎01-58-00-22-08 🕐ランチ12:45〜、ディナー20:30〜(所要2時間) 🈵無休 **URL** www.ducasse-seine.com ※HPより要予約

洗練された内装。エッフェル塔の対岸に発着

ランチ€105〜、ディナー€160〜。写真は前菜の一例

Gu to the marché like a local

ローカル気分でマルシェへ

#パリのマルシェ #ビオマルシェ #マルシェで買い物 #produit bio
#マルシェでランチ #マルシェ開催日 #marché

マルシェとは
生鮮食品や雑貨を販売する市場のことで、屋内・屋外、常設・不定期開催など形態はさまざま。フランスの食文化を体感できる。

こんなものが買える！

吊るして使う
紐付き石鹸

キッシュも
おすすめ！

チーズ
塩分が強いハート形の
ヌフシャテル €8.10

ハチミツ
桜や春の花から集めた
「春のハチミツ」€6.50

石鹸
フランスのニヨン産の
アロマ石鹸 €8.20

ワイン
ナチュラルワイン。ロゼ
（左）・白各 €10

焼き菓子
果物が1個まるごと入っ
たタルト €5

こだわりのフルーツをどうぞ

ハンドメイドのアクセサリー類や衣類もあり、見るだけでも楽しい

花はパリジャンの生活に欠かせない

ハチミツが健康の秘訣♪

日曜開催
パリで有名なビオ限定マルシェ

マルシェ・ビオ・ラスパイユ
Marché Biologique Raspail

自然食品（ビオ）の新鮮な野菜や肉・魚のほか、おみやげに最適なジャムやハチミツ、ワインなどの物産品も揃う。お惣菜や焼き菓子も売っているのでテイクアウトしても。

サン・ジェルマン・デ・プレ ▶MAP P.238 C-5
🏠 Bd. Raspail, 6e Ⓜ10・12号線 Sèvres Babylone セーヴル・バビロヌ駅から徒歩2分 /12号線 Rennes レンヌ駅から徒歩2分 🕐火・金曜7:00～13:30、日曜（ビオ市）9:00～14:30

ENJOY

エッフェル塔

凱旋門

シャンゼリゼ大通り

オペラ座

サクレ・クール寺院

セーヌ川

マルシェ/蚤の市

ナイトスポット

ヴェルサイユ宮殿

モン・サン・ミッシェル

How To

マルシェで買い物するには？

1 値段を確認する

生鮮食品は1キロ単位の値段表示が多いが、多くの店では1個から購入可能。量り売りのチーズなどは、ほしい量を伝えて切り分けてもらう。

2 購入前にあいさつをする

ほしいものが見つかったら、お店の人にあいさつをしてから希望の商品と数や量を伝える。英語やジェスチャーで伝えるのもOK。

3 代金を支払う

カードが使えない店も多いので、少額の現金を用意しておけば安心。たくさん買うつもりならマイバックを持参しよう。

店が出揃う9〜10時頃がおすすめ

おすすめマルシェランチ

ミントティーと一緒に

モロッコ料理

クスクス€9〜。シェフおすすめクスクスは€16

クレオール料理

前菜の盛り合わせ。カレー風コロンボもおいしい

イタリア料理

「レボッティ・ダニエル」ではボンゴレが人気

肉とチーズが選べる

ハンバーガー

農家直送の牛肉使用「ル・バーガー・フェルミエ」

火〜日曜開催

多国籍料理のランチが食べられる

マルシェ・デ・ザンファン・ルージュ

Marché des Enfants Rouges

1615年開設のパリ最古のマルシェ。野菜や果物を売る常設店もあるがほとんどが飲食店で、さまざまなジャンルの屋台料理が味わえる。ランチタイムは地元の人々で混み合う。

北マレ

▶MAP P.229 G-5

🏠 39 Rue de Bretagne, 3e ⓂⒼ8号線 Filles du Calvaireフィーユ・デュ・カルヴェール駅から徒歩4分
🕐火〜土曜8:30〜20:30（木曜〜21:30、日曜〜17:00）

各屋台に簡易的なテーブルと椅子が設置されている

その他のおすすめマルシェ

火〜日曜開催

屋根付常設と屋外市場が隣接

マルシェ・ダリーグル

Marché d'Aligre

アリーグル広場の屋根付き常設市場マルシェ・ボーヴォーとアリーグル通りの屋外市場が連なる。

バスティーユ ▶MAP P.234 B-5

🏠 Rue d'Aligre et Pl. d'Aligre, 12e ⓂⒼ8号線 Ledru-Rollinルドリュ・ロラン駅から徒歩5分 🕐火〜金曜7:30〜13:30（土・日曜〜14:30）※屋内は火〜金曜8:00〜13:00、16:00〜19:30（土曜8:00〜19:30、日曜8:00〜13:30）

木・日曜開催

活気あふれるパリ最大級のマルシェ

マルシェ・バスティーユ

Marché Bastille

メトロ1区間、約400mの長さにわたって食品、衣料品などの店が連なる。旅行者も訪れやすいマルシェ。

バスティーユ ▶MAP P.234 A-4

🏠 Bd. Richard Lenoir, 11e ⓂⒼ1・5・8号線 Bastilleバスティーユ駅から徒歩1分 🕐木曜7:00〜13:30（日曜〜14:30）

水・土曜開催

値段は高めだが品物がよいと評判

マルシェ・プレジダン・ウィルソン

Marché Président Wilson

プレジダン・ウィルソン通り沿いの地元マダムに愛されるマルシェ。

シャンゼリゼ大通り周辺 ▶MAP P.240 A-5

🏠 Av. du Président Wilson, 16e ⓂⒼ9号線 Iénaイエナ駅またはAlma Marceauアルマ・マルソー駅から徒歩3分 🕐水曜7:00〜13:30（土曜〜14:30）

蚤の市で一点ものを探す

VERNAISON

#パリの蚤の市　#クリニャンクール　#ヴァンヴ　#ブロカント
#marché aux puces　#marché aux puces de St-Ouen

蚤の市とは

古物市のことで「マルシェ・オ・ピュス」と言う。フランス各地で開催されており、パリで有名かつ人気なのはこの2軒。

ヴェルネゾンエリア
VERNAISON

クリニャンクールの蚤の市で最も古いエリア。日用雑貨が多く、比較的リーズナブルなのが魅力。

こんなものに出会える！

希少なボタンを見つけたい！

ボタンなどの手芸品が豊富に揃う専門店も

陶器のコンフィチュール（ジャム）入れ€12

ホーローのコーヒーポット€25は人気商品

1枚ずつ購入できる手描きのお皿

古いポストカードや新聞なども売っている

レトロなミルでコーヒーを

コーヒーミル専門店もある。1940年の品€60

How To

蚤の市での買い物するには？

① 一声かけて商品を見る

目の前にお店の人がいたら「ボンジュール」「見ていいですか？（ジュ・プー・フォギャルデ？）」など、声をかけて商品を見よう。

② 値段を聞く（交渉する）

ほしいものがあれば値段を聞こう。高価なものやまとめ買いをする場合は値段交渉するのもあり。英語や電卓を使って伝えるのもOK。

③ 代金を支払う

クレジットカードが使える店も増えているが、小額の現金もあると安心。割れ物は新聞紙で包んでくれる程度なので、心配であれば梱包材の持参を。

土・日・月曜開催

1世紀以上の歴史ある大規模蚤の市

クリニャンクールの蚤の市

Marché aux Puces de Clignancourt

始まりは19世紀後半。ヴェルネゾン、ドーフィヌ、ポール・ベールを筆頭に11のエリアがあり、2500以上の店舗が軒を連ねる。雑貨を多く扱うヴェルネゾンから訪れるのがおすすめ。奥に行けば行くほど高級品が揃うエリアとなる。

市街北部

▶**MAP** P.225 E-1

🏠 Rue des Rosiers, St-Ouen 一帯
Ⓜ4号線 Porte de Clignancourt ポルト・ド・クリニャンクール駅から徒歩5分　🕙土・日曜10:00〜18:00、月曜11:00〜17:00 ※店舗により異なる

　※商品・値段はすべて参考

ENJOY

エッフェル塔

凱旋門

シャンゼリゼ大通り

オペラ座

サクレ・クール寺院

セーヌ川

マルシェ／蚤の市

ナイトスポット

ヴェルサイユ宮殿

モン・サン・ミッシェル

クリニャンクール蚤の市MAP

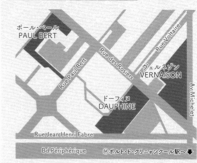

ポール・ベール
PAUL BERT

Rue Paul Bert

Rue des Rosiers

Rue Voltaire

ヴェルネゾン
VERNAISON

Av. Michelet

ドーフィヌ
DAUPHINE

Rue Jean Henri Fabre

Bd. Périphérique　Ⓜ ポルト・ド・クリニャンクール駅へ ↓

ドーフィヌエリア
DAUPHINE

アーケード内に古着、手芸品、レコード盤、高級家具や美術品などの店舗が150軒ほどあり、常ににぎわう。

1930年代のモード誌は1冊 €10。イラストに注目

古着を扱う店舗。スタッフにアドバイスしてもらっても

用途はさまざま何に使う？

手の込んだ刺繍がほどこされた貴重なバッグ €80

MEZZANINE PISCINE

パリのリッツホテルの真鍮の案内プレート €90

果物や野菜、植物を模した食器類も多くある

ポール・ベール
エリア
PAUL BERT

屋外にアンティーク家具やインテリア雑貨を扱う店が多数立ち並ぶ。ビストロ「ポール・ベール」も人気。

フランスの日常生活でよく使われるカゴ。白いカゴが €60

商品をあれこれ吟味するのが蚤の市散策の醍醐味

こんなものに出会える！

手芸品、キーホルダー、小さなカトラリーなどはおみやげにもぴったり

アクセサリーを入れても

土・日曜開催

パリジャンが気軽に訪れる

ヴァンヴの蚤の市

Marché aux Puces de Vanves

歩道上に300店舗以上の露店が並ぶ。パリ中部部からアクセスしやすいこと、生活雑貨が手頃な価格で手に入ることから地元の人が多く訪れる。昼過ぎから店じまいが始まるので、朝9時頃には行くのがおすすめ。

市街南部 ▶MAP P.224 D-5

🏠 Av. Marc Sangnier／Av. Georges Lafenestre, Vanves 一帯　Ⓜ13号線 Porte de Vanves ポルト・ド・ヴァンヴ駅から徒歩2分　🕐土・日曜7:00〜14:00 ※店舗により異なる

アンティークボタン。左 €12、中央・右各 €15

トランプマークの陶器の小物入れは4個 €45

チーズブランドのキーホルダー。各 €5

✒ 旅メモ　地下鉄出口からクリニャンクールの蚤の市まで歩く間にある露店は蚤の市ではない。ここでは特にスリに注意を。

Enjoy a special night out in Paris!

パリの夜を彩るナイトスポットへ

#ナイトスポット #キャバレー #ムーラン・ルージュ #フレンチカンカン
#moulinrouge #frenchcancan #jazzbar #chansonbar

©Chris Barmat

REVUE
レヴュー

キャバレーで行われる歌とダンスの豪華な
ナイトショー。ダイナミックなステージは
一生の思い出に。※要予約

©Moulin Rouge-D.Duguet

赤く照らされた店舗はモンマル
トルの夜のランドマーク。歴
史的建造物にも指定されてい
る。ダイナミックなフレンチ・カ
ンカンを堪能しよう

©Moulin Rouge - J.Habas

愛され続けるフレンチ・カンカン

ムーラン・ルージュ

Moulin Rouge

店名はフランス語で赤い風車の
意味。1889年の創業の老舗で、
パリのナイトシーンを代表する
スポット。総勢60名のダンサーに
よる名物「フレンチ・カンカン」
は大迫力。

モンマルトル▶
MAP P.234 A-2
🏠82 Bd. de Clichy, 18e
Ⓜ2号線 Blancheブラン
シュ駅から徒歩1分 ☎01-
53-09-82-82 🕐ディナー
ショー19:00〜、ドリンクショー
21:00〜、23:00〜 ㊡無
休 ㊟ドリンクショー€85〜、
ディナーショー€225〜
URL www.moulinrouge.
fr ※要予約

パリ最古のキャバレー

パラディ・ラタン

Paradis Latin

1889年、ギュスターヴ・エ
ッフェルにより再建された劇
場。近年は伝統と現代性を
融合させたショーが評判に。
3つ星シェフ、ギィ・サヴォ
ワ監修の食事も味わえる。

カルチェ・ラタン▶
MAP P.233 F-4
🏠28 Rue du Cardinal Lemoine, 5e
Ⓜ10号線 Cardinal Lemoine
カルディナル・ルモワヌ駅から徒歩2分
☎01-43-25-28-28 🕐ディナーシ
ョー19:30〜、ドリンクショー21:00〜
ほか昼間のランチショー、スナックショー
も開催 ㊡火曜 ㊟ドリンクショー€90
〜、ディナーショー€175〜
URL www.paradislatin.com
※要予約

©Alix Malka

最先端の舞台システムで
魅せるミュージカル「ロワゾ
ー・パラディ」

前衛的な「ヌードの芸術」

クレイジー・ホース

Crazy Horse

一流ダンサーのダン
スと奇抜かつ現代的
な演出が、妖艶で官
能的な世界へ誘う。
洗練されたヌードの
芸術を体験しよう。

音と光が織りなす魅惑
の舞台を楽しみたい

©AntoinePoupel

シャンゼリゼ大通り周辺▶
MAP P.240 A-5
🏠12 Av. George V, 8e Ⓜ9号線 Alma
Marceau アルマ・マルソー駅から徒歩2分
☎01-47-23-32-32 🕐20:00〜、22:30〜
㊡無休 ㊟ドリンクなし€75〜、ドリンクショー€90〜、
ディナーショー€180〜(食事は提携レストランでとる)
URL www.lecrazyhorseparis.com ※要予約

JAZZ & CHANSON
ジャズ&シャンソン

芸術の街パリでは音楽を楽しめるお店も
体験したい。歴史あるジャズバーや
シャンソニエで夜を満喫しよう。

芸術家たちが集った老舗シャンソニエ

オ・ラバン・アジル

Au Lapin Agile

ステージのない古くて質
素な造りに、ユトリロや
ピカソも常連だった老舗
の自信が漂う。観客も一
緒に歌って盛り上がれる
ので、特製のさくらんぼ
酒を片手に夜を楽しもう。

舞台がなくピアノが1台
のみも雰囲気がある

モンマルトル ▶**MAP** P.234 C-1

🏠 22 Rue des Saules, 18e Ⓜ 12号線 Lamarck Caulaincourt
ラマルク・コランクール駅から徒歩3分 ☎ 01-46-06-85-87
🕐 21:00〜翌1:00 🈂日・月・水曜 €35〜（入場料＋1ドリンク）
URL au-lapin-agile.com ※予約が望ましい

カルチェ・ラタン地区
にあり、観光客にも
人気のジャズバー。
幅広いジャンルのラ
イブを毎日開催

映画『ラ・ラ・ランド』にも登場した

カヴォー・ド・ラ・ユシェット

Caveau de la Huchette

1946年にジャズクラブとしてオープンして以来、
世界中のジャズメンがプレイした老舗ジャズバ
ー。ダンスフロアでは観客たちがダンスに興じ、
にぎやかで楽しい時間を過ごせる。

カルチェ・ラタン ▶**MAP** P.232 D-3

🏠 Rue de la Huchette, 5e Ⓜ 4号線 Saint-
Michel サン・ミシェル駅から徒歩3分 ☎ 01-43-26-
65-05 🕐 21:00〜翌2:00 演奏 21:30〜翌1:30
（金・土曜、祝前日は〜翌4:00 演奏〜翌1:45) 🈚無休
🈹入場料 €14（金・土曜、祝前日は €16) 🈞食事、ドリンク
別 **URL** caveaudelahuchette.fr ※予約不可

夜だけの絶景
ライトアップの名所へ

重厚な建造物がライトアップで幻想的な
雰囲気に生まれ変わる。

Arc de Triomphe
凱旋門
▶**P.32**
ライトアップでより荘厳
な雰囲気が漂う

©E.Livinec

Tour Eiffel
エッフェル塔 ▶**P.28**
毎正時にライトが点滅する特別演出も

Basilique du Sacré-Cœur
サクレ・クール寺院 ▶**P.38**
丘の上の建物が浮かび上がる姿が美しい

Opéra
オペラ座 ▶**P.36**
オペラ通りの夜に映える芸術の殿堂

🐾 旅メモ ライトアップされたパリの夜を楽しむには、オープントップの観光バスによるナイトツアーもおすすめ。▶P.218

ENJOY
エッフェル塔
凱旋門
シャンゼリゼ大通り
オペラ座
サクレ・クール寺院
セーヌ川
マルシェ／蚤の市
ナイトスポット
ヴェルサイユ宮殿
モン・サン・ミッシェル

ヴェルサイユ宮殿を 深掘り

世界遺産 357枚の鏡で装飾された全長73m、幅10.5m、高さ12.3mの「鏡の回廊」は宮殿見学のクライマックス

Château de Versailles

ヨーロッパ随一のスケールを持つ絢爛豪華な宮殿と美しい庭園。すべて見るには1日がかりかも!? ポイントを押さえて巡ろう!

Part 1 ヴェルサイユ宮殿ってどんなところ?

絶対王政時代を象徴する宮殿の歴史や概要をチェック!

"太陽王"ルイ14世 が50年かけて建築

1661年、ルイ13世の小さな館があった狩猟地に、息子のルイ14世が自らの権力の象徴となる豪奢な宮殿を計画。一流の建築家や造園家が設計し、数万人が従事した造営は約50年で完遂。1682年にはパリから宮廷が移され、王政の中枢となった。フランス革命後は荒廃したが、修復され1837年に博物館として開館した。

©THOMAS GARNIER

悲劇の王妃 マリー・アントワネット が暮らした

フランス革命で断頭台に消えたルイ16世の王妃マリー・アントワネット。宮殿に暮らしていたころは堅苦しい宮廷生活に馴染めず、離宮で少数の宮廷人や友人と親密な時を過ごしていた。

ENJOY

エッフェル塔

凱旋門

シャンゼリゼ大通り

オペラ座

サクレ・クール寺院

セーヌ川

マルシェ・蚤の市

ナイトスポット

ヴェルサイユ宮殿

モン・サン・ミッシェル

Access

パリからの行き方

電車 パリの **St-Michel Notre-Dame** サン・ミッシェル・ノートルダム駅などからRERのC5線に乗り、終点の **Versailles Château Rive Gauche** ヴェルサイユ・シャトー・リヴ・ゴーシュ駅まで約30分。駅から宮殿まで徒歩約15分。

バス Ⓜ9号線 **Pont de Sèvres** ポン・ド・セーヴル駅前ターミナルから171番バスに乗り、**Château de Versailles** シャトー・ド・ヴェルサイユ下車。所要約30〜40分。バス1回券（€2.15）で宮殿正面に行けて便利。

Advice

スムーズな見学のために

❶ チケットは事前予約すること

宮殿見学は日時の予約が必要。ハイシーズンは売り切れもあるので事前にオンラインで予約・購入を。詳細は▶P.22参照。

URL
www.chateauversailles.fr

❷ オーディオガイドやアプリを活用しよう

日本語オーディオガイドは€5。無料の公式アプリ「Palace of Versailles」でも日本語音声をダウンロードできる。

広大な敷地 に見どころがたくさん!

離宮 ▶P.52

©THOMAS GARNIER

「ドメーヌ・ド・トリアノン」と呼ばれる離宮のあるエリア。王家の人々がプライベートな時間を過ごした館や庭園が広がる。

庭園も含めると総面積は800万㎡以上という広大な敷地。宮殿はもちろん、ル・ノートルが手がけた庭園や、2つの離宮、マリー・アントワネットがつくらせた田園風景など見どころが多数。夏季イベント時以外は無料で入れる庭園内にはレストランやスタンドがあり、ピクニックを楽しむ人も多い。

Porte Saint-Antoine サンタントワーヌ門 •

P.52 王妃の村里 ●
Hameau de la Reine

Domaine de Trianon 離宮
• 愛の神殿
Temple de l'Amour

Théâtre de la Reine 王妃の劇場 •

P.52 グラン・トリアノン
Grand Trianon

プチ・トリアノン P.52
Petit Trianon

Av. de Trianon

ヴェルサイユ

庭園
▶P.52

広大な敷地に幾何学模様の庭、十字の形の大運河や池、噴水、彫刻などが配置されている。散策には乗り物の利用がおすすめ。

Allée de Fontenay

Théâtre de la Reine

ラ・プチット・ヴニーズ・
La Petite Venise

ラ・フロティーユ・
La Flottille

アポロンの泉・
Bassin d'Apollon

ネプチューンの泉・
Bassin de Neptune

庭園 Les Jardins

SNCF ✉ ヴェルサイユ
リヴ・ドロワット駅
Versailles Rive Droite

Bd. Saint-Antoine

Bd. de Roi

Bd. de la Reine

パロワス通り

パリ

Allée de Choisy

大運河 Grand Canal

プチ運河 Petit Canal

シャバノス通り
Allée des Paons

Allée de la Reine

ラトーヌの泉・

マトロ門
Grille des Matelots

ヴェルサイユ宮殿
Château de Versailles

P.53 ル・グラン・コントロール
Le Grand Contrôle

ラ・クール・デ・サントゥール
La Cour des Senteurs

• 大厩舎
La Grande Écurie

🅸 観光案内所

Rte. Nationale No 10

Allée des Matelots

N

P.53 オール ●
P.53 アンジェリーナ ●
P.53 リブレリー・デ・ブランス ●
P.53 ブティック・クール・ド・マルブル ●

ヴェルサイユ
シャトー・リヴ・ゴーシュ駅
Versailles Château
(Rive Gauche)

Av. de Paris

RER パリ

SNCF

5分
0 ——— 400m

SNCF(RER)

ヴェルサイユ・シャンティエ駅
Versailles Chantiers

宮殿
▶P.50

見学のメインとなる宮殿。長期の改修工事を経て1階の「王太子の部屋」などの公開も始まり、見どころが増えている。

乗り物を活用しよう!

敷地内の移動は乗り物が便利。プチ・トランやミニカーのほかレンタサイクルもある。大運河ではボート遊びが楽しめる。

敷地を巡る乗り降り自由なプチ・トラン €8.50

要免許のミニカーは最大4人乗り1時間 €42

ENJOY ACTION

Part 2
きらびやかな宮殿内を見学 🕐 2h

フレンチ・バロック建築の傑作、豪奢な宮殿の見どころを押さえよう。

ヴェルサイユ宮殿

ミュージアム
パスOK

Château de Versailles

6万3000㎡の城館に2300もの部屋があり、王の権力の象徴となった宮殿。建築家ル・ヴォーやマンサール、室内装飾家ル・ブランらが手がけた。

☎01-30-83-78-00 🕐9:00～18:30（11～3月は～17:30）※入場券販売は閉館45分前、入場は30分前まで ㊡月曜、一部祝日、公式行事開催時 ㊎宮殿のみ€21、宮殿と離宮の共通パスポート1日券€24（庭園での大噴水ショーや「音楽の庭園」開催日は€28.50）

順路に沿えば
迷わないぞ

本館2階 ⑧⑦
⑨ ⑥
⑪ ⑩ ⑤ ディアーヌの間
⑫ ④ ③ ギャラリー オペラ劇場
貴族の間 大理石の中庭 ② ②
衛兵の間 ⑬ ① 北翼棟
P.53 ブティック・クール・ ⑭ 本館
ド・マルブル（1階）
ギャラリー
アンジェリーナ
P.53（2階）
南翼棟 入口（1階）
オール P.53（受付1階）

1 王室礼拝堂
Chapelle Royale

1710年に完成。ルイ14世は毎朝、2階の王室用席でミサに参加した。ルイ16世とマリー・アントワネットの結婚式もここで執り行われた。

2 ヘラクレスの間
Salon d'Hercule

315㎡もの天井画が圧巻。ルイ14世がヴェネツィア共和国から贈られたヴェロネーゼ作『シモン家の宴』も必見。

ヘラクレスの天井画は
フランソワ・ルモワーヌ作

3 豊穣の間
Salon de l'Abondance

ルイ14世の金銀細工、宝石、メダルをコレクションしていた部屋。夜の宴ではここで飲み物がふるまわれた。

4 ヴィーナスの間
Salon de Vénus

ヴィーナスの天井画や、古代ローマの戦士姿をしたルイ14世の像のほか、両側の壁のだまし絵も見どころ。

5 マルスの間
Salon de Mars

軍神マルスがモチーフの部屋。かつては衛兵の間であり、その後は音楽会やダンスホール、遊戯場として用いられた。

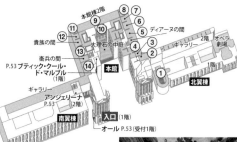

6 メルクリウスの間
Salon de Mercure

1715年にルイ14世が亡くなったあと、ここに9日間遺体が安置された。天井には神々の使者で商業の神、メルクリウスが描かれる。

7 アポロンの間
Salon d'Apollon

「玉座の間」として各国大使との謁見に使われた。右側にルイ14世、左側にルイ16世の肖像画がかけられている。

ルイ14世の肖像画は
イアサント・リゴー作

8 戦争の間
Salon de la Guerre

ルイ14世の戦争の勝利と政治的偉業を讃える装飾がなされた部屋。ルイ14世の騎馬像のレリーフが目を引く。

9 鏡の回廊
Galerie des Glaces

全長73mの壮麗な広間。数々の祝宴や儀式、謁見などが行われた。

10 王の寝室
Chambre du Roi

宮殿の中心にある王の寝室。大理石の中庭に面している（2023年12月現在見学不可）

1919年のヴェルサイユ条約もここで調印

11 平和の間
Salon de la Paix

戦争の間の対となる角部屋で平和をテーマにした装飾。王妃による演奏会が催されていた。

13 大膳式の間
Salon du Grand Couvert

王と王妃が儀式的な食事を行った部屋。限られた王族や貴族のみ着席で見学できた。アントワネットと子供たちの絵がある。

12 王妃の寝室
Chambre de la Reine

歴代の王妃が使用。ここで出産も行われ、その様子は公開された。現在の花柄の内装はマリー・アントワネット時代のもの。

こちらも
Check!

王妃の隠し部屋

寝室にある隠し扉は、プライベートな王妃の隠し部屋へと通じている。見学はガイドツアーのみで可能。

©Sebastien Giles

14 戴冠の間 Salle du Sacre

ダヴィッド作『ナポレオン1世の戴冠式』を飾るために改装された部屋。この作品は2作目で、1作目はルーヴル美術館に展示されている。

Part 3

宮殿見学だけじゃない ヴェルサイユの楽しみ方

宮殿以外にも広大な庭園や離宮のほか、グルメ、買い物、宿泊まで、さまざまな楽しみ方ができるのもヴェルサイユの魅力。

01 壮大な庭園

天才造園家ル・ノートルにより設計されたフランス式庭園の傑作。彫刻や噴水、幾何学模様の植栽を左右対称に配した庭園の先に、十字型の大運河がのび、10kmも離れたセーヌ川から引かれた水をたたえている。

🕐8:00〜20:30（11〜3月は〜18:00、イベント開催日は変更あり） 🅿無休 💴無料（イベント開催日は有料。大噴水ショー€10.50、音楽の庭園€10）

©THOMAS GARNIER

©THOMAS GAF

╲ 素敵なレストランも ╱

レストランやテラス、軽食スタンドも点在するので1日過ごせる。写真は大運河そばのラ・プチット・ヴニーズ。

左は太陽神アポロンの母、ラトーヌの像を配した「ラトーヌの泉」での大噴水ショーの様子。ショーは4〜10月の週末などを中心に行われる

02 静かな離宮

王家の人々が宮廷生活や公務から離れ、私的な時間を過ごした離宮。ルイ14世が建設したグラン・トリアノン、ルイ15世の愛妾ポンパドール夫人のため建設されたプチ・トリアノン、マリー・アントワネットの村里が見どころ。

🕐12:00〜18:30（11〜3月は〜17:30）。入場券の販売は閉館40分前、入場は30分前まで 🅿月曜、一部祝日、公式行事開催日 💴€12（宮殿との共通パスポート▶P.50でも入場可）

ミュージアムバスOK

ピンクの大理石が美しい
©THOMAS GARNIER

グラン・トリアノン

Grand Trianon

ルイ14世が建設した館を1687年にマンサールがピンクの大理石で改築し、「大理石のトリアノン」に。革命後はナポレオンも使用した。

▲大理石の柱廊と庭園が優雅な空間 ▶広々と開放的な「鏡の間」

王妃が愛した隠れ家

プチ・トリアノン

Petit Trianon

ルイ16世即位後、マリー・アントワネットに贈られた小さな宮殿。窮屈な宮廷生活を嫌ったマリー・アントワネットはここでの暮らしを楽しんだ。

アントワネットが改装した寝室は自然がモチーフの可憐な雰囲気

王妃が田園生活を楽しんだ人工の村

王妃の村里

Hameau de la Reine
© THOMAS GARNIER

マリー・アントワネットの田園趣味を形にした村。池の周りに藁葺き屋根の田舎家や畑が作られた。

中央に「王妃の家」がある。水車小屋や果樹園、酪農場も

03 優雅なカフェ＆レストラン

宮殿のほか、庭園や離宮そばにもカフェやレストランがあり、さまざまな美食を味わえる。優雅な空間の中で、特別なひと時を過ごしたい。

宮殿隣の「王の菜園」で穫れる野菜も使用。朝食は€8〜、食事は€45〜。予約が望ましい
@pmonetta

巨匠の美食を宮殿で

オール

Ore

多くの星を誇る巨匠アラン・デュカスのレストラン。Oreとはラテン語で「口」の意味。宮殿内のゴージャスな空間で、洗練されたフランス料理を味わいたい。

☎01-30-84-12-96 ⏰9:00〜18:30(11〜3月は〜17:30、ランチ11:30〜15:30) ㊡月曜

限定パティスリーに注目

アンジェリーナ

Angelina

パリの老舗サロン・ド・テ(▶付録P.8)のヴェルサイユ店。「アントワネット」の名を冠したパティスリーは必食。サンドイッチなど軽食もある。

☎01-39-20-08-32 ⏰10:00〜17:30(11〜3月は9:30〜17:00)、土・日曜は10:00〜18:30 ㊡月曜

アントワネットは€9.70。店は「戴冠の間」を出てすぐ。他にプチ・トリアノンにもテラスがある

04 マリー・アントワネットをおみやげに

ショップでは多彩なマリー・アントワネットのグッズや、ブランドとコラボしたオリジナル商品が揃う。

カモミールとラベンダーの香り袋 €9.50

王妃のキルトをイメージしたポーチ€48

ポップで鮮やかなプレート€29.95(22cm)

人気クリエーター、マラン・モンタギュのピン€7.50

ブティック・クール・ド・マルブル

Boutique Cour de Marbre

宮殿内見学の出口付近にある、最も大きなブティック。限定品を含め品数も多い。

☎01-30-97-70-95 ⏰9:00〜17:00 ㊡月曜

リブレリー・デ・プランス

Librairie des Princes

宮殿に向かって左手のチケット売り場に隣接する店。宮殿に入らなくても利用できる。

☎01-30-97-71-12 ⏰10:30〜18:30(11〜3月は9:30〜17:00) ㊡月曜

05 宮殿に泊まる

宮殿に泊まれる夢のようなホテルが2021年に開業。宿泊者は宮殿閉館後に見学ができる。一生ものの思い出に。
©Kévin Triboulet

ロマンティックな滞在を

ル・グラン・コントロール

Le Grand Contrôle

全14室の客室は、往時の装飾をイメージしたクラシカルな魅力にあふれる。ホテル内レストランではアラン・デュカス監修の美食を堪能できる。

🏠12 Rue de l'Indépendance Américaine
☎01-85-36-05-50 ㊎€2000〜 ㊧13室

ENJOY
エッフェル塔
凱旋門
シャンゼリゼ大通り
オペラ座
サクレ・クール寺院
セーヌ川
マルシェ／蚤の市
ナイトスポット
ヴェルサイユ宮殿
モン・サン・ミッシェル

モン・サン・ミッシェルを

深掘り

海に浮かぶ巡礼島の威厳に満ちた姿は圧巻！修道院や城壁、石畳の参道など、歴史や見どころを押さえてじっくり巡ろう。

世界遺産

Part 1

モン・サン・ミッシェルってどんなところ？

神秘の島にまつわる伝説や歴史的経緯を知ろう。

「聖ミカエルの山」を意味する 巡礼島

708年、アヴランシュの司教オベールの夢に大天使聖ミカエルが現れ、岩山に聖堂を建てるよう告げた。オベールはなかなかお告げを信じなかったため、3度目に現れた聖ミカエルは司教のこめかみに指を差し込んだ。翌朝、頭に開いた穴を見てようやく信じた司教により、聖堂が建てられたという。今もアヴランシュの教会に穴の開いた頭蓋骨が残る。

修道院尖塔の頂きに輝く聖ミカエル。修道院出口にレプリカがある

要塞 や 監獄 に なったことも

最初の聖堂が709年に建てられ、10世紀にはベネディクト会修道院が創立。11〜13世紀の増改築で現在に近い姿に。14〜15世紀の百年戦争の時代には要塞化し、フランス革命では修道院が廃止され、一時監獄になるなど歴史に翻弄されたが、19世紀後半に再び修道院となった。

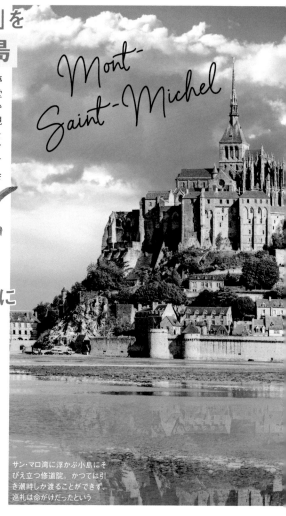

Mont-Saint-Michel

サン・マロ湾に浮かぶ小島にそびえ立つ修道院。かつては引き潮時しか渡ることができず、巡礼は命がけだったという

Access

パリからの行き方

Montparnasse モンパルナス駅から高速鉄道TGV でRennesレンヌ駅へ（所要約1時間30分〜2時間）。レンヌ駅北口から直通バスに乗る（所要約1時間10分）。他に急行NomadでVilledieu les Poêles ヴィルデュー・レ・ポエル駅へ行き（所要約3時間10〜30分）、駅前からバスに乗る（所要約45分）ルートもある。チケットはSNCF（国鉄）サイトから通じて購入可能。現地でも購入できるが、満席になる場合もあるので事前予約がおすすめ。

SNCF（フランス国鉄）
URL www.sncf-connect.com
Keolis Amor（バス会社※時刻表あり）
URL keolis-armor.com

島への渡り方

バスが停まる駐車場は島の対岸にあり、そこから無料シャトルバスか徒歩で島へと向かう。対岸にはおみやげが買えるスーパーやホテル、レストランが並ぶほか、日本人ツアーデスク（アクサン・テギュ・デュ・クール URL www.accent-aigu.com）もある。

島内観光案内所　♱モン・サン・ミッシェル

凡例
■ バスの停留所
━ バスのルート
━ 徒歩ルート

2014年に開通した、モン・サン・ミッシェルにアクセスできる橋

P.55 ル・ルレ・サン・ミッシェル
Le Relais Saint Michel

対岸のホテル街
ホテルやレストランが充実のスーパーもある

クエノン河口ダム島の全景を眺められる人気の撮影スポット

観光案内所
トイレ、両替所、ロッカー、授乳室などの施設あり

ポントルソン↓

無料シャトルバス
（ル・パッスール）で約12分

駐車場から島まで約2.7km、徒歩45分。絶景を眺めて歩こう

特別な景色に出会える
宿泊 もおすすめ!

日帰りで訪れる人が多いが、ライトアップや夕暮れ、朝焼けの幻想的な姿は宿泊しないと見られない。

島外 時間ごとの島の姿を眺められる
ル・ルレ・サン・ミッシェル
Le Relais Saint Michel

モン・サン・ミッシェルの対岸にある中では最も島に近い4つ星ホテル。どの部屋も島に面したテラス付き。

MAP P.55
⌂ La Caserne　⊗バスターミナルから徒歩10分　☎02-33-89-32-00
⑤⑤ⓣ €170〜　🛏39室
URL lemontsaintmichel.info/rooms/hotel-le-relais-saint-michel/

全室テラス付き。レストランも併設する

島内 歴史的建造物に泊まる
オーベルジュ・サン・ピエール
Auberge Saint Pierre

天井や壁に木の梁が渡り、古いステンドグラスの窓がある、風情のあるたたずまいが魅力。

MAP P.57
⌂ Grande Rue　⊗大通り門から徒歩3分　☎02-33-60-14-03　⑤⑤
ⓣ €260〜　🛏23室　URL www.auberge-saint-pierre.fr

グランド・リュにあり窓辺から海を見渡せる

© ventdusud/Shutterstock.com

ENJOY
エッフェル塔
凱旋門
シャンゼリゼ大通り
オペラ座
サクレ・クール寺院
セーヌ川
マルシェ／蚤の市
ナイトスポット
ヴェルサイユ宮殿
モン・サン・ミッシェル

ENJOY ACTIVITY

Part 2

中世の面影が残る島内を散策 🕐 1.5h

堅牢な城壁が取り囲む島内に入れば、石畳の道が続く古き良き街の風景に出会える。名物料理やおみやげ探しも楽しみたい。

01 城壁

14〜15世紀の百年戦争の時代に城壁が築かれ、要塞となったモン・サン・ミッシェル。入口近くの王の塔から一番上のクロディーヌの塔まで、城壁の上の通路でつながっており、城壁の通路からは湾が一望できる。堅牢な造りの門も見どころのひとつ。

眺望が広がる見張り塔と、塔をつなぐ城壁通路も必見。写真は北塔

小径の散策も楽しいよ〜

1 大通り門
Porte du Boulevard

島を守る3つの門のうち、2つ目が大通り門。重厚で堅牢な造りだ。

2 王の門
Porte du Roi

15世紀建造の3つ目の門。扉を鎖で吊った跳ね橋スタイルで、敵の侵入を防いだ。

3 王の塔
Tour du Roi

王の門の脇にある見張り塔。百年戦争当時の姿を今に残している。

4 ガブリエル塔
Tour Gabriel

16世紀に建設。当時、最新兵器だった大砲を収容した。19世紀以降は灯台に。

02 大天使ミカエル

カトリック教会における三大天使の一人、聖ミカエル信仰の聖地。悪の象徴の竜を踏みつけ、右手に剣、左手に魂の重さを量る天秤を持つ姿で表されることが多い聖ミカエルは、フランス共和国の守護聖人の一人でもある。

5 モン・サン・ミッシェル修道院
Abbaye du Mont Saint-Michel

▶ P.58

島の頂上にそびえる修道院内は、聖ミカエルを讃える像や彫刻も見どころ。

6 サン・ピエール教会
Église St-Pierre

洞窟内に建築された地区教会。内部には銀製の聖ミカエル像が、入口にはジャンヌ・ダルク像が立つ。

03 グランド・リュ

島のメインストリートであるグランド・リュ。細い石畳の坂道の両側にホテルやレストラン、みやげもの屋が軒を連ねる。ランチや買い物の時間を十分とって楽しみたい。

定番みやげ

サクサクと香ばしいサブレやクッキーが人気。写真はバタービスケット€7

ラ・ブティック・ド・ラ・メール・プラール
La Boutique de la Mère Poulard

MAP P.57
☎02-33-89-02-03 ⏰9:00〜20:00(冬季は9:30〜18:00) ❸無休

7 グランド・リュ
Grande Rue

小さく愛らしい店や看板を眺めたり、小径に分け入ったりと、気ままに散策するのも楽しい。

04 オムレツ

建築家の料理人として島にやってきたアネット・プラールは19世紀、夫とともに巡礼者のための宿を開業。栄養豊富で手早く調理ができる巨大オムレツを考案し、やがて島の名物となった。

ラ・メール・プラール店内に飾られた写真

よく泡立てて焼いたふわふわのオムレツ。現在はトリュフ入りの一品 €45のみ提供

名物のオムレツ発祥の店

ラ・メール・プラール
La Mère Poulard

MAP P.57
☎02-33-89-68-68
⏰11:30〜16:30、18:30〜21:00 ❸無休

店先の大きな暖炉でオムレツを焼く様子が見られる

モン・サン・ミッシェル

✝聖オベール礼拝堂

北物見台
Echauguette du Nord

♣北塔
Tour du Nord

クロディーヌの塔 ♣
Tour Claudine

庭園
Jardin

修道院入口□

ティフェンヌの館

♣ブクル塔
Tour Boucle

モン・サン・ミッシェル修道院 5
西のテラス
Terrasse de l'Ouest

サン・ピエール教会 6
歴史博物館📚

♣アルケオスコープ

デュゲクラン(ホテル)
Du Guesclin

オーベルジュ・サン・ピエール
Auberge Saint Pierre

♣低塔
Tour Basse

ラ・ブティック・ド・ラ・メール・プラール
La Boutique de la Mère Poulard
Ch. de Ronde Abbatial

4 ガブリエル塔

7 グランド・リュ

📮海洋環境博物館

ラ・メール・プラール
La Mère Poulard

観光案内所📋
郵便局✉

♣自由の塔

大通り門 1

2 王の門

王の塔 3

レ・テラス・プラール(ホテル)
Les Terrasses Poulard

N

1分
0　　　80m

🚌バス乗場

▲城壁沿いには絶景カフェが
◀仔羊やガレットも島の名物

観光案内所はグランド・リュの郵便局内にある。 **URL** www.ot-montsaintmichel.com

ENJOY
エッフェル塔
凱旋門
シャンゼリゼ大通り
オペラ座
サクレ・クール寺院
セーヌ川
マルシェ/蚤の市
ナイトスポット
ヴェルサイユ宮殿
モン・サン・ミッシェル

Part 3

修道院内部を見学 🕐 60min.

いよいよ修道院の内部へ。オーディオガイドを利用してじっくりまわるのもおすすめ。

内部の構造

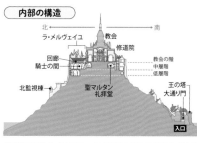

北 ← → 南
ラ・メルヴェイユ　教会
回廊　修道院
騎士の間　教会の階／中層階／低層階
北監視棟　聖マルタン礼拝堂　王の塔／大通り門　入口

修道院の建物は、海抜80mの花崗岩の岩山を取り囲むように建てられていった。13世紀初頭に建造された北面の棟はゴシック様式の傑作とされ、「ラ・メルヴェイユ（驚異）」と呼ばれる。

教会の階

中層階

多くの巡礼者を集めた聖地

モン・サン・ミッシェル修道院

Abbaye du Mont-Saint-Michel

岩山を覆うように建つ修道院。11世紀に建築が始まってから何世紀もかけて増改築を繰り返した建物は、ロマネスク様式やゴシック様式が混在する。1979年に世界遺産に登録された。

MAP P.57
☎ 02-33-89-80-00
🕐 9:30～18:00（5～8月は9:00～19:00）、入場は閉館の1時間前まで　一部祝日
€13（11～3月の第1日曜は無料）
URL www.abbaye-mont-saint-michel.fr

Start

高い天井から差し込む光が神秘的

1 修道院入口
Le Châtelet

修道院入口は2つの塔のあるシャトレという建物。急な勾配の階段を上ると、かつての守衛室がある。

4 修道院付属の教会
Eglise Abbatiale

ここにも注目!

11～12世紀に完成し、その後何度か崩壊・修復された。本堂は11～12世紀ロマネスク様式、内陣と後陣は15～16世紀のゴシック様式。

▶祭壇脇には魂の重さを量る聖ミカエル像が

ワイドな眺めが広がる絶景スポット!

2 大階段
Grand Degré

右手に修道院付属教会の土台、左手に修道僧の居住棟があり、その間に長い階段が造られた。上りきると、ソー・ゴティエと呼ばれる小さなテラスがある。

3 西のテラス
Terrasse de l'Ouest

教会の正面に広がる大きなテラスから湾の景色が一望できる。敷石には当時建設に関わった石工たちが彫った印や文字、数字が残っている。

5 回廊
Cloître

ラ・メルヴェイユ棟の最上階にある回廊と中庭。二重の円柱をずらし、柱が無限に続くように見せている。柱の美しい彫刻にも注目。

天と地をつなぐ美しい空間

奇跡のような傑作なのだ

6 食堂
Réfectoire

修道士たちの食事の場。美しくカーブしたアーチ天井や、ほのかに光が差し込む59の小窓が神秘的な印象。建物の重さを抑えるため天井は木製に。

7 迎賓の間
Salle des Hôtes

修道院長が巡礼に訪れた貴賓を迎えた部屋。ルイ9世やフランソワ1世など、多くの国王も訪れた。優美な天井や細い円柱などが美しい。料理用の暖炉も造られている。

8 地下礼拝堂
Crypte des Gros Piliers

「太柱の礼拝堂」と呼ばれ、円周5mもある10本の円柱で教会を支える役目を持つ地下礼拝堂。裁きを受ける人の控えの間でもあった。重厚感のある柱の数々が荘厳な雰囲気を醸し出す。

円周5mもの円柱が迫力大!

ここにも注目!

次の間への通路にオベール司教と聖ミカエルの彫刻が

9 聖マルタン礼拝堂
Chapelle St-Martin

11世紀の建設当時の姿をとどめる地下礼拝堂。教会南側の土台となっている建物で、9mもの高さのアーチ型天井は均整のとれた美しさ。

12 騎士の間
Salle des Chevaliers

聖ミカエル騎士団にちなんだ名前を持つ、修道僧たちの仕事部屋。ここで写本や彩色が行われた。柱にはアカンサス模様が施され、天井まで届く大きな暖炉もある。

10 聖エティエンヌ礼拝堂
Chapelle St-Étienne

死者の安置所だったチャペル。祭壇下には永遠を示す文字「AΩ」が書かれ、壁にはキリストの亡骸を抱く聖母マリアのピエタ像が置かれている。

11 修道僧の遊歩道
Promenoir des Moines

天井の建築様式にロマネスクからゴシックへの移行が見られる。遊歩道と名付けられているが部屋の用途は解明されていない。

キリストの死を嘆くマリアのピエタ像

ENJOY

エッフェル塔

凱旋門

シャンゼリゼ大通り

オペラ座

サクレ・クール寺院

セーヌ川

マルシェ/蚤の市

ナイトスポット

ヴェルサイユ宮殿

モン・サン・ミッシェル

著名人が眠る場所を訪ねて

歴史的人物や芸術家、憧れのスターのお墓を訪ねてみよう。パリではお墓も人気の観光地じゃ。

ナポレオンが眠る

アンヴァリッド（国立廃兵院）
Hôtel National des Invalides

ミュージアムパスOK

17世紀、ルイ14世の命で建てられた負傷兵のための施設。当時は約5000人の退役軍人が収容された。現在はナポレオンが眠るドーム教会や軍事博物館などが公開されている。入口は南と北の2か所ある。

エッフェル塔周辺 MAP P.231 F-2

⌂129 Rue de Grenelleまたは Place Vauban, 7e ⓂⓂ8号線 La Tour Maubourg ラ・トゥール・モブール駅から徒歩4分 ☎01-44-42-38-77 ⏰10:00～18:00、入場は17:30まで（第1金曜は～22:00［一部施設を除く］、入場は21:00まで）⑭一部祝日 ⑭€15（第1金曜18:00以降は€10）

ナポレオン1世の棺は六重構造で、緑色花崗岩の台座に安置されている。高さ107mの黄金に輝くドームは街のランドマーク

パリの墓地

モンパルナス墓地
Cimetière du Montparnasse

ゲンズブール、サルトル、ボーヴォワール、ボードレール、ジーン・セバーグなど

パリで2番目の規模。ゲンズブールの墓にはヒット曲にちなみメトロの切符が供えられている。

モンパルナス MAP P.235 E-1

⌂3 Bd. Edgar Quinet, 14e ⓂⓂ4・6号線 Raspailラスパイユ駅から徒歩1分 ⏰8:00～18:00（冬季は～17:30、土曜は8:30～、日曜、祝日は9:00～）

モンマルトル墓地
Cimetière de Montmartre

スタンダール、ドガ、エミール・ゾラ、フランソワ・トリュフォー、荻須高徳、ダリダなど

芸術家たちが集まった街には、多くの作家や画家が眠っている。写真は自然主義文学者ゾラの墓。

モンマルトル MAP P.234 A-1

⌂20 Av. Rachel, 18e ⓂⓂ2-13号線 Place de Clichy プラス・ド・クリシー駅から徒歩5分 ⏰8:00～18:00（冬季は～17:30、土曜は8:30～、日曜、祝日は9:00～）

ペール・ラシェーズ墓地
Cimetière du Père-Lachaise

ショパン、モディリアーニ、オスカー・ワイルド、エディット・ピアフ、ジム・モリソンなど

パリ市内最大の墓地。多くの著名人が眠り、世界中から毎年300万人もの観光客が訪れる。

市街東部 MAP P.225 G-3

⌂16 Rue du Repos, 20e ⓂⓂ2号線 Philippe-Auguste フィリップ・オーギュスト駅から徒歩3分 ⏰8:00～18:00（冬季は～17:30、土曜は8:30～、日曜、祝日は9:00～）

地下墓地も見もの！

600万人の遺骨を納めた
カタコンブ・ド・パリ
Catacombes de Paris

パリの地下20mにあり総面積1.1万㎡。無数の人骨が積み上がった1.5kmの通路を見学できる。

モンパルナス MAP P.235 F-2

⌂1 Av. du Colonel Henri Rol-Tanguy ⓂⓂ4・6号線 Denfert Rochereau ダンフェール・ロシュロー駅から徒歩3分 ⏰9:45～20:30（入場は終了1時間前まで）⑭月曜、一部祝日 ⑭€29（オーディオガイド込み）

Museum in Paris

古くから芸術の都と称されてきた
パリで、本物の美を体験しよう

世界屈指の規模とコレクションを誇る
ルーヴル美術館▶P.70。すべて見る
には1週間かかるといわれるほど広大

From the most famous
to the newest,
many museums await you!

18世紀フランス王朝時代の華やかな
装飾や調度品を見学できる博物館オ
テル・ド・ラ・マリンヌ▶P.89

Museum の旅テク 10
(美術館)

> 美術館めぐりは
> パリ観光の目玉だね。
> 無駄なくまわれるよう
> 事前の準備を
> しっかり!
> CARROT

#01

パリ・ミュージアム・パス
を活用しよう!

パリとパリ近郊の50か所以上の美術館や観光施設で利用できる便利なパス。主要な美術館のほか、凱旋門やヴェルサイユ宮殿などの人気スポットでも利用できる。行列になることも多いチケット売り場に並ぶ必要がないのもメリット。

パスの種類と価格

・2日券 €62　・4日券 €77　・6日券 €92

主な利用可能施設

ルーヴル美術館	▶P.70	凱旋門	▶P.32
オルセー美術館	▶P.78	軍事博物館／ナポレオンの墓	
オランジュリー美術館	▶P.84	(アンヴァリッド内)	▶P.60
ロダン美術館	▶P.86	装飾芸術美術館	▶P.158
ピカソ美術館	▶P.86	サント・シャペル	▶P.165
国立ドラクロワ美術館	▶P.86	コンシェルジュリ	▶P.165
国立近代美術館	▶P.87	パンテオン	▶P.169
クリュニー中世美術館	▶P.87	ヴェルサイユ宮殿とトリアノン	
ケ・ブランリー・			▶P.48
ジャック・シラク美術館	▶P.88	フォンテーヌブロー城	▶P.180
オテル・ド・ラ・マリンヌ	▶P.89		

※本書ではパスが使える施設に ミュージアムパスOK のマークを付けている

購入方法と注意点

①**オンライン**…公式サイトで購入し、メールで届くeチケットを印刷するかスマホに保存する。
URL www.parismuseumpass.fr
②**現地で購入**…パスが使える主要な美術館や施設のほか、空港内の観光案内所や、パリ市内の観光案内所などで紙のチケットを購入できる。
③**日本で購入**…詳細はパリミュージアムパスジャポンのWEBサイトを参照。
URL parismuseumpass-japon.com

〈注意点〉
・パスは最初の入場から連続した期間で有効。2日券なら48時間、4日券なら96時間、3日券なら144時間。途中で中断できない。
・パスを持っていても別途、日時予約が必要な施設もあるので公式サイトなどで確認を(♯02も参照)
・各施設への入場は1回のみで再入場不可

#02

できるだけ事前予約を

ルーヴル美術館をはじめとする人気の美術館では、混雑を避けるため事前の日時予約を強く推奨している。予約せずに出かけると数時間待ちや、場合によって入場できない可能性も。各施設の公式サイトなどから、なるべく事前に予約・購入をしておこう。パリ・ミュージアム・パスを持っていても、ルーヴル美術館、オランジュリー美術館、オテル・ド・ラ・マリンヌなどは日時予約が必要。パス保持者は各サイトのチケット購入画面で、「無料」の項目を選べば日時予約できる。

#03

月・火曜は休みが多い

美術館の休館日は月曜・火曜が多い。主要美術館ではオルセーが月曜、ルーヴルとオランジュリーが火曜定休。事前に確認してプランを立てよう。♯01で説明している通り、パリ・ミュージアム・パスは一度利用を始めると中断ができないので、有効に活用するには、月・火曜は避けたほうがよい。

#04

第1日曜は無料デー!

オルセー美術館、オランジュリー美術館、ロダン美術館、ピカソ美術館など、多くの美術館が第一日曜日は無料デー。ただしオルセー、オランジュリーの両美術館のように、混雑を避けるために事前予約制としている施設もあるので、公式サイトなどで確認しておきたい。

ロダン美術館は10〜3月のみ第1日曜が無料となる

#05
年齢割引もチェック

ほとんどの美術館が18歳未満は無料。そのほかにも年齢（26歳未満、65歳以上など）による割引価格を設定している美術館も多い。年齢確認できるパスポートを携帯しよう。

#06
夜間延長も狙い目！

開館を夜まで延長する曜日を設けている美術館もある。また、ルーヴル美術館では第1金曜18:00〜無料（7・8月を除く）、オルセー美術館では木曜18:00〜割引料金など、お得な料金設定がある施設も。昼間とはまた違った魅力が感じられる夜の美術館も、ぜひ体験してみたい。

主な夜間開館施設

木曜	オルセー美術館▶P.78
	マルモッタン・モネ美術館▶P.87
	ケ・ブランリー・ジャック・シラク美術館▶P.88
	市立近代美術館（企画展のみ）▶P.89
金曜	ルーヴル美術館▶P.70
	ブルス・ド・コメルス・ピノー・コレクション▶P.88
	オテル・ド・ラ・マリンヌ▶P.89
	アトリエ・デ・リュミエール▶P.90
土曜	アトリエ・デ・リュミエール▶P.90

※国立近代美術館▶P.87は毎日21:00まで開館

#07
作品は貸出中のことも

せっかく現地まで行ったのに、お目当ての作品が貸出中ということも少なくない。所蔵品の貸出は美術館の役割の一つなので、仕方がないと考えよう。また、修復作業や展示替えで見られなくなる場合や、同じ美術館内で行われている企画展のほうに移されている場合もある。見たいものが見つからなければ、美術館のスタッフに訪ねてみよう。

サモトラケのニケやモナ・リザなど貸出をしない一部作品を除き、どの作品も貸出中の可能性はある

© Musée du Louvre, Dist. RMN-Grand Palais / Philippe Fuzeau / distributed by AMF

#08
混雑する美術館はスリに注意！

ルーヴル美術館の『モナ・リザ』など世界的に有名な作品の前は常に人だかりができており、スリの被害にも遭いやすい。作品に夢中になって、注意散漫にならないように気をつけたい。

#09
鑑賞中のマナー

写真撮影のマナー

写真撮影が可能な美術館でも、作品によっては撮影禁止のものもある。案内板をしっかり確認したい。また撮影OKでもフラッシュはたかないこと。自撮り棒の使用も禁止されているところが多い。撮影時は、まわり人の鑑賞を妨げないように注意を。

手荷物は預ける

美術館ごとに、持ち込める手荷物のサイズや数を規定しているところもある。大きな荷物や厚手の上着はロッカーやクロークに預け、身軽に鑑賞しよう。

#10
カフェやショップも楽しもう！

ルーヴル美術館のカフェ（▶P.77）、オルセー美術館のカフェ＆レストラン（▶P.81）など、美術館内の豪華な内装や、美しい景観を楽しめる店が多いので、鑑賞の合間に立ち寄りたい（▶付録P.10でも美術館カフェを紹介）。また館内のショップでは、美術品などをモチーフにした洗練されたグッズが揃うので、おみやげ探しにもおすすめ。ルーヴル美術館、オルセー美術館、ヴェルサイユ宮殿などのグッズを扱う下記オンラインストアも要チェック。

©Merci Bien
オルセー美術館内のゴージャスなレストラン

URL www.boutiquesdemusees.fr/en

絵画の巨匠たちってどんな人？

知ると楽しいぞ

パリには大小さまざまな美術館があり、多くの芸術家の作品を鑑賞できる。時代を超えて愛される名作を生んだフランスやパリゆかりの巨匠たちはどのような人物だったのか、また、彼らの作品が見られる美術館も紹介しよう（※本誌で紹介している作品は、作品名と掲載ページを記載）。

#レオナルド・ダ・ヴィンチ

Leonardo da Vinci　**1452～1519年**

イタリアのダ・ヴィンチ村に生まれ、フィレンツェやミラノで活動。晩年の1516年にフランソワ1世に招かれてフランスに移り住む。絵画、音楽、建築のほか、さまざまな学問に精通した万能の人だった。

ここで見られる！

ルーヴル美術館▶P.74、75
『岩窟の聖母』『モナ・リザ』

CHECK
現存している作品はわずか15点ほど。『モナ・リザ』は本人の死後にフランソワ1世が購入し、のちにフランス国有財産となった。

#ウジェーヌ・ドラクロワ

Eugène Delacroix　**1798～1863年**

パリ近郊に生まれ、20代半ばにサロンに初入選。当時主流だった新古典主義に対し、現実に起きた出来事を主題にして激情的な絵画を描いた。リュクサンブール宮殿などの政府関係の建築の装飾も多数手掛けている。

ここで見られる！

ルーヴル美術館▶P.75
『民衆を導く自由の女神』
国立ドラクロワ美術館▶P.86

CHECK
同時代を生きた新古典主義代表のアングルとロマン主義代表のドラクロワの作品を対比して見ると面白い（詳しくは▶P.82）。

#ジャン＝フランソワ・ミレー

1814～1875年

Jean-François Millet

ノルマンディー地域の農家に生まれ、18歳から絵画の修行を始め、奨学金を得てパリへ。肖像画や裸体画を描いて生活していたが、パリでコレラが流行したことなどからバルビゾン村に移り住み、以降、農民の絵を多く描いた。

ここで見られる！

オルセー美術館▶P.79
『落穂拾い』
ミレー記念館▶P.181

CHECK
ミレーの風俗画は当時のフランスのアカデミックな絵画界からは評価が低かったが、1860年代半ばには巨匠としての名声を確立した。

#エドゥアール・マネ

1832～1883年

Édouard Manet

パリの裕福な家庭に生まれ、10代後半で画家の道へ。『草上の昼食』『オランピア』が娼婦の裸体を描いたとして大バッシングを受けた。革新的な題材や技法から近代絵画の父と称される。同時代の多くの芸術家に慕われた。

CHECK
保守的なブルジョワだったマネはサロン（官展）で評価されることにこだわり、何度も誘われた印象派展には一度も参加しなかった。ただしモネとの親交は深かった。

ここで見られる！

オルセー美術館▶P.79、80
『笛を吹く少年』『草上の昼食』

#クロード・モネ 1840〜1926年

Claude Monet

少年時代はノルマンディーのル・アーヴルで過ごし、20歳頃よりパリで活動を始める。ピサロやルノワールと交流を深めたあと、渡英。ターナーらの影響を受けて帰国し、印象派の流れを生んだ『印象・日の出』を制作。

CHECK
『睡蓮』は、1897年から亡くなる1926年までの間に、全部で200点以上制作されている。

ここで見られる！
オルセー美術館▶P.80『ひなげし』
オランジュリー美術館▶P.85『睡蓮』
マルモッタン・モネ美術館▶P.87

#ピエール＝オーギュスト・ルノワール 1841〜1919年

Pierre-Auguste Renoir

幼少時からパリに住み、20歳頃より画塾に通いモネやシスレーらと出会う。子供や女性など人間の変化に魅せられ、パリの中流階級の娯楽など余裕のある人々を描いた。印象派展に数回作品を出展するも、のちに印象派を離れ、独自の世界を展開する。

CHECK
ルノワールの描いた作品からは、当時の一般市民の間で流行った髪形や服装がよく見てとれる。

ここで見られる！
オルセー美術館▶P.80
『ムーラン・ド・ラ・ギャレットの舞踏会』
オランジュリー美術館▶P.84

#ポール・セザンヌ

Paul Cézanne 1839〜1906年

南仏エクス・アン・プロヴァンスの裕福な家庭に生まれたが、22歳で画家を志しパリへ。当初はロマン主義的な主題を描くも、ピサロの影響を受け、印象派の方向へ。その後はそれからも離れ生涯独自の作風の完成に励んだ。

ここで見られる！
オルセー美術館▶P.81『カード遊びをする人々』
オランジュリー美術館▶P.84

CHECK
ユーロ導入前の最後の100フランス・フラン紙幣には、セザンヌの肖像と彼の作品が描かれていた。

#フィンセント・ファン・ゴッホ

Vincent van Gogh

1853〜1890年

オランダに生まれ、画商、伝道師などを経たあと、不安定な内面世界と宗教的感情を絵画に託そうと画家を志す。画家として活動したのは晩年の10年。1886年に弟テオを頼りパリに住んで以降、死ぬまでフランス各地で生活し多数の作品を描いた。

CHECK
生前に売れた絵は『赤い葡萄畑』の1枚のみといわれる。弟テオの援助でなんとか生活していた。

ここで見られる！
オルセー美術館▶P.81『オヴェールの教会』
ロダン美術館▶P.86

ほかにも大勢 パリゆかりの画家

マレ地区にあるピカソ美術館（▶P.86）

© Musée national Picasso-Paris, Voyez-Vous, Chloé Vollmer-Lo

ドミニク・アングル（▶P.75）、ギュスターヴ・クールベ（▶P.79）、エドガー・ドガ（▶P.80）などもパリゆかりの画家。スペインに生まれた巨匠パブロ・ピカソは、成人になってからのほとんどをパリで過ごしている。

なるほど興味深い！

調査 パリLOVERSお気に入りのアートスポットは?

芸術の都を満喫しよう

Let's have fun!

Photo①③© Élie Ludwig / BnF

#2022年から一般公開のとびきり美しい国立図書館

研究者専用だった国立図書館が長い改修工事ののち一般公開。2万冊の蔵書を誇る美しい閲覧室サル・オーヴァルを始め、17世紀の壮麗な美術館や王室コレクションなど見どころたくさん。フランス文化の懐の深さに触れてほしい。(宮方)

フランス国立図書館 リシュリュー館
Bibliothèque nationale de France (BnF) Richelieu

オペラ〜ルーヴル
▶MAP P.228 C-4

⌂5 Rue Vivienne/58 Rue de Richelieu, 2e
Ⓜ3号線Bourseブルス駅から徒歩3分
⏰10:00〜18:00(火曜〜20:00) 休月曜
料無料(展示スペース€10〜)

①光差し込む楕円形の閲覧室サル・オーヴァル ②有料の展示室ギャラリー・マザラン ③改装された美しいファサードと気持ちのよい前庭

© Mario Ciampi avec l'aimable autorisation de Guicciardini & Magni architetti, Firenze

#不法占拠から始まった一棟建てのアートギャラリー

©elisadoual12

銀行跡地をアーティストが不法占拠したのが始まり。後に存続を承認したパリ市のアートへの理解に感動。年間見学者が7万人とのこと!(横島)

サンカント・ヌフ・リヴォリ
59 Rivoli

オペラ〜ルーヴル
▶MAP P.232 D-1

⌂59 Rue de Rivoli,1er Ⓜ1・4・7・11・14号線Châteletシャトレ駅から徒歩2分
⏰13:00〜20:00 休月曜 料無料

©zoemary3

常時30人ほどのアーティストがアトリエを構える

#カルティエ現代美術財団の静かな和みスポット

現代美術好きにははずせない場所だが、ジャン・ヌーヴェルの代表作である建築も見どころ。裏庭のコーヒースタンドで飲み物を買い、ベンチでの鑑賞が最高。(木戸)

カルティエ現代美術財団
Fondation Cartier pour l'Art Contemporain

モンパルナス ▶MAP P.235 F-2

⌂261 Bd. Raspail, 14e Ⓜ4・6号線Raspailラスパイユ駅から徒歩 3分 ☎01-42-18-56-50 ⏰11:00〜20:00(火曜〜22:00) 休月曜 料€11 ※庭園・カフェ利用は入場者のみ

PARIS
LOVERS

横島朋子さん
パリ在住のライター・コーディネーター。ファッション雑誌やTVロケなどで活動。カフェをこよなく愛し、年中ロゼワイン愛飲家。
⊙ @tomokoyokoshima

木戸美由紀さん
パリ在住ライター。マガジンハウスの月刊誌『アンド プレミアム』にパリガイド「パリところどころ案内」を連載中。
⊙ @kidoppifr

タナカアツコさん
パリ在住歴20年のライター・コーディネーター。近年は食関係のPR業務にも従事しつつ、小学生の娘と楽しめるパリ情報の収集に余念がない。

宮方由佳さん
フランス国家公認ガイド兼フリーライターとして、フランス関連の書籍に多く携わる。すでに人生の約半分を過ごしたパリに骨をうずめる覚悟。

今澤澪花さん
世界30か国以上を旅し、唯一度は住みたいと感じたパリに移住を決意。2023年に日本の会社を休職してパリ滞在中。
⊙ @chelshinji03

#フランスに愛された
ゲンズブールの家＆記念館

私自身、そして世界のゲンズブールファンが心待ちにしたオープンは、予定より2年近く遅れて2023年9月。この家の所有者である娘のシャルロットの願いから一般公開が実現。天才かつ破天荒の特異なスタイルアイコン、我らのゲンズブールが住んでいたそのままの世界観を体感できる。シャルロットに感謝！（横島）

❶建物の壁にはファンのメッセージが ❷書店、カフェ・バーなども併設 ❸バーの飾りの1つ

❶

Photo©Alexis_Raimbault

メゾン・ゲンズブール
Maison Gainsbourg

サン・ジェルマン・デ・プレ
▶MAP P.232 B-1
🏠14 Rue de Verneuil, 7e Ⓜ️M12号線Rue du Bacリュ・デュ・バック駅から徒歩8分 🕐10:00～20:00（水・金曜～22:30）、ル・ゲンズブール10:00～24:00（木～土曜～翌2:00、日曜～20:00）
㊡月曜 ㊎家と美術館€25、美術館のみ€12 URLhttps://www.maisongainsbourg.fr ※日時予約必須

#パリを代表するギャラリーは
美術館級の見応え！

© Tanguy Beurdeley. Courtesy of Perrotin

村上隆を初めて世界に紹介したことでも知られる、現代アートシーンを牽引するエマニュエル・ペロタンのギャラリー。貴族の邸宅を改装した広大なスペースで、アートの最前線に触れられます。（タナカ）

ギャルリー・ペロタン
Galerie Perrotin

北マレ ▶MAP P.229 G-5
🏠76 Rue de Turenne, 3e Ⓜ️M8号線Saint-Sébastien Froissartサン・セバスチャン・フロワッサール駅から徒歩4分
☎01-42-16-79-79 🕐10:00～18:00 ㊡日・月曜 ㊎無料

#マレ散策の途中に
立ち寄りたい無料の美術館

© Antoine Mercusot

マレ地区の中心部にある、フランスらしいエレガントな雰囲気を感じられる美術館。たくさん歩いてショッピングした後の小休憩場所として、私は10回以上訪れています！（今澤）

カルナヴァレ美術館
Musée Carnavalet-Histoire de Paris ▶P.88

The temple of art, Louvre Museum

芸術の殿堂ルーヴル美術館

#ルーヴル美術館　#musée de louvre　#pyramide de verre

#世界最大級の美術館　#パリのマスト観光スポット

Must!

鑑賞アドバイス

すべてのフロアをくまなく鑑賞するには最低1週間はかかるともいわれる。効率よく回るためにはお目当ての作品を絞って、鑑賞計画を立ててから行こう。

―― ルーヴル美術館をCHECK! ――

どんな歴史がある？

かつて宮殿として使われていた建物を改装し、1793年に王宮所蔵の美術品展示のため開館。その後、ナポレオン1世が戦利品として持ち帰った美術品が加わった。

どんな作品がある？

古代オリエント、古代エジプト、古代ギリシャ・ローマからイスラム美術、13〜19世紀の彫刻、絵画、工芸品までとコレクションは幅広く、その数48万点ともいわれている。展示されているのは、そのうちの3万5000点ほどだとか。

館内の構成は？

地下に受付ホールがあるガラスのピラミッドを中心に、東棟のシュリー翼、南棟のドゥノン翼、北棟のリシュリュー翼がコの字型に並んでいる。展示フロアは−1階、0階、1階、2階の4フロアで延べ約6万㎡。

館内のアクセス

館内へ個人で入るための入口は2つある

ピラミッド入口（メインの入口）
・チケットを持っていない人
・ミュージアムパスを持っている人
・時間指定チケットを持っている人

シュリー翼

リヴォリ通り99番地　ピラミッド

リシュリュー翼

逆さピラミッド

カルーゼル凱旋門

ドゥノン翼

カルーゼル凱旋門横の入口

逆さピラミッド入口
・時間指定チケットを持っている人
※アクセス方法としては3パターン
・カルーゼル凱旋門の横にある階段を下りる
・地下鉄パレ・ロワイヤル・ミュゼ・デュ・ルーヴル駅から直結（ショッピングモールを通る）
・リヴォリ通り99番地の入口から地下に行くエスカレーターに乗る

一生に一度は訪れたい世界一有名な美術館

ルーヴル美術館

Musée du Louvre　　　　**ミュージアムパスOK**

オペラ〜ルーヴル ▶**MAP** P.228 C-5

🏠 Musée du Louvre, 1er　Ⓜ 1・7号線 Palais Royal Musée du Louvre パレ・ロワイヤル・ミュゼ・デュ・ルーヴル駅から徒歩3分　☎ 01-40-20-53-17　🕐 9:00〜18:00（金曜〜21:45）、入場は閉館の1時間前まで
㊡ 火曜、一部祝日　€22（9〜6月の第1金曜18:00〜と7/14は無料※公式サイトで日時予約必須）
URL https://www.louvre.fr

チケット購入

当日券購入には長時間かかるので、公式サイトから日時予約をしよう。ミュージアム・パス保有者も日時予約が必要。

現地で購入する場合
ピラミッド下の−2階、受付ホール（ナポレオンホール）にチケット売り場がある。

便利アイテム

日本語パンフレット
受付ホールのインフォメーションでもらえる。

オーディオガイド
日本語対応オーディオガイドのレンタルあり€6。

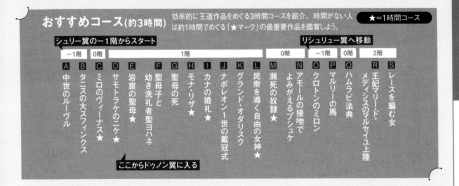

おすすめコース(約3時間)

効率的に王道作品をめぐる3時間コースを紹介。時間がない人は約1時間でめぐる「★マーク」の最重要作品を鑑賞しよう。 ★=1時間コース

シュリー翼の−1階からスタート

−1階	0階	1階

リシュリュー翼へ移動

0階	−1階	0階	2階

A 中世のルーヴル
B タニスの大スフィンクス
C ミロのヴィーナス ★
D サモトラケのニケ ★
E 岩窟の聖母
F 聖母子と幼き洗礼者聖ヨハネ
G 聖母の死
H モナ・リザ ★
I カナの婚礼
J ナポレオン1世の戴冠式 ★
K グランド・オダリスク
L 民衆を導く自由の女神 ★
M 瀕死の奴隷
N アモールの接吻でよみがえるプシュケ
O クロトンのミロン
P マルリーの馬
Q ハムラビ法典
R 王妃マリー・ド・メディシスのマルセイユ上陸
S レースを編む女

ここからドゥノン翼に入る

右側縦: ルーヴル美術館 / オルセー美術館 / オランジュリー美術館 / 人気&話題の美術館

フロアマップ

−1階(地下1階)
シュリー翼ではルーヴル宮の城塞が、リシュリュー翼の2つの中庭ではダイナミックなフランス彫刻群が見られる。ドゥノン翼の目玉はイスラム美術のコレクション。

これが見たい!
『マルリーの馬』▶P72
©RMN-Grand Palais (musée du Louvre) / René-Gabriel Ojeda / distributed by AMF

0階(日本式1階)
古代ギリシャやオリエントなどの古代の貴重な美術品が揃う。5〜19世紀のフランス彫刻や15〜19世紀のヨーロッパの彫刻など、彫刻も多数ある。

これが見たい!
『ミロのヴィーナス』▶P73
©Musée du Louvre, Dist. RMN-Grand Palais / Thierry Ollivier / distributed by AMF

1階(日本式2階)
最も人気の高いフロアで、有名作品群が集まるドゥノン翼がメイン鑑賞スポット。リシュリュー翼ではナポレオン3世時代の室内装飾を当時のまま保存。

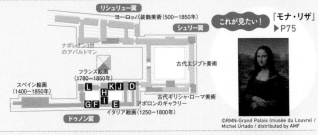

これが見たい!
『モナ・リザ』▶P75
©RMN-Grand Palais (musée du Louvre) / Michel Urtado / distributed by AMF

2階(日本式3階)
膨大なフランス絵画や北ヨーロッパの絵画コレクションが充実。リシュリュー翼の「ルーベンスのホール」には24枚の連作が一堂に集まり、その迫力は圧巻。

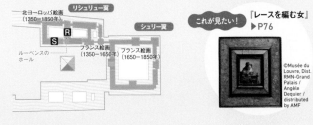

これが見たい!
『レースを編む女』▶P76
©Musée du Louvre, Dist. RMN-Grand Palais / Angèle Dequier / distributed by AMF

旅メモ 地下2階には「カルーゼル・デュ・ルーヴル」▶P.125というショッピングモールがあり、買い物や食事に便利。

おすすめコースの作品を紹介!

一1階（地下1階）
Niveau -1

12世紀の城壁跡と貴重な彫刻群が立ち並ぶ姿は圧巻

自然光が差し込む設計のリシュリュー翼の「マルリーの中庭」と「ビュジェの中庭」には、見応えのあるフランス彫刻が並ぶ。シュリー翼には偶然発見された中世ルーヴルの城塞の遺構がある。

中世のルーヴル A
Le Louvre médiéval

©Musée du Louvre, Dist. RMN-Grand Palais / Olivier Ouadah / distributed by AMF

ルーヴル大改造計画の工事中に発見された12世紀の城塞跡。ひんやりと冷たい地下の暗闇のなか、幻想的な光に照らされて浮かび上がるその様にはおごそかな雰囲気が漂う。

ここに注目
ルーヴルは最初に城塞として建設され、ときに牢獄となり、その後、王の居城となった。

ここに注目
ファラオは頭巾を被り王者の象徴の頸ひげを蓄えている。額にはコブラが欠けた跡がある。

©Musée du Louvre, Dist. RMN-Grand Palais / Christian Décamps / distributed by AMF

タニスの大スフィンクス B
Sphinx de Tanis

作者：**不明**
制作年：**紀元前2620～1866年頃**

バラ色の花崗岩で造られた重さ24tの巨大な像。力強いライオンの体を持つファラオ（王）で、アメン神殿の遺跡から発掘された。数人の王の名が刻まれているが、誰のために造られたかは謎である。

クロトンのミロン O
Milon de Crotone

作者：**ピエール・ピュジェ**
制作年：**1672～1682年**

ピュジェはイタリアでバロック美術を学んだ彫刻家。苦痛にゆがむ表情と激しくねじった身体の動きの表現が、その後のフランス彫刻を変えたともいわれる。

ここに注目
獅子に襲われるミロンの苦痛にねじれる体の線、ゆがんだ劇的な表情を鑑賞しよう。

©Musée du Louvre, Dist. RMN-Grand Palais / Pierre Philibert / distributed by AMF

マルリーの馬 P
Cheval retenu par un palefrenier

作者：**ギヨーム・クストー**
制作年：**1745年**

「馬丁に制される馬」が原題。マルリー城の庭園にある馬用の水飼い場を飾るために、ルイ15世の注文で制作されたもの。シャンゼリゼ大通りに複製が置かれている。

ここに注目
馬のたてがみや後ろ脚で立ち上がる様子など、いきいきとした躍動感が伝わってくる。

©RMN-Grand Palais (musée du Louvre) / René-Gabriel Ojeda / distributed by AMF

0階（日本式1階）
Niveau 0

各地・各時代の彫刻や見逃せない不朽の名作が揃う

シュリー翼の『ミロのヴィーナス』とドゥノン翼の15〜19世紀のヨーロッパ彫刻セクションのミケランジェロ作品は必見。リシュリュー翼にはメソポタミア文明の遺産『ハムラビ法典』がある。

ミロのヴィーナス C
Vénus de Milo

作者：不明
制作年：紀元前150〜125年

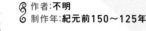

1820年にエーゲ海のメロス（ミロ）島で発見された大理石の彫刻。204cmと等身大以上のヘレニズム期のギリシャのオリジナル彫刻であり、愛と美の女神アフロディーテを表している。微妙な体のねじれがリアルな動勢を生み出しており、美の理想的な姿とされている。

ここに注目
ずり落ちつつある腰布のシワや体の官能的なねじれなどを、360度ぐるっとまわって堪能しよう。

©Musée du Louvre, Dist. RMN-Grand Palais / Thierry Ollivier / distributed by AMF

瀕死の奴隷 M
Esclave mourant

作者：ミケランジェロ・ブオナローティ
制作年：1513〜1515年

ローマ教皇ユリウス2世の墓碑を飾る群像として構想された未完の作。タイトルにそぐわない穏やかな表情は、ミケランジェロが教皇の寵愛を受けていたためといわれる。像の背後の足元には猿のような動物が彫られている。

ここに注目
隣に展示されている同じくミケランジェロ作の『抵抗する奴隷』の荒々しい筋肉のうねりと対比させてみても面白い。

©Musée du Louvre, Dist. RMN-Grand Palais / Hervé Lewandowski / distributed by AMF

アモールの接吻でよみがえるプシュケ N
L'Amour et Psyché à demi couchée

作者：アントニオ・カノーヴァ
制作年：1787〜1793年

古代ローマの「変身物語」に題材を得た、愛の不滅を語る彫刻。冥界の魔法の香りを嗅ぎ死の眠りに落ちたプシュケを、恋人のアモールが優しく抱き起こすシーン。

ここに注目
白大理石の透明さと繊細な表現、恋人たちの詩情あふれる滑らかな動きに注目。小道具の矢羽根と壺も後ろに回って確認しよう。

©RMN-Grand Palais (musée du Louvre) / Jean-Gilles Berizzi / distributed by AMF

©RMN-Grand Palais (musée du Louvre) / Franck Raux / distributed by AMF

ここに注目
上部に刻まれている人物は、祈りを捧げる王と太陽神シャマシュ。有名な「目には目を、歯には歯を」の判例も刻まれている。

ハムラビ法典 Q
Code de Hammurabi

作者：不明
制作年：紀元前1792〜1750年（バビロン第1王朝時代）

メソポタミア文明の象徴である、バビロニアの王ハンムラビが発布した世界最古の法典を刻んだ石碑。碑文の内容は裁判の判例をまとめたもの。

1階（日本式2階）
Niveau 1

世界的に有名な名画が一堂に会する必見のフロア

0階（日本式1階）と1階（同2階）をつなぐ大階段に『サモトラケのニケ』が展示されている。ドゥノン翼には13〜19世紀のイタリア、フランス、スペインの名画が集結し、『モナ・リザ』にもここで出会える。

サモトラケのニケ D
Victoire de Samothrace

🎨 作者：**不明**
🎵 制作年：**紀元前200〜175年**

サモトラス島の海の守護神に捧げられた神殿に立っていたとされる勝利の女神ニケ。海戦で勝ったほうの船の舳先に舞い降りるといわれている。風に舞い、体に貼り付いたチュニックの躍動感や大胆な身体の動きの表現が素晴らしい、ヘレニズムの最高傑作。

©Musée du Louvre, Dist. RMN-Grand Palais / Philippe Fuzeau / distributed by AMF

ここに注目
下の船もオリジナルでロドス島の灰色大理石、女神像はパロス島の白大理石。発見当初は118片の破片だったが、20年かけて修復された。写真を撮るなら右側の階段上からがベスト。

岩窟の聖母 E
La Vierge, l'Enfant Jésus, saint Jean Baptiste et un ange, dit La Vierge aux rochers

🎨 作者：**レオナルド・ダ・ヴィンチ**
🎵 制作年：**1483〜1494年**

万能の天才ダ・ヴィンチが、ミラノのサン・フランチェスコ・グランデ教会付属の礼拝堂の祭壇画として描いたが、財政問題で返却された。独自の技法スフマートと空気遠近法が見られる。

©Musée du Louvre, Dist. RMN-Grand Palais / Angèle Dequier / distributed by AMF

ここに注目
2人いる幼子のうち、どちらがイエスでどちらが洗礼者聖ヨハネか諸説あり。ロンドンにある2枚目はわかりやすい。

聖母子と幼き洗礼者聖ヨハネ F
La Vierge à l'Enfant avec le petit Saint Jean Baptiste

🎨 作者：**ラファエロ・サンティ**
🎵 制作年：**1507〜1508年**

数多くの聖母子像を描いたラファエロの作品で、通称『美しき女庭師』。左の子どもがイエスで右の子どもが洗礼者聖ヨハネ。イエスの受難を予告しているとされる。

©RMN-Grand Palais (musée du Louvre) / Tony Querrec / distributed by AMF

ここに注目
聖母を頂点とするピラミッド型の安定した構図に注目。聖母の慈愛に満ちたまなざしは見る者を引き込む。

聖母の死 G
La Mort de la Vierge

🎨 作者：**カラヴァッジョ**
🎵 制作年：**1601〜1606年**

宗教絵画だが、主題となる神性は意図的に排除されている。聖母の死を現実的に描いた作品は、当時の人々には不評だった。

©MN-Grand Palais (musée du Louvre) / René-Gabriel Ojeda /distributed by AMF

ここに注目
光と影の明暗法を最大限用いて、聖母の遺体の存在感を生々しく強調している。

©RMN-Grand Palais (musée du Louvre) / Michel Urtado / distributed by AMF

モナ・リザ H

Portrait de Lisa Gherardini, épouse de Francesco del Giocondo, dit La Joconde ou Monna Lisa

🎨 作者：レオナルド・ダ・ヴィンチ
🎨 制作年：1503〜1519年

ダ・ヴィンチがその晩年、フランソワ1世に招聘されフランスに移住してきた時に携えてきたという世界一有名な肖像画。モデルはフィレンツェの行政官で絹織物商人だったゲラルディーニの妻リザといわれている。ポプラの木版に油彩で描かれ、スフマートや空気遠近法などのテクニックが使われている。

ここに注目

一度見たら忘れられない謎めいた微笑。「左半分が悲しみ、右半分が喜びを表している」という説もある。いろいろな角度から鑑賞してみよう。

ナポレオン1世の戴冠式 J

Sacre de l'empereur Napoléon Ier et couronnement de l'impératrice Joséphine dans la cathédrale Notre-Dame de Paris, le 2 décembre 1804.

🎨 作者：ジャック＝ルイ・ダヴィッド
🎨 制作年：1806〜1807年

ナポレオンがパリのノートル・ダム大聖堂で皇帝として戴冠した直後に、皇后ジョセフィーヌに冠を授ける歴史的な場面を描いている。ルーヴル美術館で2番目に大きい作品。

©Musée du Louvre, Dist. RMN-Grand Palais / Angèle Dequier / distributed by AMF

ここに注目

当時フランス第一の画家といわれたジャック・ルイ＝ダヴィッドがナポレオンの命で制作。本人も絵の中に登場している。

©Musée du Louvre, Dist. RMN-Grand Palais / Angèle Dequier / distributed by AMF

カナの婚礼 I

Les Noces de Cana

🎨 作者：ヴェロネーゼ
🎨 制作年：1500〜1600年

ルーヴル美術館の中で最も大きい作品。イエス・キリストが、婚礼の宴で水をぶどう酒に変えるという最初の奇跡を行った聖書の一節がモチーフ。

ここに注目

ヴェロネーゼ本人が白い服を着た楽隊員として描かれている。

グランド・オダリスク K

Une odalisque, dite La grande odalisque

🎨 作者：ドミニク・アングル
🎨 制作年：1814年

発表当時、不自然に長い腕や背中、ずれた胸の位置などデフォルメした描写が批判されたが、曲線美を強調した裸体表現はアングルの代表作となった。崩れたバランスのなかにアングルの理想美が見える。

ここに注目

裸体は均一な光の当たり方や曲線の強調など抽象的な表現なのに対し、カーテンやベッドの布などは写実的に表現されている。

©Musée du Louvre, Dist. RMN-Grand Palais / Angèle Dequier / distributed by AMF

©Musée du Louvre, Dist. RMN-Grand Palais / Angèle Dequier / distributed by AMF

ここに注目

女神の前を行く少年が、ヴィクトル・ユゴー作『レ・ミゼラブル』に登場する少年ガヴローシュのモデルとなったという逸話も。

民衆を導く自由の女神 L

Le 28 juillet 1830. La Liberté guidant le peuple

🎨 作者：ウジェーヌ・ドラクロワ
🎨 制作年：1830年

1830年にフランスで起きた7月革命、「栄光の3日間」と呼ばれる期間を描いた作品。国旗を持つ女性マリアンヌは「自由」を擬人化したもので、実在の人物ではない。

✏️ 旅メモ　『モナ・リザ』の周りは常に人だかりができているので、鑑賞の際はスリに注意しよう。

2階（日本式3階）

Niveau 2

ヨーロッパ絵画の大作や名作が並び、見どころ満載

リシュリュー翼にはレンブラントやフェルメール、ルーベンス、デューラーといったオランダ、ベルギー、ドイツの巨匠たちの作品が並ぶ。シュリー翼には17〜19世紀のフランス絵画の傑作が展示されている。

王妃マリー・ド・メディシスの マルセイユ上陸 **R**

Le Débarquement de la reine à Marseille, le 3 novembre 1600

作者：ピーテル・パウル・ルーベンス
制作年：1600〜1625年

イタリアからフランスに嫁いできたマリー王妃の人生を神話のように描き上げた24枚の連作『マリー・ド・メディシスの生涯』の1枚。

©RMN-Grand Palais（musée du Louvre） / Hervé Lewandowski / distributed by AMF

ここに注目
右の青いマントの人物は国家としてのフランスを象徴的に人物像で表現したもの。歓迎の様子を表している。

レースを編む女 **S**

La Dentellière

作者：ヨハネス・フェルメール
制作年：1669-1670年

17世紀のオランダ黄金時代の代表画家が描いた24㎝×21㎝の傑作。繊細さと色彩の演出が素晴らしい。

ここに注目
この絵を見るとピンボケ写真のような印象を受ける。これはのぞき箱からモデルをのぞく特殊な技法によるもの。

©Musée du Louvre, Dist. RMN-Grand Palais / Angèle Dequier / distributed by AMF

立ち寄りスポット

おみやげの定番『モナ・リザ』のカップ **€11.95**

エジプトの墓に葬られたカバの置物のレプリカ **€14.95**

有名絵画をプリントしたメガネケース **€15.95**

ポーチの中にアイマスクが入ったトラベルキット **€15**

ミュージアムショップ

美術書から図録、グッズまで豊富に揃う

リブレリー・ブティック・ミュゼ・デュ・ルーヴル

Librairie-Boutique du musée du Louvre

−2階のナポレオンホールにある同美術館最大の書店＆おみやげショップ。『モナ・リザ』グッズが数多く用意されている。美術館に入場せずに利用可能。

☎ 01-58-65-14-00 ⏰ 10:00 〜 18:30（金曜〜 21:45）
㊡火曜、一部祝日

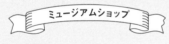

美術関係書籍の品ぞろえも素晴らしい

Photo:©Philippe Dureuil

ランチ&休憩におすすめのカフェ

Photo:©Angela Di Paolo

リシュリュー翼柱廊内

回廊が特等席の優雅なカフェ

ル・カフェ・マルリー

Le Café Marly

有名空間デザイナーのコスト兄弟が内装を手掛けたシックなカフェ。回廊のテラス席からは美術館のガラスのピラミッドが一望できる。

☎ 01-49-26-06-60
🕐 8:30〜翌2:00　㊡無休

❶前菜€14〜、メイン€22〜。正統派フレンチが食べられる　❷回廊のテラス席。美術館がライトアップした夜もおすすめ　❸赤いフルーツのパヴロヴァ€20

❶大蔵大臣の執務室を改装　❷ルーヴル美術館限定のピラミッド型チョコレートケーキ、リシュリュー€10.50

リシュリュー翼1階

有名サロン・ド・テのカフェ

カフェ・リシュリュー・アンジェリーナ

Café Richelieu Angelina

ナポレオン3世のアパルトマンそばにあるカフェ。人気のモンブランなどのスイーツのほか、スープやキッシュ、サラダなどの軽食もある。

☎ 01-49-27-93-31　🕐 10:00〜16:45(金曜18:30)　㊡火曜

©Musiam Paris

❶カフェは階段の踊り場にある　❷レモン風味のパン屋のケーキ€3.90(1切れ)

©JM Demée

ドゥノン翼1階

値段が手頃なカフェ休憩スポット

カフェ・モリアン

Café Mollien

『モナ・リザ』展示室のそばにある、パンと飲み物がメインの軽食スポット。サンドイッチかキッシュ＋デザート＋飲み物€16.90のランチセットもある。

☎ 01-40-20-53-20　🕐 9:45〜16:45 (金曜〜18:30)　㊡火曜

═══ その他の食事スポット ═══

カルーゼル・デュ・ルーヴルのフードコート(▶P.94)や、テイクアウト専用の売店もある。

The Musée d'Orsay is a must for Impressionism fans

印象派好きは必見! オルセー美術館

#オルセー美術館　#musée d'orsay　#印象派を見るなら

#パリのマスト観光スポット　#大時計　#impressionnisme

鑑賞アドバイス

メイン鑑賞フロアは0階（地上階）、2階（中階）、5階（最上階）の3フロア。それなりにくまなく見てまわるなら3～4時間はかかると考えておこう。

©Pyty / shutterstock

美術館には駅舎の名残として残された金色の大時計（上記写真の奥・入口の上）と、建物外部に付けられた2つの大時計の計3つがある

オルセー美術館をCHECK!

どんな歴史がある？

1900年のパリ万博に合わせて建設されたオルレアン鉄道のオルセー駅舎を美術館として改装し、1986年に開館。その後、大規模な改修を経て現在の姿となった。

どんな作品がある？

19世紀半ばから20世紀初頭までの作品を収蔵しており、ルノワール、モネ、ドガら印象派を代表する画家たちの傑作を多数展示している。

館内の構成は？

建物は5階建てで、鑑賞のメインフロアは0階（地上階）、2階（中階）、5階（最上階）。3、4階はパヴィヨン・アモンという小さな一画に各国の装飾芸術（家具や絵画）が展示されている。

印象派を中心とした名作が集う駅舎ミュゼ

オルセー美術館

Musée d'Orsay　　　　ミュージアムパスOK

サン・ジェルマン・デ・プレ　▶MAP P.232 A-1

🏠 Esplanade Valéry Giscard d'Estaing, 7e　ⓇⒺⓇ C線 Musée d'Orsay ミュゼ・ドルセー駅から徒歩 1 分 / Ⓜ 12号線 Solférino ソルフェリノ駅から徒歩 5 分 ☎ 01-40-49-48-14 🕘 9:30 ～ 18:00（入場は17:00まで）、木曜～ 21:45（入場は21:00まで）🚫月曜、一部祝日 €14（オンライン購入 €16）、木曜 18:00 ～ €12（同 €10）、第 1 日曜無料（公式サイトで日時予約必須 ※ミュージアム・パス保有者は必要なし）ＵＲＬ https://www.musee-orsay.fr

チケット購入

当日券購入には時間がかかるので公式サイトからの日時予約がおすすめ。時間指定チケットまたはミュージアム・パス保有者はそれぞれ専用レーンから入場できる。

便利アイテム

日本語パンフレット
入場してすぐにあるインフォメーションでももらえる。
オーディオガイド
日本語対応オーディオガイドのレンタルあり€6。

フロアマップ

0階（地上階）

かつて駅のプラットフォームだった場所。中央廊下には年代順に彫刻が並び、左右に展示室がある。

2階（中階）

ロダンなどの作品がある「彫刻テラス」のほか、印象派やゴッホなどの寄贈作品のコレクションにも注目。

5階（最上階）

美術館のシンボル「大時計」を間近で見られるのがココ。印象派を中心とする有名作品が集まる人気のフロア。

おすすめコースの作品を紹介!

0階（地上階）
Niveau 0

左右の展示室の絵画テーマを比較してみると面白い

彫刻が並ぶ中央廊下をはさんで入口から右側にはアカデミズムな絵画、左側にはミレー、マネ、そしてクールベといった、当時は新しくサロンでの評価は低かった作品が並んでいる。

©Musée d'Orsay, Dist. RMN-Grand Palais / Patrice Schmidt / distributed by AMF

ここに注目
麦畑で落穂を拾う行為は聖書の律法で定められた貧者の権利だった。畑の所有者が刈入れをする背景と農婦の姿が対照的に描かれている。

ここに注目
背景の欠如や黒い輪郭線に浮世絵の影響も見られる。フランス近代美術史に新風を巻き起こした作品。

落穂拾い A
Des glaneuses

- 作者：ジャン=フランソワ・ミレー
- 制作年：1857年

パリ近郊のバルビゾン村（▶P.181）で農民の日常を描いた作品のひとつ。収穫後の麦の穂を拾い集める貧しい農民の姿を描いたミレーの代表作だ。1857年の官展に出展したが、当時は貧困を誇張しているという非難を受けた。

笛を吹く少年 C
Le Fifre

- 作者：エドゥアール・マネ
- 制作年：1866年

スペインで観たベラスケスに感銘を受け描かれたという、笛を吹く鼓笛隊の少年の絵。無地の背景に赤、白、黒の色彩のコントラストが際立つ。

画家のアトリエ B
L'Atelier du peintre

- 作者：ギュスターヴ・クールベ
- 制作年：1854～55年

©Musée d'Orsay, Dist. RMN-Grand Palais / Patrice Schmidt / distributed by AMF

ここに注目
画家の右側には自分の味方または好意的な人々を描き、左側には敵または嫌いな人々を配置している。

歴史画サイズで自身のアトリエと関わる人物たちを大胆に描いている。日常の延長に非現実的で神秘的な空間が広がる。1855年の万博の展覧会で落選し、自力でパビリオンを造って公開した。

おすすめコース（約3時間）
おすすめの鑑賞順序は0階→5階→2階。時間がない人は下記A～Jの注目作品を中心に見て回ろう。

0階（地上階）	→	5階（最上階）	→	2階（中階）

入口を入ったら右手の『自由の女神像』を見ながら階段を下りよう。0階は中央に彫刻が並んでいて、その両サイドに絵画コーナーがある。

【 この作品に注目 】
- 落穂拾い A
- 画家のアトリエ B
- 笛を吹く少年 C

5階に上がったら大時計をガラス越しに眺めてから、印象派を中心とする有名作品を鑑賞しよう。

【 この作品に注目 】
- 草上の昼食 D
- ムーラン・ド・ラ・ギャレットの舞踏会 E
- ひなげし F
- バレエのレッスン G
- カード遊びをする人々 H
- オヴェールの教会 I
- タヒチの女たち J

きらびやかな「祝宴の間」を堪能し、象徴主義の部屋へ。そして西ヨーロッパのアール・ヌーヴォーの区画へ行き、その後は彫刻のテラスへ。さらに印象派などの寄贈作品が集結した「マックス&ロジ・カガノヴィッチ・コレクション」を見よう。

➡階段を下りて0階へ。
ミュージアムショップ（▶P.81）にも立ち寄ろう。

 旅メモ　展示作品、展示場所は変更になることが多い。企画展開催中はそちらへ作品が移動していることもある。

5階 (最上階)

Niveau 5

印象派・後期印象派の傑作が集結した見学のハイライト

印象派から新印象派までのコーナーには、マネ、モネ、ルノワール、ドガ、セザンヌなどの傑作が並ぶ。さらにポスト印象派コーナーにはゴッホ、ゴーギャン、ロートレックなどが展示され、必見のフロア。

草上の昼食 D

Le Déjeuner sur l'herbe

ここに注目
モネ、セザンヌ、ピカソなど著名な画家が影響を受け、同名の作品を描いている。

作者：**エドゥアール・マネ**
制作年：**1863年**

©RMN-Grand Palais (musée d'Orsay) / Benoît Touchard / Mathieu Rabeau / distributed by AMF

ティツィアーノの『田園の奏楽』に影響を受け描かれたが、「女神」ではなく「現実の裸婦」を描いたため当時大批判を浴びた。西洋絵画史上、大きな影響を与えた作品。

ムーラン・ド・ラ・ギャレットの舞踏会 E

Bal du moulin de la Galette

作者：**ピエール＝オーギュスト・ルノワール**
制作年：**1876年**

©RMN-Grand Palais (musée d'Orsay) / Mathieu Rabeau / distributed by AMF

豊かな色彩で庶民の舞踏会を描いたルノワールの傑作。人々の顔や服を照らしている、木の間から漏れる光の様子をとらえた表現が見事。

ここに注目
実在したダンスホール（現ムーラン・ド・ラ・ギャレット▶P.162）で踊るモデルは、ルノワールの友人たち。

©RMN-Grand Palais (musée d'Orsay) / Hervé Lewandowski / distributed by AMF

ここに注目
手前の母子はモネの妻カミーユと息子のジャンといわれている。画面の左奥にも母子の姿が描かれている。

ひなげし F

Coquelicots

作者：**クロード・モネ**
制作年：**1873年**

別名『アルジャントゥイユのひなげし』。『印象・日の出』とともに1874年の第1回印象派展に出展された。赤い花は斑点で描かれ、色の効果だけで風景のニュアンスを表している。

ここに注目
床の斜めの線が奥行きを表現している。画面全体がバランスの取れた構図になっている。

©RMN-Grand Palais (musée d'Orsay) / Adrien Didierjean / distributed by AMF

バレエのレッスン G

La Classe de danse

作者：**エドガー・ドガ**
制作年：**1873～1876年**

バレエを踊る少女たちを題材として多く取り上げ、「踊り子の画家」とも呼ばれるドガ。室内の瞬間的な動きをとらえた作品。スケッチには写真も取り入れていたという。

カード遊びをする人々 H

Les Joueurs de cartes

🎵 作者：ポール・セザンヌ
🎵 制作年：1890〜1895年

©RMN-Grand Palais (musée d'Orsay) / Sylvie Chan-Liat / distributed by AMF

> **ここに注目**
> 真ん中に垂直に置かれたワインボトルが画面を左右対称の2つの空間に分け、2人をよりいっそう対比させている。

同テーマで5枚の絵を残したセザンヌだが、これが最も有名であり代表作といわれる。2人の田舎風紳士たちが周囲の喧騒のなか各々のカードに全神経を注いでいる。まるで「人間の静物画」のようだ。

オヴェールの教会 I

L'église d'Auvers-sur-Oise, vue du chevet

🎵 作者：フィンセント・ファン・ゴッホ
🎵 制作年：1890年

亡くなる前の70日間を過ごしたオヴェール・シュル・オワーズ村でゴッホは80枚もの絵画を描いたという。小さな教会（ノートル・ダム教会）の絵はそのなかの1枚。

©Musée d'Orsay, Dist. RMN-Grand Palais / Patrice Schmidt / distributed by AMF

> **ここに注目**
> うねる曲線で描かれた教会はゴッホの心の揺らぎを表しているよう。

©Musée d'Orsay, Dist. RMN-Grand Palais / Patrice Schmidt / distributed by AMF

> **ここに注目**
> 人物は南国の開放的で大らかな雰囲気で描かれている一方、奥の海は平面的に描かれ対照的である。

タヒチの女たち J

Femmes de Tahiti

🎵 作者：ポール・ゴーギャン
🎵 制作年：1891年

旅好きでさまざまな土地に住んだゴーギャンが、タヒチを初めて訪れた年に浜辺に座る現地の女たちを鮮やかな色彩で大胆に描いた作品。

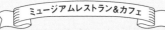
立ち寄りスポット

ミュージアムレストラン＆カフェ

©Stefan Meyer

天井のフレスコ画に目を奪われる

ル・レストラン・ミュゼ・ドルセー

Le Restaurant Musée d'Orsay

豪華な内装のなか、比較的手頃な値段でフレンチ料理が食べられる。

ランチは2皿で€31。写真は前菜のパテ・アン・クルート
©Merci Bien

☎ 01-45-49-47-03 🕐 11:45〜17:30（ランチ〜14:35、サロン・ド・テ15:00〜）、木曜11:45〜14:30、19:00〜21:30 🚫月曜、一部祝日

大時計を臨むカフェでひと休み

カフェ・カンパナ

Café Campana

有名ブラジル人デザイナー、カンパナ兄弟がデザイン。軽食がいただける。

☎ 01-45-49-47-03 🕐 10:30〜16:45（木曜〜20:45） 🚫月曜、一部祝日

©Julien Mouffron-Gardner

ミュージアムショップ

モネの赤いひなげしが美しい扇子
€7.50

充実した品揃えのショップ

リブレリー・ブティック・デュ・ミュゼ・ドルセー

Librairie-Boutique du Musée d'Orsay

入口すぐの展示場から向かって右が雑貨、左が書籍。印象派グッズが人気。

☎ 01-40-49-48-06（ブティック） 🕐 9:30〜18:30（木曜〜21:15） 🚫月曜、一部祝日

 旅メモ 館内の飲食場所は、ほかにカフェ・ド・ラ・ガールが0階（地上階）にある。

展示空間の意味を知ると
美術鑑賞はより深くなる

予備知識なしで芸術作品を鑑賞し、好みで好き・嫌いと判断するのもいい。しかし一歩深く、作品や作者の歴史、背景を知ると美術鑑賞は格段に楽しくなる。オルセー美術館のキーワードは「比較」だ。展示の仕方に特別な意味と意図があり、そのことを意識して鑑賞すると全く違う発見がある。では実際に見ていこう！

BOOK CAFE
オルセー美術館の展示法

知っていると
面白さ倍増！

#オルセー美術館とは

オルセーの建物は1900年のパリ万博の時に建てられたパリ・オルレアン鉄道の駅舎。それを改装して美術館にしたので、かつて電車が通っていた部分はドーム型の広い空間となり、その両側に展示室のある建物が建つ[*1]。

入口を入って階段を降りたところが0階（日本式1階）。中央の身廊部分には彫刻が年代順に奥へと続き、絵画は両サイドに展示されている。

#アングルとドラクロワ

0階の入口に近い右側の3部屋（展示室1〜3）はこの美術館で最も古い年代の展示である。そもそもオルセーの所蔵品は1848年から1914年までの作品とカテゴライズされており、それ以前の作品はルーヴル美術館[*2]、それ以降は国立近代美術館[*3]と大まかに分類されている。しかしルーヴル、オルセー両方に作品がまたがっている画家が数名存在する。その代表が新古典主義のアングル[*4]とロマン主義のドラクロワ[*5]だ。

アングルとドラクロワは18世紀の終わりに生まれ、1850年代にはいずれも画壇の中心的人物であった。アングルの芸術は輪郭線がありデッサン重視、均整がとれていて動きがなく静止画面の写真のようだ。筆の跡もなくつるつるの肌を描く。一方でドラクロワは色彩重視、構図が面白く、動画のように激しくうねりドラマチックだ。筆の跡が生々しく、勢いと画家の息遣いさえ感じる。

アングルはデュヴァル[*6]、フランドラン[*7]、ジェローム[*8]、カバネル[*9]、ブグロー[*10]、シャヴァンヌ[*11]、ギュスターヴ・モロー[*12]などに、ドラクロワはドーミエ[*13]、バルビゾン派、マネ[*14]、印象派、ゴッホ[*15]、フォービズムなどに影響を与えた（諸説あるがオルセーのカタログにそうある）。オルセー美術館の2人の作品は後半生に描かれたもので、次の時代を担う後続の芸術家たちへのバトンタッチを表しているようにも思える。

オルセー美術館
0階（日本式1階）フロア

#バルビゾン派が描いたもの

　右側の「1〜3室」と対応するように左側には「4〜6室」があり、ドーミエ〜バルビゾン派の展示室になっている。1〜3の部屋と比較するのはその描かれているテーマである。ルネサンス以降19世紀半ば頃までのフランスでは芸術は「人間の精神を高めるもの」であり、主題が非常に重要だった。宗教画、ギリシア神話、歴史画は上位のテーマとされ、その下に（高貴な人の）肖像画〜静物画と続き、風景画や風俗画は最下位ランクの絵画と見なされた。一流の芸術は鑑賞する側にも描かれたテーマを理解しうるための素養や知性が求められたのである。それに対し、人物のいない風景画は単に感覚に訴えるだけで精神を高めるようなものは何もなく無価値とされた。
　バルビゾン派は田舎に住み、当地の自然や動物や庶民を描いた。日本で人気があるミレー*16は、貧農の村人に寄り添い、慈愛に満ちた目で彼らの慎ましい生活や労働、家族への愛を生涯描き続けた。かつてはどちらかといえば見下されていた画家たちの芸術が、今では評価され、むしろ人気もあり、後世に伝えられているのが興味深い。

『晩鐘』

ジャン＝フランソワ
ミレー

#裸婦の善し悪し

『ヴィーナスの誕生』

『草上の昼食』

　ここで同年代の絵画の比較にも触れよう。アカデミックな画家カバネルの出世作『ヴィーナスの誕生』は1863年のサロン（官展）に出され、大絶賛のうえ、ナポレオン3世が個人的に買い上げた。同年のサロンでマネは『草上の昼食』を発表したが落選、当作品は大批判を浴びた。現在は『オランピア』（1863年）とともにマネの代表作とされているが、当時の人々には現実の女性の裸体は受け入れられなかった。
　同様にアングルの『泉』とクールベの*17『泉』を見てみよう。同じタイトルで同じく1人の裸婦像が描かれている。しかしアングルの女性は泉の女神様で、クールベのほうは臀部をこちらに向けた1人の女だ。同じ裸婦でも神様なら善しとされ、現実の女の裸体は批判の対象となった事実！マネやクールベの描く女たちがありのまま過ぎて美化されていなかったのも大きい。
　このようにオルセーでは美術の移り変わりを実感できるとともに、横並びに同時代の作品を比較できるのが面白い。またある作品が生み出される前には必ず、そのための布石が置かれていたことに気付かされる。前時代の芸術が養分となって次の芸術を育ててきたのだ。

*1 オルセー美術館の内観▶P.78
*2 ルーヴル美術館▶P.70
*3 国立近代美術館▶P.87
*4 ドミニク・アングル▶P.75
*5 ウジェーヌ・ドラクロワ▶P.66、75、86
*6 アモリー・デュヴァル（1808〜1885年）
*7 イポリット・フランドラン（1809〜1864年）
*8 ジャン＝レオン・ジェローム（1824〜1904年）
*9 アレクサンドル・カバネル（1823〜1889年）
*10 ウィリアム・アドルフ・ブグロー（1825〜1905年）
*11 ピエール・ピュヴィ・ド・シャヴァンヌ（1824〜1898年）
*12 ギュスターヴ・モロー（1826〜1898年）
*13 オノレ・ドーミエ（1808〜1879年）
*14 エドゥアール・マネ▶P.66、79、80
*15 フィンセント・ファン・ゴッホ▶P.67、81
*16 ジャン＝フランソワ・ミレー▶P.66、79
*17 ギュスターヴ・クールベ▶P.79

＼ コラムを書いた人 ／

森本育子さん

フランス在住32年目の政府公認ガイド。得意分野は美術館とワイン。2020年からはYouTubeでフランスの歴史や観光地について楽しい動画も発信中！「いこいこikko」で検索。

Orangerie Museum, home of the famous painting "Water Lilies"

名画『睡蓮』のオランジュリー美術館

#オランジュリー美術館　#musée de l'orangerie
#les nymphéas　#モネの睡蓮　#パリのマスト観光スポット

鑑賞アドバイス

『睡蓮』寄贈の条件の1つ、「自然光で見せること」が6年の改装期間を経て2006年に実現。時間帯で見え方が変わる『睡蓮』の世界をじっくり味わおう。

モネの『睡蓮』の世界に浸る

オランジュリー美術館

Musée de l'Orangerie　**ミュージアムパスOK**

オペラ～ルーヴル ▶MAP P.228 A-5

🏠 Jardin des Tuileries, 1er　Ⓜ1・8・12号線
Concorde コンコルド駅から徒歩3分　☎ 01-44-77-80-07　🕐 9:00～18:00（入場は17:15まで）㊡火曜、一部祝日　€12.50（第1日曜は無料※日時予約必須）URL https://www.musee-orangerie.fr

チケット購入

ハイシーズンは混雑するため公式サイトからの日時予約がおすすめ。ミュージアム・パス保有者は公式サイトで日時予約が必要。

便利アイテム

日本語パンフレット入場してすぐにあるインフォメーションでもらえる。オーディオガイド日本語対応オーディオガイドのレンタルあり€5。

© Musée d'Orsay, Dist. RMN-Grand Palais / Sophie Crépy / distributed by AMF

— オルセー美術館をCheck! —

どんな歴史がある？

1852年に「オレンジの温室（オランジュリー）」として造られた建物が、1921年に国の所有に。モネが時の首相クレマンソーに『睡蓮』の寄贈を、いくつかの条件とともに申し出た。条件の1つ「自分の死後に公開」の通り、モネの死の翌年の1927年に開館。

どんな作品がある？

印象派の巨匠モネの晩年の大連作『睡蓮』が並ぶ、別名「モネ美術館」としても有名。地下にはフランス政府に売却された、ヴァルテール＝ギヨームコレクションが展示されている。

館内の構成は？

鑑賞フロアは『睡蓮』がある0階（日本式1階）と、ヴァルテール＝ギヨームコレクションがある−2階（地下2階）。−1階はカフェ＆ショップという構成。常設展だけなら1時間程度で鑑賞できる。

フロアマップ

0階（日本式1階）

0階には2つの展示室があり、1つの展示室に『睡蓮』を4枚ずつ展示。モネの『睡蓮』のために用意されたフロア。

「緑の反映」「雲」「朝」「日没」を展示　　「二本の柳」「柳のある朝」「明るい朝」「木々の反映」を展示
チケット売り場　　プチロトンド　第1の間　第2の間
睡蓮の間

−2階（地下2階）

画商ポール・ギヨームの収集作品を中心とした、ヴァルテール＝ギヨームコレクションを常設展示している。

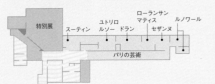

特別展　スーティン　ユトリロ　ルソー　ドラン　ローランサン マティス　セザンヌ　ルノワール
パリの芸術

立ち寄りスポット

カフェ＆ショップ

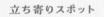

−1階（地下1階）にあるカフェ兼ショップ。カフェでは軽食やドリンク、デザートを提供。

『睡蓮』が美しいノート €6.90

『睡蓮』グッズが人気。ペーパーウェイト €15

🕐カフェ 9:30～17:30、ショップ 9:00～17:45
㊡火曜、一部祝日

注目の作品を紹介！

0階（日本式1階）
Niveau 0

8枚の『睡蓮』のために用意された2つの展示室

展示室の壁をぐるりと取り囲むように『睡蓮』が展示され、頭上からは自然光が差し込む。訪れた者は睡蓮が醸し出す世界にいざなわれる。

第1の間『雲』 水面にくっきりと雲が映り、初夏の穏やかな昼下がりをほうふつとさせる。
Les Nuages

© Musée d'Orsay, Dist. RMN-Grand Palais / Patrice Schmidt / distributed by AMF

第2の間『柳のある朝』 早朝の澄み渡るような静けさを表現している。別に『(柳のある)明るい朝』もある。
Le Matin aux saules

© Musée d'Orsay, Dist. RMN-Grand Palais / Patrice Schmidt / distributed by AMF

睡蓮
Les Nymphéas

- 作者：クロード・モネ
- 制作年：1914～26年

ジヴェルニーの庭（▶P.178）に睡蓮の池を造り、屋外で時とともに移りゆく光を描き続けたモネ。遠景や柳などを含めた引きの構図は徐々に雲が映り、睡蓮の咲く湖面に集約されていく。

ここに注目
「睡蓮」の2部屋は250枚以上に及ぶ連作の集大成。この現代の「美の聖堂」で静かに瞑想し、永遠の時を感じたい。

−2階（地下2階）
Niveau -2

19～20世紀を代表する画家たちの名画を堪能

印象派から、セザンヌ、ピカソ、マティス、アンリ・ルソー、ユトリロ、エコール・ド・パリ（モディリアーニなど）まで勢揃い。

© RMN-Grand Palais (musée de l'Orangerie) / Hervé Lewandowski / distributed by AMF

ポール・ギヨームの肖像
Paul Guillaume, Novo Pilota

- 作者：アメデオ・モディリアーニ
- 制作年：1915年

同美術館のコレクションの礎を築いた美術商ギヨームの肖像画で、美術館の象徴的な作品。副題『新しい操縦士』は、1910年代の画壇をギヨームがけん引する様子を、敬意を持って表現している。

ここに注目
この時、ギヨームは23歳の若者に過ぎなかったが、自信に満ちたエレガントなたたずまいが伝わってくる。

モン・スニ通り
Rue du Mont-Cenis

- 作者：モーリス・ユトリロ
- 制作年：1914年

画家の母シュザンヌ・バラドンとモンマルトルに生きたユトリロ。何気ない風景を情緒的に描き、生前から画業で成功を収めた。ここは彼らが住んでいたアトリエ近くの通り。

ここに注目
家庭環境から精神病やアルコール中毒症を患い治療の一環として絵を描き始めた。風景画は絵葉書をもとに描くこともあった。

© RMN-Grand Palais (musée de l'Orangerie) / Hervé Lewandowski / distributed by AMF

 旅メモ オランジュリー美術館はモネの『睡蓮』で有名だが、地下のコレクションも見逃せない作品ばかり。

Popular & hottest museums in Paris

どこに行く？ 人気＆話題のミュージアム

#パリの美術館　#人気の美術館　#新オープンミュージアム　#邸宅美術館
#おすすめの美術館・博物館　#musées de paris　#musée national

**美しい庭園や邸宅で
誰もが知る代表作を鑑賞**

『大聖堂』と名付けられた
右手が2つ重なった彫刻作
品は、晩年の傑作

彫刻 巨匠 ／ エッフェル塔周辺

ロダン美術館

Musée Rodin

ロダンの作品やコレクションを所蔵。
死後に作品を国へ寄贈することを条
件に、ロダンが美術館化を願い出た
18世紀建築の邸宅も見どころ。

▶**MAP** P.231 G-2

🏠 77 Rue de Varenne, 7e　Ⓜ 13号線 Varenne
ヴァレンヌ駅から徒歩 5 分　☎ 01-44-18-61-10
🕙 10:00 〜 18:30、入場は 17:45 まで　㊡月曜、
一部祝日　💶 €14（10 〜 3 月の第 1 日曜は無料）
URL https://www.musee-rodin.fr

ミュージアムバスOK

❶❷庭園には代表作の
『考える人』や未完の大作
『地獄の門』がある。館
内では16の部屋に年代
別に作品が展示。弟子
カミーユ・クローデルの作
品も多数

Photo©Agence photographique du musée Rodin - Jérome Manoukian

巨匠 マレ

ピカソ美術館

Musée Picasso　**ミュージアムバスOK**

約300点の絵画のほか、彫刻、版画、陶器など、
ピカソの死にともない遺族から寄贈された作品
を中心としたコレクションを展示している。

▶**MAP** P.233 G-1

🏠 5 Rue de Thorigny, 3e　Ⓜ 1 号線 Saint-
Paul サン・ポール駅から徒歩 7 分　☎ 01-85-
56-00-36　🕙 10:30 〜 18:00（土・日曜 9:30 〜、
第1水曜〜 22:00）、入場は閉館の 45 分前まで
㊡月曜、一部祝日　💶 €14（第 1 日曜は無料）
URL https://www.museepicassoparis.fr

❶❷建物はオテル・サレ（塩の館）と呼ばれ
る、塩税の収税吏の邸宅だったもの

©Musée national Picasso-Paris

**国内でも最大規模の
コレクションを誇る**

©Musée national Picasso-Paris, Voyez-Vous, Chloé Vollmer-Lo

**画家が晩年に過ごした
住居兼アトリエの小美術館**

❶❷2024年3
月19日まで改
装工事で休館

ロマン派 巨匠 ／ サンジェルマン・デ・プレ

国立ドラクロワ美術館

Musée National Eugène Delacroix　**ミュージアムバスOK**

1863年に没するまでの6年間を過
ごした館。画家が愛した作品のほか、
デッサンや個人的な手紙などが展
示され生前の日々が垣間見られる。

▶**MAP** P.239 F-2

🏠 6 Rue de Furstemberg, 6e　Ⓜ 4 号線 Saint-Germain-des-Prés サ
ンジェルマン・デ・プレ駅から徒歩 3 分　☎ 01-44-41-86-50　🕙 9:30 〜 17:30
（第 1 木曜〜 21:00）、入場は閉館の 15 分前まで　㊡火曜、一部祝日　💶 €9
（第 1 日曜、7/14 は無料）　**URL** https://www.musee-delacroix.fr

世界最大級の
モネコレクションが揃う

近現代美術	マレ

国立近代美術館

Musée National d'Art Moderne

ポンピドゥー・センター（▶P.171）の4・5・6階（日本式5・6・7階）を占める近現代芸術の殿堂。4・5階が常設展、6階で企画展を行う。約12万点という膨大な所蔵品のなかから常時約1400点を展示している。

▶**MAP** P.233 E-1　　　ミュージアムパスOK

🏠 Pl. Georges Pompidou, 4e　Ⓜ 11号線 Rambuteau ランビュトー駅から徒歩1分　☎ 01-44-78-12-33　🕐 11:00 ～ 21:00（木曜は企画展のみ～ 23:00）、入場は閉館の1時間前まで　🗓 火曜、一部祝日　🎫 €15（第1日曜は無料※日時予約推奨）　URL https://www.centrepompidou.fr

❶ポンピドゥー・センター内にある美術館の入口
❷展示は頻繁に入れ替わる
❸改修工事のため2025年末から2030年まで休館予定

©Christian Baraja SLB

❶ジヴェルニーの庭（▶P.178）で描かれた『睡蓮』など、重要なコレクションが集まる
❷パリ16区の閑静な住宅街にある邸宅美術館

印象派巨匠	市街西部

マルモッタン・モネ美術館

Musée Marmottan Monet

印象派の巨匠モネの代表作を数多く所蔵することで名高い。とくに印象派の名の由来にもなった『印象・日の出』は必見。ルノワールやドガ、ベルト・モリゾなどの作品も多数所蔵している。

▶**MAP** P.224 B-3

🏠 2 Rue Louis-Boilly, 16e　Ⓜ 9号線 La Muette ラ・ミュエット駅から徒歩7分　☎ 01-44-96-50-33　🕐 10:00 ～ 18:00（木曜～ 21:00）、入場は閉館の1時間前まで　🗓 月曜、一部祝日　🎫 €14.50（日時予約推奨）　URL https://www.marmottan.fr

ヨーロッパ最大規模の
近現代美術を所蔵

中世美術	カルチェ・ラタン

クリュニー中世美術館

Musée de Cluny - Musée National du Moyen Âge

ローマ時代の浴場跡とその付近にクリュニー修道会が修道院長別邸を建設。さまざまな用途に使われたのち、中世の傑作を数多く所蔵する美術館となった。

▶**MAP** P.232 D-3　　　ミュージアムパスOK

🏠 28 Rue du Sommerard, 5e　Ⓜ 10号線 Cluny La Sorbonne クリュニー・ラ・ソルボンヌ駅から徒歩1分　☎ 01-53-73-78-16　🕐 9:30 ～ 18:15（入場は17:30まで）、毎月第1・3木曜～ 21:00（入場は20:30まで）　🗓 月曜、一部祝日　🎫 €12（木曜18:15～ €10）、第1日曜は無料　URL https://www.musee-moyenage.fr

©Alexis Paoli, OPPIC

美術館の目玉は『貴婦人と一角獣』と名付けられた6枚つづりのタペストリー。専用の展示室に飾られている

中世美術の傑作である
6枚のタペストリーで有名

2022年までの大規模改修工事で新しく建設された美術館のエントランス

タペストリーの最後の1枚。織られた内容の意味は謎とされている

©RMN-Grand Palais / Michel Urtado

©M. Denancé / musée de Cluny - musée national du Moyen Âge

✏ 旅メモ　ジャックマール・アンドレ美術館（**MAP** P.227 F-2）は改装中のため2024年9月まで閉館予定。

現代美術　オペラ・ルーヴル

ブルス・ド・コメルス・ピノー・コレクション

Bourse de Commerce-Pinault Collection

2021年に開業した、文化遺産と現代アートが融合した新時代の美術館。大手ファッション会社ケリング創始者のフランソワ・ピノー氏が、50年余をかけて収集してきた現代アートコレクションが数多く展示されている。

▶**MAP** P.228 D-5

🏠 2 Rue de Viarmes,1er Ⓜ 4 号線 Les Halles レ・アル駅から徒歩 4 分 ☎ 01-55-04-60-60 🕐 11:00 〜 19:00（金曜〜21:00）、入場は閉館の 45 分前まで 🚫 火曜、一部祝日 €14（日時予約推奨）、第 1 土曜 17:00 〜 21:00 は無料 **URL** https://www.pinaultcollection.com/fr/boursedecommerce

©Maxime Tétard, Studio Les Graphiquants, Paris

©Image:TimeLapse Go.

①②③18世紀に建てられ、19世紀には商品取引所として使用された建物。建築家・安藤忠雄氏が再設計・改修し、新たな息吹を吹き込んだ

©Patrick Tourneboeuf

世界の美術　エッフェル塔周辺

ケ・ブランリー・ジャック・シラク美術館　ミュージアムパスOK

Musée du Quai Branly-Jacques Chirac

アフリカ、アジア、オセアニア、アメリカ大陸の、少数民族の固有の文化文明をテーマにした美術館。ジャック・シラク大統領時代の2006年に開館。民族芸術に造詣が深かった大統領の名が付けられている。

▶**MAP** P.226 D-5

🏠 37 Quai Branly, 7e Ⓜ 9 号線 Alma Marceau アルマ・マルソー駅から徒歩 8 分 ☎ 01-56-61-70-00 🕐 10:30 〜 19:00（木曜〜22:00）、入場は閉館の 1 時間前まで 🚫 月曜、一部祝日 €14（第 1 日曜は無料※日時予約必須）**URL** https://www.quaibranly.fr

①30万点のコレクションから随時3500点ほどを展示 **②**巨大かつ斬新なデザインは建築家ジャン・ヌーヴェルによるもの

© musée du quai Branly - Jacques Chirac, photo Patrick Tourneboeuf

©musée du quai Branly - Jacques Chirac, photo Thibaut Chapotot

①入口を入ってすぐに、古き良きパリの街並みをイメージした展示品が広がる **②**4年の改修工事を経て2021年に再開

Photo©Antoine Mercusot

パリの歴史　マレ

カルナヴァレ美術館

Musée Carnavalet-Histoire de Paris

1880年に開館したパリで最も古い美術館。先史時代から現在までのパリのさまざまな作品が、時代ごとに展示されている。アルフォンス・ミュシャの店内装飾やマルセル・プルーストの寝室なども見られる。

▶**MAP** P.233 G-1

🏠 23 Rue de Sévigné, 3e Ⓜ 1 号線 Saint-Paul サン・ポール駅から徒歩 5 分 ☎ 01-44-59-58-58 🕐 10:00 〜 18:00、入場は 17:15 まで 🚫 月曜、一部祝日 無料（企画展は有料※日時予約推奨）**URL** https://www.carnavalet.paris.fr

最新オーディオを使用

話題の新オープン博物館

18世紀の 調度品 オペラ〜ルーヴル

オテル・ド・ラ・マリンヌ

Hôtel de la Marine

ルイ15世の命で建築され、その後、海軍省本部として使用されていた館が2021年から博物館に。18世紀のフランス王朝時代から19世紀の装飾品や生活様式を見学できる。

▶MAP P.236 D-4　　　　ミュージアムパスOK

🏠 2 Pl. de la Concorde,8e　Ⓜ 1・8・12号線 Concorde コンコルド駅から徒歩1分　🕐 10:30 〜 19:00（金曜〜 21:30）、入場は閉館の45分前まで　🅟 一部祝日　🅿 45分コース€13、75分コース€17（11 〜 3月の第1日曜は無料）※ミュージアムパス保有者は要日時予約　URL https://www.hotel-de-la-marine.paris

❶❷見学者は最新オーディオを聞きながら定められたルートをめぐる　❸コンコルド広場を望む立地

Photo©Benjamin Gavaudo_Centre des monuments nationaux_Hôtel de la Marine

近現代美術 エッフェル塔周辺

市立近代美術館

Musée d'Art Moderne de la Ville de Paris

1937年のパリ万博の日本館として建設された「パレ・ド・トーキョー」の東翼棟にある美術館。1920年代から現代までの芸術家の作品を展示している。

▶MAP P.226 C-5

🏠 11 Av. du Président Wilson,16e　Ⓜ 9号線 Iéna イエナ駅から徒歩4分　☎ 01-53-67-40-00　🕐 10:00 〜 18:00（木曜は企画展のみ〜 21:30）、入場は閉館の45分前まで　🅟 月曜、一部祝日　🅿 無料（企画展は有料）URL https://www.mam.paris.fr

❶❷館内には、デュフィの壁画『電気の妖精』、マティスの『ダンス』連作などがある

近現代に活躍した

アーティストの作品が揃う

Photo©Fabrice Gaboriau.

ジョルジュ・サンドや

画家本人の作品を展示

❶ローズ・ベーカリー運営の庭園カフェも人気　❷かわいらしいファサードが目を引く

ロマン派 モンマルトル

ロマン派美術館

Musée de la Vie Romantique

ロマン派の画家アリ・シェフィールが暮らした邸宅。1983年に遺族によって寄付され、美術館として公開された。

Photo©Pierre Antoine

▶MAP P.234 B-3

🏠 16 Rue Chaptal, 9e　Ⓜ 2・12号線 Pigalle ピガール駅から徒歩6分　☎ 01-55-31-95-67　🕐 10:00 〜 18:00、入場は17:30まで　🅟 月曜、一部祝日　🅿 無料（企画展は有料）URL https://museevieromantique.paris.fr/fr

© Pierre Antoine

彫刻 モンパルナス

ブールデル美術館

Musée Bourdelle

アントワーヌ・ブールデルが長年暮らしアトリエとして使っていた家と作品を妻がパリ市に寄贈し、邸宅美術館となった。2023年に改装オープンし、より展示が見やすくなった。

▶MAP P.231 G-5

🏠 18 Rue Antoine Bourdelle,15e　Ⓜ 12号線 Falguière ファルギエール駅から徒歩5分　☎ 01-49-54-73-73　🕐 10:00 〜 18:00　🅟 月曜、一部祝日　🅿 無料（企画展は有料）URL https://www.bourdelle.paris.fr

ヨーロッパ指折りの彫刻家の

住まいと作品を公開

自然光が差し込む彫刻アトリエ。ここで制作を行っていた

旅メモ　カルナヴァレ美術館などパリ市運営の美術館は入場料が無料なので、気軽に立ち寄ろう（企画展は別料金）。

Experience cutting-edge art spot

最先端のアートを体験

#パリの美術館 #最先端アート #話題のアートスポット
#没入型ミュージアム #art moderne #installations à paris

ブーローニュの森に映える

巨大なガラス張りの建築

＼ ここがポイント！／
ガラスでできた大型船のような建物をじっくり鑑賞したい。屋上からの360度パノラマも見応えあり。

photo©Gehry Partners, LLP and Frank O.Gehry - Photo Iwan Baan, 2014

展示内容は
現代アートで、
ルイ・ヴィトン
のファッション
関係ではない

フォンダシオン・ルイ・ヴィトン

Fondation Louis Vuitton

ルイ・ヴィトン財団による美術館。建築の奇才フランク・ゲーリーによる森を走る帆船のような建物が際立つ。現代アートの発信地としてさまざまな企画展を開催。

市街西部 ▶MAP P.224 B-2

＼＼帆船のよう／／

🏠8 Av.du Mahatma Gandhi Bois de Boulogne, 16e ⓂM1号線 Les Sablons レ・サブロン駅から徒歩15分／シャルル・ド・ゴール広場から20分おきにシャトルバス（往復 €2）も運行（要事前チケット）☎ 01-40-69-96-00 ⏰企画展や時期により異なる 休火曜、一部祝日 €16（企画展により異なる、要日時予約）URL https://www.fondationlouisvuitton.fr

❶3600枚のガラスと、鉄骨と木による12枚の「帆」で覆われている　❷併設ショップでは美術館限定トートバッグや小物などが大人気　❸池からの眺めはまさに帆船

©Bridgeman Images

＼ ここがポイント！／
空間全体に作品が投影されている中を歩く、没入型の体験アート。まるで絵の中にいるような気分に。

アトリエ・デ・リュミエール

Atelier des Lumières

パリ初のデジタルアートセンター。総面積3300㎡の床と壁一面に、140もの映写機から3000点以上のイメージが映し出されるさまは圧巻。有名芸術家の作品の世界に全身で浸ることができる。

市街東部 ▶MAP P.225 G-3

🏠38 Rue St-Maur, 11e Ⓜ3号線 Rue Saint-Maur リュ・サン・モール駅から徒歩5分 ☎01-80-98-46-00 ⏰10:00〜18:00（金・土曜〜22:00、日曜〜19:00）、入場は閉館の1時間前まで 休無休 €17（オンライン購入※現地購入＋€2）要日時予約 URL https://www.atelier-lumieres.com/fr

❶2025年1月5日まで「ファラオのエジプト、クフ王からラムセス2世まで」を開催中
❷床と壁に映像が広がる
❸鋳造工場跡地を利用

©Culturespaces_E.Spiller

デジタルを駆使した

新世代のアートを体感

©Cutback / Culturespaces

何を食べる？

GOURMET

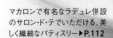

PICK UP AREA

Paris

Gourmet in Paris

美食の街で、おいしいフレンチや
スイーツを心ゆくまで堪能しよう

マカロンで有名なラデュレ併設
のサロン・ド・テでいただける、美
しく繊細なパティスリー▶**P.112**

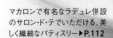

A casual bistro also offers a wide variety of gastronomic delights.

カフェ・ド・ランデュストリー
▶P.104 ではビストロ定番メニューをリーズナブルに提供

93

Gourmet の旅テク **9**

食べる

財布やお腹と相談しつつ
うまく節約しながら
美食の街パリを
思いきり楽しもう！

#01

行きたい店は予約しよう

美食の街パリでは行ってみたいビストロやレストランがいろいろあるはず。そこで必ず行いたいのが予約だ。星付きレストランや人気の店は数週間前から埋まってしまうこともある。電話ではなく公式サイトから予約できる店も多いので、日本で予約していこう。希望日の前日、もしくは当日でも、電話で時間と人数を伝えておけば席を確実に確保できて安心。

#02

外食費を節約する方法

日本に比べるとパリは外食が高い。一般的なビストロのディナーでも前菜・メイン・デザートを食べてワインを飲むと軽く€60～80はかかる。外食費をおさえたい場合は、お得なセットメニューが用意されていることが多いランチでしっかり食べて夜はカフェで軽く済ます、ブイヨンを利用する（▶P.109）、クレープリーを利用する（▶P.118）などの手がある。もっと簡単に済ませたいときは、スーパー（▶P.146）でチーズやパン、ワインを買ってホテルごはんをするのもいい。

ブイヨン・レピュブリック▶P.109のメニュー例。前菜は€2.50
～、メインは€10前後。写真左は夏トリュフのウフ・マヨネーズ€4.60、右はブッフ・ブルギニョン€12.40

#03

セルフサービスのレストランなら気軽で便利

ビストロやレストランでの食事に気疲れしたり、一人旅で店での食事がしにくい場合などは、セルフサービスのレストランを利用しよう。ギャラリー・ラファイエット・パリ・オスマン（▶P.132）本館6階の「ラファイエット・カフェ」なら買い物の合間に立ち寄れて便利。またルーヴル美術館併設の地下のショッピングモール、カルーゼル・デュ・ルーヴル（▶P.125）には、マクドナルドやタイのストリートフード、ブラッスリーなど7店舗が入った「フードコート・リヴォリ」がある。

ギャラリー・ラファイエットのカフェテリア、ラファイエット・カフェは観光客も多く利用しやすい雰囲気

#04

日本食が恋しくなったらオペラ座界隈へ

おいしいフレンチも連日だと胃への負担が大きい。そんなときは和食でほっと一息つこう。パリでは和食が大人気なこともあり、本格的でおいしい店がたくさんある。店が多く集まるのは、パリの日本人街といわれるオペラ座界隈のサン・タンヌ通りやプチ・シャン通り（ともに**MAP** P.228 C-4周辺）。ラーメン、うどん、そば、定食、焼肉、お好み焼きとジャンルも豊富。人気店は行列ができているのでわかりやすい。ただし値段はパリ価格なのでご注意を。

#05

テラス席では
荷物やスマホに注意！

暖かい日や天気のよい日はカフェのテラス席に座ってパリジャン・パリジェンヌ気分を味わいたい。ただし手荷物には要注意。とくにスマホや財布をテーブルに置いておくのは絶対にNG。地元の人でも貴重品が入った荷物は身に付けたまま座ったり、膝の上に置いたりし、大きな荷物なら足の間に挟んでおくなどする。トイレに行くときも、もちろん手荷物は持っていくこと。

#06

ハッピーアワーがねらいめ

カフェでのお酒は生ビール€3.50～、カクテル€8～とそれなりの値段だが、パリのカフェにもハッピーアワーがある。時間帯は店によって異なるがだいたい17～20時頃で、数ユーロ安くなったり、ビールが25clの値段で50cl提供されるなど、内容はさまざま。ちなみにたいていの店では、お酒とともにナッツやオリーブなどの軽いつまみがついてくる。夕食前のアペリティフ（食前酒）タイムをお得に楽しもう！

「HAPPY HOUR」の看板が目印

#07

マカロンは空港で調達

賞味期限が短いマカロンを日本へ持って帰るなら、空港で購入するのがおすすめ。壊れやすいマカロンだが、中のクリームが液体とみなされるため手荷物にはできない。ただし出国審査後に購入したものは手荷物として持ち込みができる。

マカロンで人気のラデュレはCDG空港に11店舗ある。買い物をするなら時間に余裕を持って空港に到着しよう

#08

店内飲食か持ち帰るか
で値段が変わる

フランスでは店内飲食する場合は税率が10%、持ち帰る場合は5.5%になるので、同じ食品でも値段が異なる。テイクアウト用のスイーツを販売しているサロン・ド・テ（▶付録P.8）や、カフェを併設しているパティスリー（▶P.112、113など）、パン屋などで値段が異なるのはそのため。ちなみにイートインはフランス語でシュル・プラス（sur place）、テイクアウトはアンポルテ（emporter）。ファストフード店などで「シュル・プラス・ウ・ア・アンポルテ？（Sur place ou à emporter ?）」と聞かれたら、「店内で食べますか？それとも持ち帰りですか？」という意味。店内なら「シュル・プラス」、持ち帰りなら「ア・アンポルテ」と言おう。

節約したいなら持ち帰りが安い

#09

焼き立てのバゲットに
遭遇できたらラッキー！

フランスの食文化はパン抜きには語れない。とくにバゲットは2022年11月30日にユネスコの無形文化遺産に登録されるなど、フランス人の日常生活に深く根付いている。パリにはバゲットがおいしいブーランジェリー（パン屋）はたくさんあるが、格別においしいのが焼き立てのもの！ 購入したバゲットが温かったら、即ひとかじりしてみよう。その香ばしさ、おいしさは一度食べたら忘れられないはず。

朝や夕方に行列ができているブーランジェリーがあれば、焼き立ての時間かも

フランスのご当地名物料理

郷土料理から"テロワール"を知る

フランスではその土地の自然環境やそこから生まれる食材・郷土料理などを含めて「テロワール」と呼び、誇りを持ち大切にしている。ここではフランスの12の地域圏（海外領土とコルシカを除く）ごとに、その土地ならではのテロワールを感じる個性豊かな名物料理を紹介しよう。

ノルマンディー地域圏

ムール・マリニエール
Moules Marinières

大鍋でムール貝を白ワインとバターで蒸したもの。だいたいフライドポテト（フリット）が添えられるので「ムール・フリット」ともいう。

ブルターニュ地域圏

ガレット
Galette

そば粉生地のクレープのことで、中身はチーズ・ハム・卵が基本。地元産のリンゴの発泡酒（シードル）とともにいただく。

サントル・ヴァル・ド・ロワール地域圏

リエット・ド・トゥール
Rillettes de Tours

リエットとは豚肉を小さく切り、ラードの中で長時間煮こんで作る保存食。同地域のトゥール町のものが最高級品とされる。

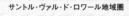

ペイ・ド・ラ・ロワール地域圏

ブロシェ・オ・ブール・ブラン
Brochet au beurre blanc

ロワール川の下流を中心とした地方は川魚がおいしい。カワカマス（ブロシェ）もバターソースのブール・ブランも同地域の名物。

ヌーヴェル・アキテーヌ地域圏

コンフィ・ド・カナール
Confit de canard

ビストロの定番「鴨のコンフィ」は南西部の料理。塩をまぶした鴨もも肉を鴨脂の中でじっくりと煮て火を通す。同地域の赤ワインとともにどうぞ。

オクシタニー地域圏

カスレ
Cassoulet

白インゲン豆と肉類を厚手の煮込み鍋「カソール」で長時間煮込む、南西部の料理。場所により使う肉の種類が異なる。

リール

オー・ド・フランス
Hauts-de-France

ルーアン

ノルマンディー
Normandie

パリ

イル・ド・フラン
Île-de-France

ブルターニュ
Bretagne

レンヌ

ペイ・ド・ラ・ロワール
Pays de la Loire

オルレアン

サントル・ヴァル・ド・ロワール
Centre-Val de Loire

ナント

ヌーヴェル・アキテーヌ
Nouvelle-Aquitaine

ボルドー

オクシタニー
Occitanie

トゥールーズ

カルボナード・フラマンド

Carbonade Flamande

牛肉のビール煮込み。同
地域はブドウ栽培に適さ
ないため飲み物はワイン
よりビールがメインで、
料理にもよく使用される。

CHECK
フランス料理は世界遺産

2010年11月、「フランス料理」
は食文化としては初めて世界
無形文化遺産に登録された。
食材の選び方や料理とワイン
の組み合わせ方、皆で食を楽
しむことなど、食に関する社
会的慣習が評価されたのだ。

イル・ド・フランス地域圏

スープ・ア・ロニョン

Soupe à l'Oignon

オニオンスープのこと。
タマネギを飴色になる
まで炒めて水とブイヨ
ンで煮込み、パンとチー
ズをのせてオーブンで
焼く。スープとはいえ
ボリュームたっぷり。

グラン・エスト地域圏

シュークルート

Choucroute

シュークルートはアルザス語で「酸っぱいキャベツ」を意味
する「スルクルットゥ」が語源。メインの肉料理や魚料理
とともに火を通して出され、付け合わせとして食べる。

ブルゴーニュ・フランシュ・コンテ地域圏

ブッフ・ブルギニョン

Bœuf Bourguignon

直訳すると「牛肉のブルゴーニュ風」で、炒め
た牛肉を赤ワインで野菜とともにじっくり
煮込んだ料理。家庭料理だが高級感がある。

グラン・エスト
Grand-Est

ストラスブール

● ディジョン

ブルゴーニュ・フランシュ・コンテ
Bourgogne-Franche-Comté

● リヨン

オーヴェルニュ・ローヌ・アルプ
Auvergne-Rhône-Alpes

プロヴァンス・アルプ・コート
・ダジュール
Provence-Alpes-Côte d'Azur

● マルセイユ

プロヴァンス・アルプ・
コート・ダジュール地域圏

ブイヤベース

Bouillabaisse

香味野菜と魚介を煮込ん
だ料理。スープと煮込ん
だ魚は別々の皿で出さ
れ、ルイユという調味料
とクルトンが添えられる。
クルトンにルイユを塗り、
スープに浸して食べる。

オーヴェルニュ・ローヌ・アルプ地域圏

クネル

Quenelle

クネルとは「すりつぶす」という意味。同地域
のリヨンのクネルは、カワカマスのすり身を円
筒状にしてソースをかけてオーブンで焼く。

名物を食べに
旅に出よう

調査 パリLOVERSおすすめの現地で食べてほしいものは?

Paris Lovers Foodies...

©Salomé_rateau

セロリのレムラードとエッグマヨネーズ €13 01

タマラー（卵好き）の私が見つけた2022年世界最高評価のウフ・マヨ

パリのウフ・マヨネーズコンテストで最高評価。クラシック料理の店では珍しい半熟で、さらにセロリを合わせることでさっぱり感も！（横島）

各種チーズ（値段はものにより異なる） 02

酪農大国・フランスの美味なるチーズを味わう

チーズ熟成士の久田恵里さんが熟成を手がけた、仏各地の上質なチーズが揃う。不定期でチーズとワインの講習会も開催（写真は講習会のもの）。（木戸）

クロワッサン €1.20（1個） 03

朝ごはんとしてだけでなくおやつにもおすすめ！

2018年コンクール1位の、バターの風味が感じられる絶品クロワッサン。ここのを食べてしまうと他のところでは食べられなくなってしまう......（今澤）

アントルコート €95（2人前） 04

肉も焼き加減も最高！お肉屋さんのレストラン

熟成肉の達人、ユーコ・デノワイエが肉屋の一角で食事を供する。食べ頃の肉は焼き加減が絶妙で味も絶品。肉好きは必訪！（木戸）

01
グランド・ブラッスリー
Grande Brasserie

▶マレ
▶**MAP** P.233 H-2
🏠6 Rue de la Bastille, 4e
Ⓜ1・5・8号線Bastille バスティーユ駅から徒歩1分
☎09-75-80-99-72 🕐12:30〜14:30, 19:00〜23:00
🈺無休

02
サロン・デュ・フロマージュ・ヒサダ
Salon du Fromage Hisada

▶オペラ〜ルーヴル
▶**MAP** P.228 C-4
🏠47 Rue de Richelieu, 1er Ⓜ7・14 Pyramides ピラミッド駅から徒歩5分
☎01-42-60-78-48
🕐11:00〜19:00
🈺日・月曜

03
ラ・メゾン・ディザベル
La Maison d'Isabelle

▶カルチェ・ラタン
▶**MAP** P.233 E-3
🏠47ter Bd. Saint-Germain, 5e Ⓜ10号線Maubert-Mutualitéモベール・ミュチュアリテ駅から徒歩1分
🕐6:00〜20:00（日曜〜18:00）🈺月曜

04
ラ・ターブル・デューゴ・デノワイエ
La Table d'Hugo Desnoyer

▶市街西部
▶**MAP** P.224 B-3
🏠28 Rue du Dr Blanche, 16e Ⓜ9号線Jasminジャスマン駅から徒歩4分 ☎01-46-47-83-00 🕐12:00〜15:00（木曜のみディナー20:00〜、LO20:30）※要予約 🈺月曜

PARIS LOVERS

横島朋子さん
パリ在住のライター・コーディネーター。ファッション雑誌やTVロケなどで活動。カフェをこよなく愛し、年中ロゼワイン愛飲家。
@tomokoyokoshima

木戸美由紀さん
パリ在住ライター。マガジンハウスの月刊誌『アンド プレミアム』にパリガイド「パリところどころ案内」を連載中。
@kidoppifr

タナカアツコさん
パリ在住歴20年のライター・コーディネーター。近年は食関係のPR業務にも従事しつつ、小学生の娘と楽しめるパリ情報の収集に余念がない。

宮方由佳さん
フランス国家公認ガイド兼フリーライターとして、フランス関連の書籍に多く携わる。すでに人生の約半分を過ごしたパリに骨をうずめる覚悟。

今澤澪花さん
世界30か国以上を旅し、唯一度は住みたいと感じたパリに移住を決意。2023年に日本の会社を休職してパリ滞在中。
@chelshinji03

世界のセレブが集まるお店のオススメがこちら！

パン・オ・レザン
€2.50（1個）　05

『ル・モンド』紙でベスト・パン・オ・レザンに選ばれた名パティシエの自信作

パン・オ・レザン（レーズンパン）といえば渦巻き型ですが、こちらは中にクレーム・パティシエールとレーズンが詰まった丸いブリオッシュ生地で至福の味わい！（タナカ）

豚足のグリル　LIPP
€24　06

とろりとしたコラーゲンとカリッとした衣のバランスが絶妙な一品。まろやかなジャガイモのピュレも絶品！（横島）

ラグジュアリーなお店でチーズたっぷりのスープを♡

オニオングラタンスープ
€10.50　07

日本から友人が遊びに来たら連れていくフレンチ店。高貴な雰囲気のなか、お手頃価格の料理をいただけば一気にフランス気分。（今澤）

外側カリッ＆中モチッ パリで買える本場ボルドーの味

カヌレ
€0.75（1個）　08

ラム酒の豊かな香り、中はずっしりモチモチの正統派カヌレ。大きさは3種類で、大サイズでも€1以下のお手頃価格も魅力！（宮方）

05
セバスチャン・デガルダン
Sébastien Dégardin
`カルチェ・ラタン`
▶**MAP** P.232 D-4
🏠200 Rue Saint-Jacques, 5e
Ⓡ RER B線Luxembourgリュクサンブール駅から徒歩4分、M10線Cluny La Sorbonneクリュニー・ラ・ソルボンヌ駅から徒歩10分　☎01-43-07-77-59　🕘9:00〜20:00（日曜〜18:00）　🈲月・火曜

06
ブラッスリー・リップ
Brasserie Lipp
`サン・ジェルマン・デ・プレ`
▶**MAP** P.239 E-2
🏠151 Bd.Saint-Germain, 6e　Ⓜ M4号線Saint-Germain-des-Présサン・ジェルマン・デ・プレ駅から徒歩2分　☎01-45-48-53-91　🕘9:00〜翌0:45　🈲無休

07
ル・プロコップ
Le Procope
`サン・ジェルマン・デ・プレ`
▶**MAP** P.239 H-3
🏠13 Rue de l'Ancienne Comédie, 6e　Ⓜ M4・10号線Odéonオデオン駅から徒歩1分　☎01-40-46-79-00　🕘12:00〜24:00　🈲無休

08
ラ・トック・キュイヴレ
La Toque Cuivrée
`モンパルナス`
▶**MAP** P.231 G-5
🏠Gare Montparnasse niveau 2, 15e　ⓇGare Montparnasseモンパルナス駅構内　☎06-21-98-97-63　🕘6:30〜20:00（日曜7:00〜）　🈲無休

フランス料理の定番が食べられる店

(#パリのビストロ) (#フランス定番料理) (#フランス料理といえば)
(#パリの庶民的なビストロ) (#cuisine française traditionnelle) (#bistro)

内装も鮮やかに居心地のよい新店舗

ブラッスリー・デ・プレ

Brasserie des Prés

18世紀からある歴史的なパッサージュに2023年6月にオープン。広いテラスのある解放的な空間でクラシック料理が安価に楽しめる。朝から深夜までの通し営業と使い勝手もよく、すぐに連日満席の人気店に。

サン・ジェルマン・デ・プレ ▶MAP P.239 H-3

🏠6 Cour du Commerce Saint-André, 6e Ⓜ④・⑩号線 Odéonオデオン駅から徒歩1分 ☎01-42-03-44-13 🕐9:00～24:00（ランチ12:00～14:30、土・日曜～15:00、ディナー19:00～22:30、金・土曜～23:00）🈺無休

©joannpai brasserie des pres

❶隣には系列のアイス店「グラシエ・デ・プレ」がある ❷定番料理のゆで卵はセロリのマヨネーズ和えとともに

Cromesquis
クロメスキ €9

Beignets de sardine
ベニエ・ド・サルディンヌ €8

Pâté en croûte
パテ・アン・クルート €14

Œuf mimosa
ウフ・ミモザ €5

クロメスキは一口サイズのコロッケ、ベニエ・ド・サルディンヌはイワシのフリットなど、クラシック料理の数々

Paris Brest
パリ・ブレスト

Feuilleté
パイ包み

Perdreau rouge rôti
山ウズラのロースト

ランチコース例。前菜のパイ包みはさまざまな食材でアレンジされる。メインのウズラは定番食材。デザートのパリ・ブレスト（リングシュー）もおすすめ

パリの王道ビストロといえばココ

ビストロ・ポール・ベール

Bistrot Paul Bert

1998年創業のパリを代表するビストロ。旬の食材を使った日替わり料理が自慢で、ランチコースが2品€22、3品€26と高コスパも人気の理由。

バスティーユ ▶MAP P.234 C-5

🏠18 Rue Paul Bert, 11e Ⓜ⑨号線 Charonneシャロンヌ駅から徒歩5分 ☎01-43-72-24-01 🕐12:00～14:00、19:30～22:30 🈺日・月曜

photo:©Roberta Valerio

Pot au feu
ポトフ €27

質の高い伝統料理を出す名店
アスティエ

Astier

1956年創業の下町に根付く老舗ビストロは、常に満席なので予約必須。約15種類のチーズプレートは食べ放題なのがうれしい。

市街東部
▶**MAP** P.225 F-3
🏠44 Rue Jean-Pierre Timbaud, 11e ⊗Ⓜ3号線 Parmentierパルマンティエ駅から徒歩4分 ☎01-43-57-16-35 🕐12:30〜14:15(日曜は12:30〜)、19:00〜21:30(土曜は〜22:30) 🅟無休

Plateau de fromages
チーズプレート €16(1人)

❶冬季限定のポトフは牛の腕肉を使った煮込み料理 ❷チーズプレートは食べたい量を取り分けていただく。いろいろ試してみよう

Foie gras de canard mi-cuit
鴨のフォアグラ・ミ・キュイ €26

フォアグラ料理で有名
コントワール・ド・ラ・ガストロノミー

Comptoir de la Gastronomie

1894年創業の高級食材店に併設する店。フォアグラはパテなどの定番のほか、カルパッチョといった珍しい料理も食べられる。

オペラ〜ルーヴル
▶**MAP** P.228 D-5
🏠34 Rue Montmartre, 1er ⊗Ⓜ4号線 Étienne Marcelエティエンヌ・マルセル駅から徒歩4分 ☎01-42-33-31-32 🕐12:00〜22:30 🅟日・月曜

Saumon fumé
スモーク・サーモン €21

❶ミ・キュイ（半生）のフォアグラはジャムとともにパンにのせて ❷定番の前菜やメインも揃う

パリで最も古いビストロのひとつ
ラ・フォンテーヌ・ド・マルス

La Fontaine de Mars

1908年創業の古き良きパリを彷彿とさせる趣のあるビストロ。店の名物のカスレやフォアグラなど、南西部の伝統料理が味わえる。

エッフェル塔周辺
▶**MAP** P.230 D-1
🏠129 Rue St-Dominique, 7e ⊗Ⓜ8号線 École Militaireエコール・ミリテール駅から徒歩6分 ☎01-47-05-46-44 🕐12:00〜15:00(土・日曜〜15:30)、19:00〜23:00 🅟無休

❶赤と白のギンガムチェックが印象的な店内 ❷伝統的な郷土料理のカスレは白インゲン豆と数種類の肉類を煮込み、オーブンで仕上げたもの

Le cassoulet
カスレ €39

🖋 旅メモ フランス人がこよなく愛する定番料理はほかにもいろいろ。▶P.206グルメカタログも参考にしよう。　　101

地元で人気のビストロへ

(#パリのビストロ) (#人気のビストロ) (#ビストロノミー)
(#パリでおすすめのビストロ) (#paris bistro) (#bistronomique)

彩り豊かなオリジナル料理が魅力

ナロ

Narro

2020年にオープンするや、竹田和真シェフの食材へのこだわりが評価され人気店となる。多彩な野菜とスパイスやハーブを駆使した料理は、味覚だけでなく視覚も存分に満たしてくれる。

カルチェ・ラタン
▶**MAP** P.233 E-4

🏠72 Rue du Cardinal Lemoine, 5e
Ⓜ7号線 Place Monge プラス・モンジュ駅、10号線 Cardinal Lemoine カルディナル・ルモワヌ駅から徒歩5分
☎09-73-24-07-95
🕐12:00～15:00、19:00～24:00（日曜12:00～15:00）
※LOランチ14:00、ディナー22:00
㊡月曜

0階（日本式1階）と地下1階に席があり、春夏はテラス席も設ける。ワインはオーガニック

❶店名はラテン語で「私は語る」という意味 ❷季節野菜の菜園風 ❸❹目にも鮮やかな料理はランチ2品€28、3品€34。夜はアラカルトのみ

ランチメニュー例。前菜のイチジクと野菜のサラダ

メインの仔羊のロースト。ランチメニュー2品€17

ゆとりあるリラックスできる空間。店前のテラス席も人気

味もコスパも文句なしの人気店

レボショワール

L'Ebauchoir

野菜をふんだんに使った料理は彩りも美しく、スパイスの使い方も絶妙で素材の味を引き立てる。加えてランチが3皿€21とコスパの高さも人気の秘訣。常に客足が絶えない。

バスティーユ ▶**MAP** P.234 C-5

🏠43-45 Rue de Citeaux, 12e Ⓜ8号線 Faidherbe-Chaligny フェデルブ・シャリニー駅から徒歩3分
☎01-43-42-49-31
🕐12:00～14:30、19:30～23:00 ㊡日・月曜の昼、8月中旬に1週間

photo:©B. Schmuck

1つ星店シェフの魚介ビストロ

クラマト

Clamato

3つ星店で活躍したシェフのベルトラン・グレボー氏が、1つ星店「セプティム」に続きオープンした海鮮料理専門のビストロ。数皿頼んでシェアするタパススタイルが、パリでは新鮮と人気に。

バスティーユ ▶MAP P.234 C-4

🏠80 Rue de Charonne, 11e
Ⓜ9号線 Charonneシャロンヌ駅から徒歩4分 ☎01-43-72-74-53 🕐12:00～14:30、19:00～23:00(土・日曜12:00～23:00) 🅷7月末～8月上旬に2週間

❶予約不可で満席になりがちだが、開店直後は比較的入りやすい ❷タコを使った一品 ❸セビーチェ(魚のマリネ)€14

❶隣との距離が近いパリらしいビストロ ❷ランチは2品で€23。ある日のランチメニューより、デザートのライスプディング ❸ランチの前菜、カツオのクルミ風味

バスク地方料理の真髄を食す

ラ・カンティーヌ・デュ・トロケ・デュプレックス

La Cantine du Troquet Dupleix

パリに3軒あるバスク地方出身の名シェフ、クリスチャン・エシェベスト氏のカンティーヌ(食堂)。陽気な雰囲気のなかでボリュームある料理が食べられる。

エッフェル塔周辺 ▶MAP P.230 C-3

🏠53 Bd. de Grenelle, 15e Ⓜ6号線 Dupleixデュプレックス駅から徒歩3分 ☎01-45-75-98-00 🕐8:00～22:45(ランチ12:00～15:00、ディナー19:00～22:45) 🅷無休

©Rémy D'Arcangelo

❶肉も野菜もたっぷり入ったバスクの伝統的な家庭料理アショア €23 ❷フランスで大人気のマテ貝 €12

サプライズな創作フレンチが好評

ル・パントルシュ

Le Pantruche

オーナーシェフのフランク・バランジェ氏が手がける「カイユボット」とともに予約困難な人気店。定番フレンチをアレンジした目にもおいしい料理が良心的な値段で食べられる。現地グルメガイドでも常に評判。

モンマルトル ▶MAP P.228 C-1

🏠3 Rue Victor Massé, 9e
Ⓜ2・12号線 Pigalleピガール駅から徒歩5分 ☎01-48-78-55-60 🕐12:30～14:00、19:30～22:00 🅷土・日曜、8月の3週間、年末の1週間、復活祭前後の1週間

photo:©Philippe Schaff

料理はアラカルトのみ。ランチ・ディナータイム以外は食事は不可だが、カフェ利用は可能

🖊 旅メモ ラ・カンティーヌ・デュ・トロケ・デュプレックスは予約不可。ランチ12時、ディナー19時に行くと比較的入りやすい。

103

Casual meal and apéritif

お気軽ごはん&アペロにおすすめ

#通し営業のカフェ #カフェごはん #ルーフトップカフェ
#アペロにおすすめのカフェ #apéritif #le rooftop

さくっとごはんなら

ブルゴーニュ産エスカルゴ€10(6個)など、ビストロ定番メニューを提供

❶牛肉のタルタルと付け合わせのグラタン・ドフィノワ€18 ❷便利な立地

地元で人気のビストロカフェ
カフェ・ド・ランデュストリー
Café de L'Industrie

終日通し営業で、食事は12:00〜夜中まで提供される。平日12:00〜16:00はランチセットが選べ、2皿€16と手頃なためランチ時は混雑する。

バスティーユ ▶MAP P.234 A-4
🏠16 Rue St-Sabin, 11e
Ⓜ5号線Bréguet-Sabinブレゲ・サバン駅から徒歩2分 ☎01-47-00-13-53 ⏰9:00〜翌2:00(食事12:00〜24:00) 休無休

パッサージュ散策の合間に
ビストロ・ヴィヴィエンヌ
Bistrot Vivienne

ギャラリー・ヴィヴィエンヌ(▶P.150)内にあるビストロ。終日通し営業なので食事やカフェ休憩にと、気軽に利用できる。食事の提供は12:00〜23:00。

オペラ〜ルーヴル ▶MAP P.228 C-4
🏠4 Rue des Petits Champs, 2e
Ⓜ3号線Bourseブルス駅から徒歩3分
☎01-49-27-00-50 ⏰9:00〜24:00(食事12:00〜23:00) 休無休

❶クラシックなビストロ料理€21.50〜が好評 ❷改装してややモダンになった店内
❸パッサージュの雰囲気を堪能できるテラス席もある

❶❷落ち着いた店内にはソファー席もある ❸シャルキュトリーの盛り合わせ€15〜とともにこだわりのワイン(グラス€6〜)を味わいたい

雰囲気のよい店内でワインを
レクリューズ
L'Écluse

パリに2店舗あるワインバー。フランス全土をはじめ世界のワインを取り揃える。料理はクラシックなフレンチ。ワインとつまみで軽く食べてもよし、しっかり食事をするのもよし。

オペラ〜ルーヴル ▶MAP P.237 H-4
🏠34 Pl. du Marché St-Honoré,1er
Ⓜ7・14号線Pyramidesピラミッド駅から徒歩3分
☎01-42-96-10-18 ⏰12:00〜23:55 休日曜

Take a Break ...

アペリティフ（アペロ）とは？

「食前酒」のことで、略して「アペロ」といわれる。パリでは家での夕食前にカフェで友人などとワインやビール、カクテルなどを楽しむ習慣がある。

人気のカフェは夕方からいっぱいに。テラス席が大人気

アペロが楽しい

① パリを一望できるテラス席が人気
② オリジナルカクテルなど多種のドリンクがある

Photo: © Phillippe Schaff ou @ Rémy D'Arcangelo

デパート屋上のルーフトップ

ペルーシュ

Perruche

プランタン・オスマン（▶P.134）の屋上にあるルーフトップカフェバー。緑が生い茂る500㎡もの広大な空間はリゾートにいるような開放感を味わえる。

オペラ〜ルーヴル ▶MAP P.228 A-2

🏠 プランタン・オスマン メンズ＆プランタン・デュ・グー館 9 階 ☎ 01-40-34-01-23 🕐 12:00 〜 15:00（土・日曜 12:30 〜 16:00）、19:00 〜翌 2:00 ※ LO23:00 🕑 無休

パリらしいカフェといえば

バー・デュ・マルシェ

Bar du Marché

観光客や地元の人でにぎわうサン・ジェルマン・デ・プレ地区で人気のビュシ通りにあるカフェ。スタッフの制服はサロペットなどパリしさ満載。

サン・ジェルマン・デ・プレ
▶MAP P.239 G-2

🏠 16 Rue de Buci, 6e 🚇Ⓜ10号Mabillon マビヨン駅から徒歩 2 分 ☎ 01-43-26-55-15 🕐 8:00 〜翌 2:00 🕑無休

おすすめドリンク

① シャンパンベースのカクテル「French 75 Paris」€10.50 ② 店は 2つの通りに面している。赤と白の日よけが目印

おすすめドリンク

にぎやかな商店街の人気カフェ

オ・ロシェ・ド・カンカル

Au Rocher de Cancale

野菜やパン、肉や魚を売る店がずらりと並ぶ商店街・モントルグイユ通りにあるカフェ。19世紀半ばに建てられた歴史ある建築は必見。

オペラ〜ルーヴル ▶MAP P.229 E-4

🏠 78 Rue Montorgueil, 2e 🚇Ⓜ 4 号線 Étienne Marcel エティエンヌ・マルセル駅から徒歩 5 分 ☎ 01-42-33-50-29 🕐 8:00 〜翌 2:00 🕑無休

① テラス席はにぎやかなので静かに過ごしたいなら店内へ ② フレッシュなイチゴが入った「モヒート・ア・ラ・フレーズ（Mojito à la fraise）」€14
③ 活気ある商店街通りに面している

✏️ 旅メモ　近年、パリではルーフトップカフェバーやレストランが続々オープン。夏季限定などもあるのでネットでチェック！

パリ滞在の思い出に星付きレストランへ

#ミシュランガイド #パリの星付きレストラン #3つ星レストラン
#2つ星レストラン #星付きシェフ #les restaurants du guide michelin

©Peter Vitale

©Anne Emmanuelle Thion

B

C

クリスチャン・ル＝
スケール氏

1962年ブルターニュで生まれる。1996年に初のミシュラン1つ星を取得。2014年ル・サンクのシェフ就任、2016年に3つ星を獲得。

©Ilya KAGAN

A

©Jean Claude Amiel

©Alix Marnat

★★★ 3つ星　シンプルな素材を昇華させる卓越の味

ル・サンク

Le Cinq

パリを代表するパラスホテルのひとつ、フォーシーズンズ・ジョルジュ・サンクのダイニング。2016年から3つ星を維持するシェフ、ル＝スケール氏による贅を尽くした繊細な料理を、宮殿のように豪奢な空間で堪能できる。

シャンゼリゼ大通り周辺 ▶MAP P.240 A-3

🏠 31 Av. Georges V, 8e ⓜ 1 号線 George V ジョルジュ・サンク駅から徒歩 5 分 ☎ 01-49-52-71-54 🕐 19:00 ～ 22:00
🈶日・月曜

おすすめメニュー例

A. 一本釣りのスズキ、キャビア、バターミルク €150
Bar de ligne, caviar, lait ribot de mon enfance

B. フォアグラの小石風 €115
Fois gras en galets

C. グレープフルーツのクロッカン、フレッシュとコンフィ €48
Croquant de pamplemousse, confit et cru

Take a Break ...

3つ星レストランとは

素材の質、料理技術の高さ、味付けの完成度、独創性、安定した料理全体の一貫性などを考慮してミシュラン社が星を授与。3つ星は「そのために旅行する価値のある卓越した料理」。

2023年時点でパリと近郊のイル・ド・フランスで3つ星は9軒、2つ星は15軒ある

豪華なメインダイニングはヴェルサイユ宮殿の「平和の間」を模している

アラン・デュカス氏

1956年モナコ生まれ。1990年に33歳で3つ星を獲得。世界中に多くのレストランを持つほか、ショコラトリーなども展開。

© Pierre Monetta

★★ 2つ星　フレンチの巨匠の名を冠したレストラン

レストラン・ル・ムーリス・アラン・デュカス

Restaurant Le Meurice Alain Ducasse

パラスホテル、ル・ムーリスのレストラン。2013年よりアラン・デュカス氏が監修、2020年からはアモリー・ブウール氏がシェフに任命され、新たな料理を展開。

オペラ〜ルーヴル ▶MAP P.228 A-4

🏠 228 Rue de Rivoli, 1er Ⓜ 1号線 Tuileries チュイルリー駅から徒歩2分 ☎ 01-44-58-10-55 🕐 19:00 〜 21:30 🈂 土・日曜

コースメニュー（€300／€400）例

A. エトリーユ蟹とサフラン
Etrille safran
B. サクサクのロブスター、セロリやジロール茸のソース
Homard-bleu-croustillant-celeri-girolle-moelle

ジェローム・バンクテル氏

1971年レンヌ生まれ。アラン・デュカスなどのもとで経歴を積んだ後、2015年ル・ガブリエルのシェフに就任、翌年に2つ星獲得。

© Julie Limont

★★ 2つ星　日本食材に精通したシェフの美食を体験

ル・ガブリエル

Le Gabriel

パラスでありながら貴族の邸宅のように親密なホテル、ラ・レゼルヴ内にある。日本食に造詣の深いシェフがオリジナリティあふれるガストロノミーを提案。

シャンゼリゼ大通り周辺 ▶MAP P.227 F-3

🏠 42 Av. Gabriel, 8e Ⓜ 1・13号線 Champs-Élysées - Clemenceau シャンゼリゼ・クレマンソー駅から徒歩5分 ☎ 01-58-36-60-50 🕐 12:30 〜 13:30、19:30 〜 21:30 🈂 土・日曜

コースメニューのみ。昼€98〜、夜€278〜

©GeraldineMartens

コースメニュー例

A. アーティチョークのハート、桜ビネガー
Coeur d'artichaut à la chaux, vinaigre Sakura
B. ルヴィニエ産鳩肉、ヤギチーズ（フェセル）のラヴィオリ、ラベージのコンソメ
Pigeon de Louvigné, raviole de faisselle, consommé à la livèche

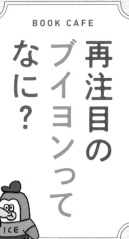

再注目のブイヨンってなに？

ブイヨンとは"大衆食堂"のこと

「ブイヨン」と聞くとスープのベースをイメージするかもしれないが、フランスでは「大衆食堂」という意味もある。1900年頃にはパリに200店舗ほどあったそうだが、時代の移り変わりとともに消えていった。しかし近年パリの物価が高騰していることもあり、飾らないクラシック料理を格安で食べられるとして、再度人気が高まっている。

#1 定番フランス料理が安い

CONFIT DE CANARD

ESCARGOTS

Bouillon

OEUF MAYONNAISE

ブイヨンの魅力はなんといっても料理が安いこと。「ブイヨン・シャルティエ」にはなんと€1の前菜もあり、外食がどんどん高くなっているパリではありがたい存在。近年提供する店が減っている、定番フランス料理のエスカルゴやブッフ・ブルギニヨンなどの定番フランス料理が揃っているのも人気の理由。観光客だけでなくパリジャンも日常的に利用している。

#2 年中無休の通し営業

年中無休なうえ昼から夜遅くまでノンストップ営業と、使い勝手のよさも特徴のひとつ。ブイヨン・シャルティエは予約不可のため行列になっていることが多いが、席数が多く回転も早いのであまり待つこともない。人数次第では相席になることがあるのも、ブイヨンならでは。

#3 内装がゴージャス

1900年代初頭はアール・ヌーヴォー全盛期で、ブイヨンの内装にも取り入れられた。1903年にオープンし、その後閉業、2019年に復活したブイヨン・シャルティエ・モンパルナスや、2018年に高級ブラッスリーから転身したブイヨン・ジュリアンでは、昔のままのゴージャスな内装が楽しめる。

おすすめのブイヨンはココ！

歴史的建造物に指定されているノスタルジックな雰囲気が漂う店内

メイン料理は€7〜。写真は看板料理の鴨のもも肉（コンフィ・ド・カナール）€13

1896年創業のブイヨンの代表格

ブイヨン・シャルティエ

Bouillon Chartier Grands Boulevards

350席あるにもかかわらず連日行列のブイヨンの名店。注目すべきは注文を受けた品をテーブル上の紙ナプキンに書き込み、お会計の際にはその場で計算するところ。オリジナルグッズも販売している。

オペラ〜ルーヴル ▶**MAP** P.228 D-3

🏠7 Rue du Fg. Montmartre, 9e ⓂⓂ8・9号線Grands Boulevardsグラン・ブルヴァール駅から徒歩1分 ☎01-47-70-86-29 🕚11:30〜24:00 🈺無休

ブイヨン再流行の火付け役

ブイヨン・ピガール

Bouillon Pigalle ❶

2017年にオープン。リーズナブルながらも料理の質の高さで注目され、コロナ禍ではテイクアウト販売が成功して不動の人気に。

モンマルトル ▶**MAP** P.234 B-2

@Benoit Linero

🏠22 Bd. de Clichy, 18e Ⓜ2・12号線Pigalleピガール駅から徒歩1分 ☎01-42-59-69-31 🕚12:00〜24:00 🈺無休

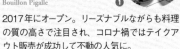

❶前菜€2.50〜、メイン€9.40〜、デザート€2.80〜 ❷内装は現代的。ずらりとテーブルが並ぶ

多くの著名人が通った

ブイヨン・ジュリアン

Bouillon Julien ❶

1906年にオープンし、高級ブラッスリーを経てブイヨンへ。歌手エディット・ピアフも常連だったそう。

市街北部 ▶**MAP** P.229 F-3

🏠16 Rue du Faubourg Saint-Denis, 10e Ⓜ4・8・9号線Strasbourg Saint-Denisストラスブール・サン・ドニ駅から徒歩2分 ☎01-47-70-12-06 🕚11:45〜24:00 🈺無休

❶ウフ・マヨネーズ€4.30などの定番料理が揃う ❷アヴェロン地方のソーセージとアリゴ€11.90 ❸モットーは「すべてが美しく、おいしく、安い」

こちらもおすすめ！

ブイヨン・シャルティエの2号店

セーヌ左岸で唯一のブイヨン

ブイヨン・シャルティエ・モンパルナス

Bouillon Chartier Montparnasse

1903年にシャルティエの一店舗だったがその後に別会社経営のレストランとなり、2019年よりシャルティエとして再オープン。豪華な内装が特徴。

モンパルナス ▶**MAP** P.231 H-5

🏠59 Bd. du Montparnasse, 6e Ⓜ4・6・12・13号線Montparnasse Bienvenüeモンパルナス・ビアンヴニュ駅から徒歩1分 ☎01-45-49-19-00 🕚11:30〜24:00 🈺無休

ブイヨン・ピガールの2号店

伝統的なブラッスリーがブイヨンに

ブイヨン・レピュブリック

Bouillon République

1931年創業。アルザス料理のブラッスリー「シェ・ジェニー」が、2021年にブイヨン・ピガールの2号店としてブイヨンに生まれ変わった。

北マレ ▶**MAP** P.229 G-4

🏠39 Bd. du Temple, 3e Ⓜ3・5・8・9・11号線Républiqueレピュブリック駅から徒歩3分 ☎01-42-59-69-31 🕚12:00〜24:00 🈺無休

@Benoit Linero

Recommended breads from popular boulangeries

人気ブーランジェリーのおすすめパン

#パリのブーランジェリー　#おいしいパン屋　#バゲットコンクール優勝店
#boulangerie de paris　#viennoiseries

タルト・オ・ポム
Tarte aux pommes
人気のリンゴがジューシーなタルト A
€2.90

€2.25(小)

ブリオッシュ・オ・プラリネ
Brioche aux pralines
カラメリゼしたナッツ（プラリネ）がアクセントのパン B

900g€5.70

パン・ド・セーグル
Pain de seigle
同店の看板商品である田舎風パン。900gとずっしり A

パン・ド・ブレ・オ・ノワ
Pain de blé aux noix
香ばしいクルミがたっぷりと入ったパン A
300g€5.20

エスカルゴ
Escargot
エスカルゴは数種類ある。こちらはピスタチオ D
€5.50

200g€5

プチット・ブリオッシュ
Petite brioche
朝の食卓にもぴったりのやさしい甘さが特徴 A

1kg€12.80

パン・デ・ザミ
Pain des amis
100%ビオの有機小麦粉で焼き上げたパン D

€6

グラン・パン・オ・クルクマ
Grand pain au curcuma
クルクマとはターメリックのこと。スパイスが効いている B

€8

€6.20

サンドイッチ
Sandwich
チキンとトマト、アボカドを挟んだもの。ほかの具材もある B

ル・ミラネ
Le milanais
七面鳥のカツレツをパンで挟んだハンバーガー B

1932年創業のパリを代表する老舗

Ⓐ ポワラーヌ

Poilâne

昔ながらの味を守るパリの名店。重量感ある田舎風パンが有名で、日本をはじめ世界にも輸出している。小さな店内はいつも多くのお客さんでにぎわっている。サブレなどの焼き菓子やオリジナル雑貨も人気。

サン・ジェルマン・デ・プレ ▶MAP P.238 C-4
🏠 8 Rue du Cherche-Midi, 6e
Ⓜ4号線Saint-Sulpiceサン・シュルピス駅から徒歩4分
☎ 01-45-48-42-59
🕐 7:15 ～ 20:00 🈭日曜

日本でもおなじみの人気店

Ⓑ エリック・カイザー

Eric Kayser

「伝統的なパン作りを」と天然酵母にこだわって作られたおいしいパンの店。日本でも店舗展開するなど、今や世界的なブーランジェリーに。ルーヴル店はイートインコーナーが充実し、食事も楽しめる。

オペラ～ルーヴル ▶MAP P.228 B-5
🏠 4 Rue de l'Échelle, 1er Ⓜ 1・7号線 Palais Royal-Musée du Louvre パレ・ロワイヤル・ミュゼ・デュ・ルーヴル駅から徒歩2分 ☎ 01-40-15-01-31 🕐 7:00 ～ 20:30 🈭無休

Take a Break ...

バゲットとは？ バゲットコンクールとは？

バゲットとは食事用のパンでフランスの食卓に欠かせないもの。バゲットコンクールとは毎年行われるパリで最もおいしいバゲットを決めるコンテスト。優勝者は1年間、大統領官邸にバゲットを納める名誉を得る。2023年優勝は「オ・ルヴァン・デ・ピレネー」。**MAP** P.225 H-3

バゲット
Baguette
コンクール優勝バゲット「パン・パン」
C €1.30

パン・オ・セレアル
Pain aux céréales
6種類のシリアルが混ざり食べごたえ十分 **E** €3.20

パン・オ・ショコラ
Pain au chocolat
クロワッサン生地の中にチョコ入りの定番
E €1.50

ゼフィール
Zéphyr
ラズベリーがのったヘーゼルナッツのフィナンシェ **C**
€5.95

マドレーヌ
Madeleine
グルメ批評で1位を獲得したこともある **E**
4個セット€4

ショーソン・オ・ポム
Chausson aux pommes
€2.10
リンゴジャムが詰まったこちらも定番パン **C**

シューケット
Chouquettes
1個¢30
パンパンで人気、シュー生地のシューケット **C**

クロワッサン
Croissant
バターがたっぷり使われている風味豊かなクロワッサン **E**
€1.30

エクレール・ショコラ
Éclair Chocolat
€3.95
中にはチョコレートクリームがたっぷり **C**

パン激戦エリアの人気店

C パン・パン

Pain Pain

バゲットコンクール優勝経験のある名店。菓子パンなどシェフの手がけるパティスリーも人気。

モンマルトル ▶**MAP** P.234 C-2
🏠 88 Rue des Martyrs, 18e Ⓜ 12号線 Abbesses アベス駅から徒歩3分
☎ 01-42-23-62-81
🕐 7:30 ～ 19:30
⊗ 月曜

有名シェフやパン好きにも評判

D デュ・パン・エ・デ・ジデ

Du Pain et des Idées

サン・マルタン運河にあるおしゃれな外観のパン店。最優秀ブーランジェリーに輝いたこともある。

サン・マルタン運河 ▶**MAP** P.229 G-3
🏠 34 Rue Yves Toudic, 18e Ⓜ 5号線 Jacques Bonsergent ジャック・ボンセルジャン駅から徒歩2分
☎ 01-42-40-44-52
🕐 6:45 ～ 19:30
⊗ 土・日曜

隠れた名ブーランジェリー

E ブレ・シュクレ

Blé Sucré

プラザ・アテネなどを経て独立したシェフの店。バゲットは数種類あり、独創的でおいしい。

バスティーユ ▶**MAP** P.234 B-5
🏠 7 Rue Antoine Vollon, 12e Ⓜ 8号線 Ledru-Rollin ルドリュ・ロラン駅から徒歩1分
🕐 7:00 ～ 20:00（日曜～18:30）⊗ 月曜、8月、2月に1週間

✏ 旅メモ　バゲットは半分サイズでも購入できる。「ユヌ・ドゥミ・バゲット・スィル・ブ・プレ（バゲットを半分ください）」と言ってみよう。

Authentic, must-eat macarons

本場で食べたい! マカロン♡

#マカロン #パリのおいしいマカロン #マカロンが食べられるカフェ

#macaron de paris #macarons célèbres #laduree #pierre hermé

ラデュレSTORY

2枚のマカロンでガナッシュやジャムを挟む現在の「マカロン・パリジャン」は、ラデュレが20世紀半ばに発案したのが始まりだった。

エレガントな箱に入ったマカロンは8個で€26

2階にある優雅なサロン・ド・テで店内飲食が可能

各€2.50

Vanille
ヴァニーユ
マダガスカル産バニラが香るクリームをサンド

Framboise
フランボワーズ
子どもにも大人にも不動の人気、ラズベリー味

Citron
シトロン
レモンの爽やかな風味が引き立つクリーム入り

Rose
ローズ
バラの香りが漂う高貴な味わいのマカロン

Thé Marie-Antoinette
テ・マリー・アントワネット
人気オリジナルティー "マリー・アントワネット"の香り

Caramel à la Fleur de Sel
キャラメル・ア・ラ・フルール・ド・セル
ほんのり塩味がきいた濃厚なキャラメルをサンド

パリに13店舗(サロン・ド・テ5店舗)

ラデュレ・パリ (ボナパルト店)

Ladurée Paris Bonaparte

1862年創業、パリ風マカロンの発祥として知られる老舗のサン・ジェルマン店。カラフルなマカロンのほか、ルリジューズやミルフォイユなどフランス伝統菓子も季節限定フレーバーで提案。

サン・ジェルマン・デ・プレ ▶MAP P.239 F-1

🏠 21 Rue Bonaparte, 6e Ⓜ 4 号線 Saint-Germain-des-Prés サン・ジェルマン・デ・プレ駅から徒歩 3 分
☎ 01-44-07-64-87 🕐 8:30 〜 19:00 🈚 無休

ケーキもおすすめ!

季節ごとにフレーバーが変わるケーキ、ルリジューズ€12

グッズも♡

❶マチ付きエコバッグ€16
❷マカロンキーホルダー€44はサイズ違いもあり

❶店内奥にカフェスペースがある　❷❸看板パティスリーやマカロンのほか、グルテンフリーや砂糖減量スイーツなど、奇才パティシエが生み出す新作はどれも要注目

各€2.80

Ispahan
イスパハン
ローズとライチ、フランボワーズのハーモニーを体験

Praliné Pistache
プラリネ・ピスタシュ
イラン産ピスタチオのクリーム

Caramel
キャラメル
塩バター風味のキャラメルクリームをサンド

ピエール・エルメSTORY

かつてシェフ・パティシエを務めたラデュレで考案した「イスパハン」のマカロン版も人気。独創性に富んだフレーバーを提案し続けている。

箱入りマカロンは8個で€26。好きなフレーバーを選んで箱に詰めてもらおう

Mogador
モガドール
パッションフルーツの酸味とミルクショコラが溶け合う

Chocolat Paineiras
ショコラ・パイネイラス
ブラジル最高級ショコラを使った風味豊かなガナッシュ

Praliné Noisettes
プラリネ・ノワゼット
ピエモンテ産ヘーゼルナッツが香ばしい濃厚なクリームが特徴

\\ ケーキもおすすめ！//

エルメの代名詞イスパハン€13、紅茶テ・イスパハン€8（ともにイートイン価格）

\\ テラスでカフェタイム //

サン・ジェルマン大通りに面したテラス席で味わえる

パリに25店(カフェ5店舗)

ル・カフェ・ピエール・エルメ(オデオン店)

Le Café Pierre Hermé Odéon

米ヴォーグ誌から"パティスリー界のピカソ"と称賛された奇才エルメ。オデオン駅前の店舗には定番から季節限定まで常時18種のマカロンが並ぶ。カフェを併設しているので休憩にもぴったり。

サン・ジェルマン・デ・プレ ▶MAP P.239 H-3

🏠 126 Bd. Saint-Germain, 6e　Ⓜ 4・10号線 Odéon オデオン駅から徒歩 1 分　☎ 01-45-12-24-02
🕐 8:30 ～ 20:00（日曜～19:00）　Ⓚ無休

Delicious chocolate as a souvenir

絶品ショコラをおみやげに

#ショコラ #ショコラトリー #le meilleur du chocolat à paris
#パリの人気ショコラティエ #très bons chocolatiers parisiens

約38種類あるボンボン・ショコラはそれぞれ個性あふれる味

ボンボン・ショコラ €16.66/100g
Bonbon de chocolat

エッフェル塔型のショコラは「パリの思い出に」と観光客に大人気

トゥール・エッフェル €46
Tour Eiffel

刺繍のハート 110g€36
Coeur dentelle

ボンボン・ショコラ入りのハート形チョコはギフトに人気

モードなパリならではのエレガントなハイヒール型のショコラ

Photo : ©Quentin Bertoux

スティレット・ソロ €66
Stiletto solo

パリに8店舗

フランスを代表するショコラトリー

ジャン・ポール・エヴァン

Jean-Paul Hévin

MOF（フランス最優秀職人）のジャン・ポール・エヴァン氏による、最高のカカオの持つ旨味を生かした繊細かつ存在感のあるショコラが味わえる。

オペラ～ルーヴル
▶MAP P.237 G-5

🏠231 Rue St-Honoré, 1er ㊋Ⓜ 1号線 Tuileries チュイルリー駅から徒歩5分
☎01-55-35-35-96
🕒10:00～19:30
㊡日曜、8月

パリに8店舗

パリジャンに人気のショコラ

ラ・メゾン・デュ・ショコラ

La Maison du Chocolat

バイヨンヌ出身のランクス氏が1977年にパリ1号店を開いたあと、パリ発のショコラトリーとして最も早く日本に上陸した名店。パリでも絶大な人気を誇る。

オペラ～ルーヴル
▶MAP P.237 F-2

🏠8 Bd. de la Madeleine, 9e
㊋Ⓜ 8·12·14号線 Madeleine マドレーヌ駅から徒歩3分
☎01-47-42-86-52
🕒10:00～19:00 ㊡日曜

コフレ・プラリネ 45個€55
Les coffrets pralinés

手みやげとして人気のプラリネ詰め合わせ

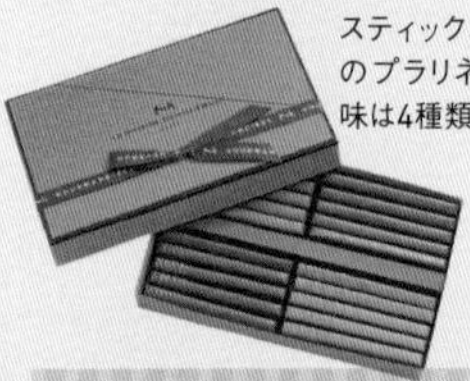

スティック状のプラリネ。味は4種類

コフレ・グルマンディーズ 20個€37
Le coffret gourmandises

ガナッシュをザクザクとした触感のショコラで包んだもの

トリュフ・ナチュール 90g€17
Les truffes natures

知っておきたいショコラ用語

●プラリネ
カラメルとローストしたナッツ類を混ぜてペースト状にしたもの。

●ガナッシュ
溶かしたチョコレートに生クリームやバターを混ぜ合わせたもの。

●トリュフ
ガナッシュを丸めて外側をチョコレートやココアパウダーなどでコーティングしたもの。

●タブレット
板チョコのこと。チョコレートの味を楽しみたいときにおすすめ。

●ボンボン・ショコラ
一口サイズのチョコレートのこと。フランスでは詰め合わせをホームパーティなどのおみやげにする。

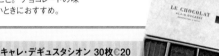

キャレ・デギュスタシオン 30枚€20
Coffret carrés dégustation

同店のショコラを知ることができる板チョコ

ブーシェ・ドゥブル 12本€39
Coffret bouchees doubles

フランボワーズやキャラメルプラリネなど、風味の異なるショコラバー

種類豊富なタブレットはさまざまな味が楽しめる

タブレット/ビスターシュ・サブレ €12
Tablette/
pistache sablee

バリに22店舗

アラン・デュカス氏のチョコレート工場

ル・ショコラ・アラン・デュカス・マニュファクチュール・ア・パリ

Le Chocolat Alain Ducasse Manufacture à Paris

フランス料理界の巨匠、アラン・デュカス氏によるビーントゥバーの工房兼ブティック。カカオ豆の選定から焙煎、製造まですべて行う。

バスティーユ▶MAP P.234 A-4

🏠 40 Rue de la Roquette, 11e
Ⓜ 1・5・8号線 Bastille バスティーユ駅から徒歩3分
☎ 01-48-05-82-86
🕐 10:00〜20:00 ㊡無休

球体のボンボン・ショコラはさまざまなカラーがある

9ドゥミ・セフェール 9個€27
9 demi- spheres

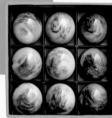

バリに7店舗

独創的なショコラアーティストの店

パトリック・ロジェ

Patrick Roger

MOFを取得したロジェ氏の芸術的なショコラが味わえる。代表作の球体のボンボン・ショコラは25の工程を踏む傑作。内装もアーティスティック。

オペラ〜ルーヴル▶MAP P.236 D-3

🏠 3 Pl. de la Madeleine, 8e Ⓜ 8・12・14号線 Madeleine マドレーヌ駅から徒歩2分 ☎ 01-42-65-24-47 🕐 11:00〜19:00 ㊡無休

アソーティモン4 €10
Assortiment 4

定番のショコラが4種類楽しめる詰め合わせ

アンスタン・ノワール・エ・レ €48
Instinct noir et lait

ローストアーモンドとナッツの風味豊かな、ダーク&ミルクショコラのプラリネ

パリを代表するパティスリー

#パリのパティスリー #パリのケーキ #パリの人気パティシエ

#pâtisseries #meilleures pâtisseries de paris #gateaux

カール・マルレッティ氏

カフェ・ド・ラ・ペのパティスリーを長年務めた後に独立し、同店をオープン

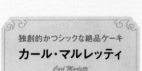

独創的かつシックな絶品ケーキ

カール・マルレッティ
Carl Marletti

ミルフォイユやレモンタルトが人気の有名店。ショーケースには、宝石のように美しい色とりどりのケーキが30種類ほど並ぶ。

カルチェ・ラタン ▶MAP P.235 H-1

🏠 51 Rue Censier, 5e Ⓜ 7号線 Censier Daubenton サンシエ・ドーバントン駅から徒歩1分 ☎ 01-43-31-68-12 🕐 10:00 ～ 19:00（日曜～ 13:30）⊗月曜、8月の2～3週間

モンブラン €8.50
マスカルポーネとマロンの組み合わせ（10～4月のみ）

リリィ・ヴァレイ €7.90
花屋の奥さんのために作ったスミレクリームのケーキ

エキノクス €7
バニラクリームが軽やかな同店定番パティスリー

ノワゼット €7
チョコに包まれたアーモンドクッキーがアクセント

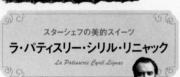

ラ・パティスリー・シリル・リニャック
La Pâtisserie Cyril Lignac

星付きの名ビストロ「ル・シャルドゥヌー」のシェフがプロデュース。鮮烈な色彩と形、こだわりの製法で作るケーキやパンが大人気。

シリル・リニャック氏
テレビや雑誌でひっぱりだこの人気シェフ。自身が経営するビストロの前に同店をオープンした。

バスティーユ ▶MAP P.234 C-5

🏠 24 Rue Paul Bert, 11e Ⓜ 9号線 Charonne シャロンヌ駅から徒歩4分 ☎ 01-43-72-74-88 🕐 7:00 ～ 20:00 ⊗無休

気鋭のパティシエが作る菓子店

セバスチャン・ゴダール
Sébastien Gaudard

セバスチャン・ゴダール氏
フォションのシェフ・パティシエ、ル・ボン・マルシェ内のデリカバーを経て開業。

ミュシボンタン €6.10
アーモンドパウダーやバニラクリームが入った素朴なお菓子

有名店で活躍してきたセバスチャン・ゴダール氏のパティスリー。パリ・ブレストなどのフランス伝統菓子を併設のサロン・ド・テでいただける。

オペラ～ルーヴル ▶MAP P.228 B-5

🏠 1 Rue des Pyramides, 1er Ⓜ 1号線 Tuileries チュイルリー駅から徒歩3分 ☎ 01-71-18-24-70 🕐 10:00 ～ 19:00（LO18:00）⊗無休

©DR.Sebastien Gaudard

ババ・オ・ラム €6.10
ラム酒をたっぷり染み込ませた昔ながらの定番の味

目にも舌にも美味しい珠玉のスイーツ
メゾン・フィリップ・コンティチーニ
Maison Philippe Conticini

星付きレストランや一流メゾンで経歴を積んだ天才パティシエが2018年に設立。独創性と懐かしい味わいが同居する鮮やかなスイーツを体験したい。

サン・ジェルマン・デ・プレ
▶MAP P.238 A-2

🏠 37 Rue de Varenne, 7e
Ⓜ 12号線 Rue du Bac リュ・デュ・バック駅から徒歩4分
☎ 01-43-20-04-99 ⏰ 10:00〜19:00（日曜〜14:00）🈶無休

パティシエ紹介
フィリップ・コンティチーニ氏
グラスに盛り付けるデザート「ヴェリーヌ」の発案者。同店はパリに4店舗ある。

パリ・ブレスト €8.50
シェフの代表作のひとつ。香ばしいプラリネをサンド

モンテ・クリスト €6.80
フランボワーズクリームやショコラムースが何層も重なり、リッチな味わい

トゥールーズ・ロートレック €6.80
カカオ風味のムースとビスキュイに、上質なチョコレートをコーティング

アントルメ・ショコラ €8.50
チョコレートのムースとビスキュイ、プラリネ入り

グラン・クリュ・ヴァニーユ €12.70
さまざまなテクスチャーのマダガスカル産バニラを凝縮

クラシックベースのモダンなケーキ
アルノー・ラエール
Arnaud Larher

陳列されたケーキやマカロンの色彩や形には、独自の世界観やオリジナリティが光る。2018年には東京に日本初店舗をオープン。

モンマルトル
▶MAP P.234 B-1

🏠 53 Rue Caulaincourt, 18e
Ⓜ 12号線 Lamarck Caulaincourt ラマルク・コランクール駅から徒歩5分
☎ 01-42-57-68-08
⏰ 10:00〜19:00 🈶日・月曜

パティシエ紹介
アルノー・ラエール氏
ピエール・エルメのもとで修行のち独立。2007年にMOFを受賞した。

サロン・ド・テで名物チュロスを
カーエル・パティスリー
KL Pâtisserie

ケヴィン・ラコット氏が2016年にオープン。広々としたサロン・ド・テでは、店内のみで味わえるチュロスのほか、クリームやムース使いが絶妙なスイーツを楽しめる。

市街北部 ▶MAP P.224 D-2

🏠 78 Av. de Villiers, 17e
Ⓜ 3号線 Wagram ワグラム駅から徒歩1分
☎ 01-45-71-64-84
⏰ 10:00〜19:00（日曜〜13:00）
🈶月曜、8月中旬に1週間

パティシエ紹介
ケヴィン・ラコット氏
かつて高級レストラン「ル・サンク」（▶P.106）などでパティシエを務めた。

ミルフォイユ €7.50
きめ細かなパイ生地となめらかなクリームの逸品

カラ・ダミア €7.20
ミルクキャラメルムースが絶品のスイーツ

カーエル・チュロス €8.50
名物チュロスはオレンジジャムやチョコレートソースをつけて

手軽でおいしい！クレープとお惣菜

#パリのクレープリー #美味しいガレット #パリのお惣菜
#meilleures crêperie de paris # les plats traiteur

🍴 ガレット＆
クレープ
Galette et crêpe

おすすめ

テディ・ブレッツ
€14.90

Teddy breizh

テディ型のチョコが2匹のったキャラメルソースの甘いクレープ

おばあちゃんのクレープを再現

リトル・ブレッツ

Little Breizh

ブルターニュ出身のゴアスドゥエ姉弟が、幼い頃に食べたおばあちゃんの味を提供。食材はブルターニュから仕入れ、使用するそば粉はオーガニックのもの。

サン・ジェルマン・デ・プレ
▶**MAP** P.239 H-3

🏠 11 Rue Grégoire de Tours, 6e
Ⓜ 4・10号線 Odéon オデオン駅から徒歩3分 ☎ 01-43-54-60-74 🕐12:00
〜14:30（土曜11:45〜）、19:00〜22:30
㊡日・月曜、1月中旬に1週間、8月に3週間

おすすめ

ペイザンヌ€13.50

Paysanne

カリカリに焼いたベーコンと卵、たまねぎがたっぷり入っている

日本でも有名な人気店

ブレッツ・カフェ

Breizh Café

良質な粉やボルディエバターを使用したガレットは、生地だけ食べてもおいしさを実感できる。情報誌『フィガロ・スコープ』でパリ一番のクレープリーに選ばれたこともある。

北マレ ▶**MAP** P.233 G-1

🏠 109 Rue Vieille du Temple, 3e
Ⓜ 8号線 Saint-Sébastien-Froissart サン・セバスチャン・フロワッサール駅から徒歩5分 ☎ 01-42-72-13-77
🕐 9：00〜23：00 ㊡無休

おすすめ

プロヴァンサル
€15.80

Provençale

たまねぎのコンフィやアンチョビ入りのプロヴァンス風ガレット

ベテランのママンが焼く美味しいガレット

クレープリー・ジョスラン

Crêperie Josselin

クレープ作り一筋のローランさんファミリーが、伝統の味を守りながら毎日焼き上げる。

モンパルナス ▶**MAP** P.235 E-1

🏠 67 Rue du Montparnasse, 14e Ⓜ 6号線 Edgar
Quinet エドガー・キネ駅から徒歩3分 ☎ 01-43-20-93-50
🕐 11：30〜23：00 ㊡月曜、8月の2週間

お惣菜
Les plats traiteur

地元で愛され続ける店

メゾン・ミュロ

Maison Mulot

パティシエのジェラール・ミュロ氏の店は惣菜の質の高さで有名。2016年に同氏の定年退職後はファビアン・ルイヤール氏がそのレシピを受け継ぐ。

サン・ジェルマン・デ・プレ

▶MAP P.239 G-4

🏠 76 Rue de Seine, 6e
Ⓜ 10 号線 Mabillon マビヨン駅から徒歩 2 分 ☎ 01-43-26-85-77 🕐 8:00 ～ 20:00
🈑無休

おすすめ
サーモンのパイ包み
1人前€13
Coulibiac de saumon
サーモンやホウレンソウ、お米などが入っていてボリュームたっぷり

1730年創業以来の人気店

ストレール

Stohrer

ルイ15世の元へポーランドから嫁いだ王妃お抱え菓子職人ストレールの店。「ババ・オ・ラム誕生の店」はお惣菜も評判。

©Alexandre Guirkinger

オペラ～ルーヴル

▶MAP P.229 E-4

🏠 51 Rue Montorgueil, 2e
Ⓜ 4 号線 Étienne Marcel エティエンヌ・マルセル駅から徒歩 3 分 ☎ 01-42-33-38-20
🕐 8:00 ～ 20:30 🈑無休

おすすめ
トゥルト・ソーモン・エピナール €7.50
Tourte Saumon Épinard
サーモンとホウレンソウのタルト（トゥルト）。タルトは3～4種類ある

おすすめ
ロール・フイユテ・ド・レギューム
€9.50
Roll légumes épices douces
マイルドなスパイスで味付けたベジタリアン向けサンドイッチ

見た目も美しい高級お惣菜店

ルノートル

Lenôtre

フランスの美食文化に影響を与えたガストン・ルノートル氏が1957年に創業。安定した味と華やかさで変わらぬ人気を誇る。

マレ ▶MAP P.233 H-2

🏠 10 Rue de St-Antoine, 4e Ⓜ 1・5・8 号線 Bastille バスティーユ駅から徒歩 3 分 ☎ 01-53-01-91-91 🕐 9:00 ～ 20:00
🈑無休

タイ風チキンサラダ€14

フロマージュブランのハーブ風味€12.50

知っておくと安心! ビストロの利用方法

初めて訪れる国での食事は言葉もわからず緊張するものだが、基本的な利用の流れやマナーをおさえておけば大丈夫。メニューの見方や仕組みも知っておこう。

1 入店する

- 人気のお店は予約を。WEBサイトから予約できる店も多い
- 入店時は必ずあいさつを。スタッフの対応も変わってくる
- 案内してもらって席につく。アペリティフ(食前酒)を聞かれるので必要なら注文、不要なら「ノン メルスィ」と答えてメニューをもらう

入店時のあいさつ
ボンジュール(こんにちは)
ボンソワール(こんばんは)

2 注文する

- 基本は前菜+メイン+デザートの3品だが、2品またはメインだけの注文もOK。ムニュ(セットメニュー)だと注文しやすい
- デザートはメインを食べたあとに頼んでもOK
- スタッフを大声で呼ぶのはマナー違反。基本は来るまで待つ。呼びたいときは目を合わせ、軽く手を上げるなどして合図を

声をかけるとき
エクスキュゼ モワ(すみません)

3 料理を楽しむ

- 水道水は無料で頼める。ミネラルウォーターは有料
- パンは無料で出され、おかわり自由
- メインは原則1人1皿で取り分けしないが、最近はシェアスタイルのお店も増えている

味を聞かれたら
セ ボン(おいしい)

4 会計をする

- スタッフに声をかけてレシートをもらい、テーブルで支払う
- チップを渡すかは自由。サービスに満足したら3〜10%を目安に渡す

会計を頼むとき
ラディシオン スィル ヴ プレ(会計をお願いします)

5 店を出る

- 支払いが終わったら、お店の人にあいさつをして店を出る

退店時のあいさつ
メルスィ(ありがとう)
オ ルヴォワール(さようなら)

メニューの見方

Menu

1 Entrée + 1 Plat ou 1 Plat + 1 Dessert €36
1 Entrée + 1 Plat + 1 Dessert €42

Entrées
Foie gras de canard €18
Terrine de saumon €8
Salade composée €8
Millefeuille de légumes €13

Plats
Tartare de saumon aux graines de sésame €15
Joue de bœuf au vin rouge €20
Lapin en trois façons €24
Steak à cheval €16
Confit de canard €16

Desserts
Plateau de fromage €10
Crème brûlée €7
Mousse au chocolat €7
Tiramisu €8

Plat(プラ)

メインの皿。肉料理(Viandes ヴィアンド)も魚料理(Poissons ポワソン)も一緒に書かれていることが多い。料理によっては追加料金が必要な場合もある

Dessert(デセール)

デザートメニュー。どれも量が多いのでお腹と相談して注文を。Fromage(フロマージュ)はチーズのこと。甘いものかチーズを選べる店も多い

メニュー表はフランス語でカルト(Carte)。ア・ラ・カルト(à la Carte)は単品メニューから選ぶことじゃ

Menu(ムニュ)

定食、コース料理のこと。左のメニューでは、前菜+メインまたは(ou)メイン+デザートで€36、前菜+メイン+デザートで€42。好きな組み合わせを選べる場合と固定の場合がある

Entrée(アントレ)

前菜。サラダやスープなどの軽いものだけでなく、テリーヌやフォアグラなどのボリュームのあるものも用意されている

何を買う？

SHOPPING

Paris

Shopping in Paris

ファッション、コスメ、雑貨、グルメ…
お気に入りの逸品を探しに行こう

souliers femme

mode homme

horlogerie et joaillerie

19世紀創業当時の美しいアール・
ヌーヴォー様式を蘇らせた老舗デ
パート、サマリテーヌ▶P.130

Enjoy shopping in a store
where you can feel the
Parisian lifestyle.

Shopping の旅テク 10

買う

お得に、効率よく
ショッピングを
楽しむためのテクを
チェックしよう!

#01

日曜定休や
バカンス休暇に注意

日曜は休業または営業時間が短くなる店が多い。デパートやショッピングモール（#06参照）であれば営業している。マルシェや蚤の市に行くのもおすすめ。また夏季のバカンスシーズンや、クリスマスシーズンに長期休暇をとる店も少なくない。出かける前に、店のHPやSNSなどをチェックしよう。

#02

レジ袋・レシートは廃止に

フランスでは環境に配慮し、2016年よりレジ袋が廃止されているが、2023年からは紙のレシートも原則廃止となった。袋は店により有料で買うこともできるが、エコバッグなどを用意したほうがよい。レシートは希望すればもらえるので「Ticket de caisse s'il vous plait（チケ ド ケス スィル ヴ プレ）」と伝えよう。

#03

年2回のバーゲンは
超お得になる!

「Solde ソルド」と呼ばれるパリのバーゲンは日程が決められており、街中が一斉にバーゲンに突入する。細かな日付は年ごとに異なるが、主に1月上旬～と、6月最終週～の年2回、各4週間行われる。ほとんどの店が30～50％オフ、70％オフまで下がることも少なくない。

#04

コンビニがわりの
便利なミニスーパー

パリには日本のようなコンビニエンスストアはないが、スーパーチェーンの小型店がたくさんある。食料・生活用品などがひと通り揃ううえ、軽食やお惣菜もあって便利に使える。

代表的なミニスーパー

モノップ　　　　　カルフール・シティ

#05

ヨーロッパサイズを確認

ヨーロッパのサイズは日本のものと表記が異なるので、下記のサイズ表を参考に。サイズは目安なので、なるべく試着をして購入したい。

サイズ比較表

女性服	日本	7	9	11	13	15	17
	フランス	36	38	40	42	44	46
男性服	日本	S		M		L	
	フランス	38	40	42	44	46	48
女性靴	日本	22	22.5	23	23.5	24	24.5
	フランス	34	35	36	37	38	39
男性靴	日本	25	25.5	26	26.5	27	27.5
	フランス	40	41	42	43	44	45

#06

ショッピングモールを
活用しよう

買いたいものがたくさんあるときや、日曜日のショッピングにはモールがおすすめ。人気のファッションブランドから食材店、スーパーなども入っている。

サン・ラザール・パリ
Centre commercial
St-Lazare Paris
MAP P.228 A-2
ターミナル駅であるサン・ラザール駅構内。雨の日でも便利。

フォーラム・デ・アル
Forum des Halles
MAP P.229 E-5
レ・アル地区の大規模なモール。モノプリも入る。

カルーゼル・デュ・ルーヴル
Carrousel du Louvre
MAP P.228 B-5
ルーヴル美術館直結。規模は小さいが人気のショップが入り、フードコートもある。

#07

ショッピングに
おすすめのエリア

パリの街はエリアや通りごとに特色があるので、目的にあわせて出かけ、散策してみるのもおすすめ。トレンド発信地といわれ、旬なお店が集まるのは北マレ▶P.172、一流ブランド店が多く並ぶのはオペラ〜ルーヴル界隈のフォブール・サントノレ通りとサントノレ通り（**MAP** P.237 E-4周辺）、シャンゼリゼ大通りから伸びるモンテーニュ大通り（**MAP** P.240 C-4周辺）や、サン・ジェルマン大通り（**MAP** P.238 C-1周辺）など。インテリア雑貨店はサン・ジェルマン・デ・プレ▶P.166やマレ地区▶P.170に多い。

マレ地区のフラン・ブルジョワ通り（MAP P.233 F-1）も人気のショッピングストリート

#08

€100を超えたら**免税手続き**を

TAX Free の表示のある店で€100.01以上の買い物をした場合、付加価値税（TVA）の払い戻しが受けられる。空港で手続きをするが、購入店舗で書類をもらう必要があるので、忘れずにお店の人に頼みたい。手続きの詳細は▶P.199

#09

ショッピングのマナー

あいさつは必ず

店に入り店員と目があったら「ボンジュール（こんにちは）」とあいさつするのが礼儀。あいさつの有無で店員の対応も違ってくる。店を出るときは「メルスィ（ありがとう）」や「オ ルヴォワール（さようなら）」と声がけを。

商品の扱いに注意

高級ブティックでは勝手に商品に触るのは避けたい。「Je peux regarder? ジュ プー フォギャルデ（見てもいいですか）」などと一声かけて見せてもらおう。お店の人から「なにか手伝いましょうか？」(Je peux vous renseigner ? ジュ プ ヴ オンセニエ) などと声をかけられることも多いが、必要なければ「ノン、メルシー」と答えればよい。

#10

チーズやバターを
おみやげにするなら

チーズやバターをおみやげにしたければ、保冷剤や保冷バッグなどを事前に用意しておきたい。チーズ専門店やデパートの食品売り場では真空パックにしてくれるところもある。帰りの飛行機では温かい機内には持ち込まず、預け入れ荷物にすること。

フランスのボーダーとベレー帽の話

フランス人＝ボーダーとベレー帽のイメージがあるのはなぜ？

フランスのイメージといえば、食はバゲットと赤ワイン。そしてファッションならボーダーシャツとベレー帽。なぜこのファッションアイテムのイメージが定着したのか、歴史を通じて紐解いてみよう。

#ボーダーシャツとモードの歴史

> ボーダーシャツが
> おしゃれアイテムに

フランスでは「マリニエール」と呼ばれるボーダーシャツ。その起源はブルターニュで漁師が着用したニットで、1858年にフランス海軍の公式ユニフォームとなった。白と紺の21本のストライプは、ナポレオン・ボナパルトのさまざまな勝利を象徴。ボーダーを着ることで国家への忠誠心を表明し、また、船員が海に落ちても容易に発見できる利点があるとか。1916年、ココ・シャネルが「マリニエール」と名付けたセーラーカラーのコレクションを発表し、水平の制服はおしゃれなアイテムと考えられ、一般人にも広まった。コート・ダジュールの別荘で、愛犬とともにボーダーシャツとワイドパンツの姿で微笑む彼女の写真が残っている。

#ベレー帽はアーティストのアイコン？

> 防寒アイテム
> としても優秀

Pablo Picasso

Emily in Paris

ベレー帽はフランスとスペインの国境にあるバスク地方の民族衣装。この地方を訪れたナポレオン3世が「ベレー・バスク」と呼んだことから、ヨーロッパをはじめ世界中に広まったと伝わる。ロダンやピカソのような著名な芸術家も愛用し、画家のアイコンのように認識されるが、1930年代、ベレー帽はグレタ・ガルボ、エディット・ピアフなどの女優や歌手がアクセサリーとしてかぶり、前出のココ・シャネルのファッションショーにも登場。近年ではNetflixの人気ドラマ『エミリー、パリへ行く』で主役のエミリーを演じるリリー・コリンズが着用したベレー帽が話題になった。フランス人のライフスタイルを象徴する、シックなファッション小物のベレー帽。パリを訪れたらぜひ手に入れたい。

ボーダーファッションならココ

左からオーシヴァル社のボーダー男女兼用€78、「ラシェル」白×黒はメンズ€99、レディス€96

創業130年以上の老舗メゾン

セント・ジェームス

Saint James

フランス北部、ノルマンディー地方で1889年に創業。ボーダーの代表格といわれるメゾンで、さまざまな色と素材のアイテムを展開している。海軍とのコラボラインも販売中。

マドレーヌ寺院の北側に位置する

オペラ〜ルーヴル ▶**MAP** P.237 E-2

🏠5 Rue Tronchet, 8e ⓂⓂ8・12・14号線Madeleineマドレーヌ駅から徒歩1分 ☎01-42-66-19-40
🕙10:00〜19:00 🚫日曜

左からトリコロールカラーの「ナヴァル・レイルージュ」€125、定番「メリディアン」€79

パリのワークウェア専門店

ア・ロ・ミルヌフソンサンク

A L'O-1905

1905年にパリで創業した同店がマレ地区に再オープン。取り扱いブランドの1つにフランス海軍にボーダーシャツを提供してきたリヨンの「オーシヴァル」がある。

北マレ ▶**MAP** P.229 G-5

🏠92 Rue de Turenne, 3e ⓂⓂ8号線Saint-Sébastien Froissartサン・セバスチャン・フロワッサール駅から徒歩4分 ☎01-83-64-06-62 🕙11:30〜19:30 🚫日・月曜(日曜は不定休)

ほかには主に、ダントン、ル・グラジック、ヴェトラなどの商品を扱う

ボーダーシャツの代名詞

アニエス・ベー

Agnès b.

フレンチカジュアルの筆頭である同店のボーダーシャツは、日本では1990年代に大流行。以降も時代を超えて世界中で愛され続けている。着心地がよく上品なデザインが人気の理由。

オペラ〜ルーヴル ▶**MAP** P.228 D-5

🏠6 Rue du Jour, 1er ⓂⓂ4号線Les Hallesレ・アル駅から徒歩2分 ☎01-45-08-56-56
🕙10:30〜19:30(土曜〜20:00) 🚫日曜

シルエットがきれいな定番のボーダーシャツ長袖€85、半袖€80(どちらもレディス)

ベレー帽ならココ

メゾンのアイコン的存在のベレー帽€79

アニマル柄を独自の編み方で実現€129

新旧の紋章のワッペンをアレンジ€159

伝統と流行デザインを提案

ロレール

Laulhère

1840年、仏南西部に創業したベレー帽専門店。伝統的な製法で作るタイムレスなベレー帽のほか、さまざまな素材、デザインのものも販売する。

オペラ〜ルーヴル ▶**MAP** P.236 C-3

🏠14-16 Rue du Faubourg Saint Honoré(Courtyard), 8e ⓂⓂ8・12・14号線Madeleineマドレーヌ駅から徒歩4分 ☎01-42-65-90-59 🕙11:00〜19:00 🚫日曜

127

調査 パリLOVERSおすすめの本当に喜ばれたおみやげは?

鉄板みやげを聞いてみたよ

Shopping List

A Petit LUゲランドの塩入りビスケット €1.85

お菓子の定番LU社のビスケット。通常パッケージは黄色ですが、限定版の青はゲランドの塩入りで甘じょっぱい味がヤミツキになると評判!(タナカ)

B ロゼワインのハーフボトル €5.90

自称ロゼワイン大使のおすすめはグルナッシュ、シラー、サンソーの品種による口当たりのよいロゼ。多くのスーパーで購入可能。(横島)

C アブリルのリップバーム(左) €4 フェイスマスク €5

広告を排したりパッケージをシンプルにすることで、低価格を実現しているフランス発ビオコスメ。スキンケア系もメーク系アイテムも品数充実で、おみやげにgood!(タナカ)

B 夏トリュフのカルパッチョの瓶詰め €8.90

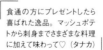

食通の方にプレゼントしたら喜ばれた逸品。マッシュポテトから刺身までさまざまな料理に加えて味わって♡(タナカ)

D ノルマンディーの農家産のビオバター €5.70

コクがあっておいしいと好評。季節の牛の餌によって色や味わいが変わるとか。写真の赤いラベルは有塩(Demisel)、青は無塩(Doux)。(横島)

A
ユー・エクスプレス
U Express

オペラ〜ルーヴル
▶MAP P.229 E-4
🏠67 Rue Montorgueil, 2e
Ⓜ M3号線Sentierサンティエ駅から徒歩1分 ☎01-42-36-52-59 🕐8:00〜22:00(日曜〜20:00) 🈺月曜

B
モノプリ(レビュブリック店)
Monoprix Republique

レビュブリック
▶MAP P.229 G-4
🏠164 Rue du Temple, 3e
Ⓜ M3・5・8・9・11号線Républiqueレビュブリック駅から徒歩3分 ☎01-48-87-46-60 🕐8:00〜23:00(日曜9:00〜19:30) 🈺無休

C
ブティック・アヴリル
Boutique Avril

マレ
▶MAP P.233 G-2
🏠56 Rue Saint Antoine, 4e Ⓜ M1号線Saint-Paulサン・ポール駅から徒歩2分 ☎09-83-87-93-87 🕐10:00〜20:00(日曜、祝日11:00〜19:00) 🈺無休

D
ド・ラ・カンパーニュ・ア・ムフタール
De la Campagne à Mouffetard

カルチェ・ラタン
▶MAP P.235 H-1
🏠117 Rue Mouffetard, 5e
Ⓜ M7号線Censier Daubentonサンシエ・ドーバントン駅から徒歩2分 ☎01-43-48-37-35 🕐8:00〜20:00(日曜〜14:00) 🈺月曜

PARIS LOVERS

横島朋子さん
パリ在住のライター・コーディネーター。ファッション雑誌やTVロケなどで活動。カフェをこよなく愛し、年中ロゼワイン愛飲家。
@ @tomokoyokoshima

木戸美由紀さん
パリ在住ライター。マガジンハウスの月刊誌『アンド プレミアム』にパリガイド「パリところどころ案内」を連載中。
@ @kidoppifr

タナカアツコさん
パリ在住歴20年のライター・コーディネーター。近年は食関係のPR業務にも従事しつつ、小学生の娘と楽しめるパリ情報の収集に余念がない。

宮方由佳さん
フランス国家公認ガイド兼フリーライターとして、フランス関連の書籍に多く携わる。すでに人生の約半分を過ごしたパリに骨をうずめる覚悟。

今澤澪花さん
世界30カ国以上を旅し、唯一度は住みたいと感じたパリに移住を決意。2023年に日本の会社を休職してパリ滞在中。
@ @chelshinji03

F ユーゴ・エ・ヴィクトールの手帖型の箱入りショコラ €10(6個入り)

焼菓子やケーキも評判ですが、お土産に選ぶならボンボンショコラ。手帖モチーフのオシャレなボックス入りは男女問わず喜ばれます。(宮方)

G ビオのブイヨン €1.99

ヤシ油と酵母エキスが含まれていない、グルテンフリーでもあるビオの野菜ブイヨン。お手軽&お手頃価格でおいしいので、料理好きな友人へのおみやげに最適。(横島)

E ジャド・ジュナンのショコラ €36(45個入り)

名ショコラティエ、ジャック・ジュナンの娘が父の店から独立。三角錐のショコラは天然素材を使用し、美しく美味!(木戸)

H エッフェル塔ムッシュのマグネット €4.90(1個)

ちょっとボロいおみやげ屋(失礼)で一目惚れしたマグネット。すでにたくさんの日本の友人におみやげで渡しました。他でも購入可能。(今澤)

© Thomas Duval

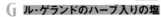

G ル・ゲランドのハーブ入りの塩 €3.30

ローズマリーやタイム、エストラゴンなど6種類のビオのハーブが配合されたゲランドの塩。肉や魚のグリル、パスタサラダにと使い勝手がよいので、グルメな人へのおみやげに。(横島)

E
ジャド・ジュナン
Jade Genin
`オペラ〜ルーヴル`
▶MAP P.228 B-4
🏠33 Av. de l'Opéra, 2e
Ⓜ7・14号線Pyramidesピラミッド駅から徒歩3分 ☎09-87-07-17-79 🕚11:00〜19:00(土曜〜19:30、日曜11:30〜18:30) 休月曜

F
ユーゴ・エ・ヴィクトール
Hugo & Victor
`サン・ジェルマン・デ・プレ`
▶MAP P.238 B-3
🏠40 Bd. Raspail, 7e
Ⓜ10・12号線Sèvres Babyloneセーヴル・バビロヌ駅から徒歩5分 ☎01-44-39-97-73 🕚10:00〜19:00(金曜〜20:00、土曜9:30〜20:00) 休無休

G
ビオコープ・ラ・ルシュ・ド・ムフタール
Biocoop La Ruche de Mouffetard
`カルチェ・ラタン`
▶MAP P.235 H-1
🏠6 Rue Claude Bernard, 5e
Ⓜ7号線Censier Daubentonサンシエ・ドーバント駅から徒歩4分 ☎09-50-80-94-63 🕚10:00〜20:00(月曜16:00〜、日曜〜13:00) 休無休

H
ラ・ヴット・ド・パリ
La Voûte de Paris
`サン・ジェルマン・デ・プレ`
▶MAP P.239 G-2
🏠13 Rue de Buci, 6e
Ⓜ4・10号線Odéonオデオン駅から徒歩4分 🕚10:00〜23:00 休無休

Check out the four most popular department stores

人気の4大デパートをCHECK!

#パリのデパート #パリでショッピング #サマリテーヌ
#オペラ座周辺のデパート #デパートグルメ #grand magasin #gourmant

サマリテーヌ・パリ・ポン・ヌフ
Samaritaine Paris Pont-Neuf

© Jared_Chulski

Must see

創業当時のアール・ヌーヴォー様式を見事に蘇らせた館内。装飾の美しさに注目したい。

サマリテーヌ STORY

エルネスト・コニャック氏が1870年に創業。老朽化のため2005年に閉鎖、日本人建築家ユニットSANAAが担当し全面改修。高級ホテルにオフィス、公共住宅も擁する総合施設となった。

16年に及ぶ改装工事を経て2021年リニューアルオープン。アール・ヌーヴォー建築とモダンさの2つの顔を持つ話題のスポットに。

オペラ～ルーヴル
▶MAP P.232 D-1
🏠9 Rue de la Monnaie, 1er
Ⓜ M7号線 Pont Neuf ポン・ヌフ駅から徒歩1分　☎01-88-88-60-00
🕐10:00～20:00　🈺一部祝日

ポン・ヌフ館地上階のコンセプトショップの一画も美しい装飾に彩られる

Genic!

クジャクや植物を描いた最上階のフレスコ画も創業当時の色合いそのままに復刻

ポン・ヌフ館

地下1階からフランス式5階までの全7フロアにラグジュアリーブランドが揃う

ポン・ヌフ館

リヴォリ館

波打つファサードは日本人建築家ユニットSANAAが設計。ストリート系アイテムを扱う

リヴォリ館

天蓋（ガラスの天井）

	レストラン／バー		5			
	婦人靴		4	office housing creche	office	
	紳士服		3			
	時計／ジュエリー		2			
	婦人服		1	婦人服	ストリート／アウトドア	
雑貨	ラグジュアリー／アクセサリー		0	ラグジュアリー／アクセサリー	デザイナーズ	0
	ビューティー／サービス		-1	ビューティー／サービス	ビューティー／スパ	-1

130

Shopping

オリジナル商品や限定品をゲットして。

ポン・ヌフ館 Pont-Nuef

地下1階
ビューティフロア
総面積3400㎡という欧州最大級のコスメ売り場では約200のブランドコスメが揃う。

オリジナルのロゴ入りトートバッグ€25

独占取り扱いコスメORVEDAのローション€170

ORMAIEオー・ド・パルファム「タブロー・パリジャン」€290

オリジナルキャンドル€39はケルゾン（▶P.143）

シャンパン＆フランボワーズのジャム€6.90

サマリテーヌオリジナル石鹸は4個入り€49

地上階（0階）
雑貨フロア
「ブティック・ド・ルル」には旬の雑貨が集結。独立したコンセプトショップのような楽しさが。

／ ピエール・エルメも ＼

2023年から地下1階にピエール・エルメが登場。新作マカロンをチェック

リヴォリ館 Rivoli

地上階（0階） **1階**
ファッションフロア
若者向けのストリートファッションが集まる写真撮影用のセットもある

地下1階
コスメフロア
自然派のトレンドコスメが揃う。ポン・ヌフ館地下とつながっている

このほか期間限定のポップアップ店もあり。

Restaurant

ひと息つくなら

ジンク・バー・ブリュルリー・デ・ゴブラン
Zinc par brûlerie des Gobelins
リヴォリ館地上階の自家焙煎コーヒー店。オリジナルブレンドもあり

©Massimo Pessina

／ こだわりの美食を味わおう ＼

エルネスト
Ernest
エリック・カイザー氏（▶P.110）によるデリカフェ。リヴォリ館地上階にある。

ヴォワイヤージュ Voyage,
ポン・ヌフ館最上階に展開するレストラン＆バー。美しい装飾を眺めながら食事ができる。

クロダラと根菜€25（上）、エキゾチック・チーズケーキ€15

🖊 **旅メモ** 免税手続きコーナーはポン・ヌフ館地下1階。館内の飲食店はよく入れ替わるので公式サイトで確認を。

SHOPPING

デパート

ファッション

雑貨

コスメ

スーパー

グルメみやげ

人気の4大デパートをCHECK!

ギャラリー・ラファイエット・パリ・オスマン
Galeries Lafayette Paris Haussmann

©MyrMuratet

Must see

ガラスのクーポール（丸天井）、アール・デコの内装、芸術的なショーウインドーは必見。

素晴らしい眺めを楽しめる、春夏のみオープンするルーフトップのレストラン「クレアチュール」

本館 **屋上テラス**

＼フォトスポット／

「PARIS JE T'AIME」のオブジェはインスタ映えスポットとして人気

Restaurant

グルメ館の2階には期待の若手シェフが腕を振るうレストランが揃う。

ラベル・ブロッシュ
Label Broche

2020年 TV 番組「トップシェフ」で優勝したガリエンヌ氏のローストチキンの店。

香ばしいローストチキンのグリル野菜添え €19

ギャラリー・ラファイエット・パリ・オスマンSTORY

1893年に小さな商店からスタート。現在のクーポールを含む建物は1912年に完成した。アール・ヌーヴォー様式の階段や手すりなど、館内では美しい装飾を見ることができる。

3500以上のブランドが集まる大型デパート。本館、紳士館、グルメ館で構成される。有名ブランドからコスメ、インテリア、グルメまで何でも揃い、多くの観光客でにぎわう。

内観見学に買い物に食事にと訪れるだけで楽しい

©Thibaut Voisin

オペラ～ルーヴル ▶MAP P.228 B-2

🏠40 Bd. Haussmann, 9e ⓂⓂ7・9号線 Chaussée d'Antin-La Fayette ショセ・ダンタン・ラ・ファイエット駅から徒歩1分 ☎01-42-82-34-56 ⏰10:00～20:30（日曜11:00～20:00）休一部祝日

[グルメ館]
🏠35 Bd. Haussmann, 9e ☎01-40-23-52-67
⏰9:00～21:30（日曜11:00～20:00）休一部祝日

グルメ館

3	キッチン用品テーブルアート
2	寝具／バス用品ランプ／キャンドル
1	ワイン／レストラン
0	グルメ
-1	グルメ

紳士館

3	スーツ／ブランド
2	カジュアル／アーバンウエア
1	アンダーウエア／靴
0	紳士小物

本館

	クーポール
7	屋上テラス
6	おみやげ／文具／書籍旅行観光／カフェテリア
5	子供服／靴／おもちゃ
4	婦人靴
3	婦人服（古着／アクセサリーなど）
2	婦人服（コンテンポラリー＆ランジェリー＆水着）
1	婦人服（リュクス＆クリエーター）
0	コスメ／革製品／時計／宝飾
-1	スポーツ／スパ／ビューティストア

SHOPPING

デパート

ファッション

雑貨

コスメ

スーパー

グルメみやげ

Shopping

本館はファッション・雑貨・コスメ、グルメ館は充実のグルメフロアに注目。

本館 Magasin Principal

1~3階 ファッションフロア

カジュアルから高級ブランドまで勢揃い。圧巻の品揃え

オリジナルブランド「Jodhpur（ジョードピュール）」のプリーツスカート€80

同ブランドのジャケット€70

4階 靴フロア

世界最大級の靴売り場には幅広いブランドを展開

オリジナルブランドのブーツ€159

地上階（0階） コスメフロア

有名ブランドのほか、旬のコスメブランドが集まる

クリスチャン・ルブタンのファンデ€59

6階 おみやげフロア

広々としたスペース。美術館グッズもある

星の王子様のスノーボール€18.95

エッフェル塔付きキーホルダー各€5.50

パリの思い出に。ポストカード各€2

グルメ館 Galeries Lafayette Le Gourmet

3階 キッチン用品フロア

ル・クルーゼなどフランスや欧州の人気ブランドのキッチン用品が揃う

2階 キャンドルなど

アロマキャンドルやオイルもおみやげにおすすめ

スイーツ

3つ星シェフのショコラティエ「アレノ＆リヴォワール」

エピスリー

グルメ館の地下1階は食のおみやげの宝庫

（左）板チョコ€6.90、ブルターニュのゲランドの塩€9.50

地上階（0階） 地下1階 グルメフロア

「エクレアの天才」のアダン氏の店「レクレール・ド・ジェニー」

お惣菜

お惣菜や食材が豊富に揃う。パリで定評の高いお惣菜店「メゾン・ヴェロ」は地下1階に

人気の4大デパートをCHECK!

プランタン・オスマン
Printemps Haussmann

最先端モードを発信し続けるデパート。2022年にロゴとイメージカラーを一新。サスティナビリティを取り入れるなど進化し続けている。

オペラ〜ルーヴル ▶ MAP P.228 B-2

🏠 64 Bd. Haussmann, 9e Ⓜ 3・9号線 Havre Caumartin アーヴル・コーマルタン駅から徒歩1分
☎ 01-42-82-50-00 🕙 10:00〜20:00（日曜11:00〜） 🈺 一部祝日

©MANUEL BOUGOT

プランタン・オスマン STORY
1865年創業、現在の建物は1911年に完成した老舗デパート。ウィメンズ、メンズ&グルメ、ビューティ・ホーム・キッズの3館からなる。

Must see
クーポール、オスマニア様式の外観、ショーウィンドーなど見どころ多数。

↑上ると7階のテラスに出る

（左）ガラスの丸天井クーポール（上）アール・デコの大階段が改装されアクセス可能に

階	ビューティ・ホーム・キッズ	メンズ&プランタン・デュ・グー	ウィメンズ
9		屋上レストラン	クーポール
8		プランタン・デュ・グー（レストラン）	
7		プランタン・デュ・グー（エピスリー/カフェ）/書籍	ル・セッティエム・シエル（コンセプトフロア）
6		下着	ランジェリー/ドレス
5	子供服	紳士靴	婦人靴
4	寝具	紳士服（カジュアル）	婦人服（トレンド）
3	キッチン/雑貨	紳士服（コンテンポラリー）	婦人服（トレンド）
2	リビング	紳士服（シティ）	婦人服（クリエイター）
1	香水	紳士服（クリエイター）	ジュエリー/高級時計
0	ビューティ	アクセサリー	アクセサリー/おみやげ
-1	ビューティ・ブレイク	アクセサリー/ドレス/トイ	アクセサリー

Shopping

ウィメンズ
Printemps Femme

2〜4階は婦人服、5階の靴売場には自社セレクトアイテムも揃う。

2〜4階 ファッションフロア

2階にある自社セレクトのクリエイターブランド「ランドロワ」に注目

7階 コンセプトフロア

サスティナビリティがテーマのフロア。セカンドハンドの販売などを行う

地上階（0階）おみやげコーナー

3階にはトレンドなブランドや、自社ブランド「セゾン1865」が展開。ブルーストライプシャツ€265は南仏テイストの「ル・バシオ」

気の利いた雑貨が揃う「ル・ジョリィ・カドー」

香りもさまざまなアートキャンドル

Restaurant

メンズ&プランタン・デュ・グー
Printemps Homme-Printemps du Goût

7・8階には6つのレストランのほか、カフェやパティスリーもある。屋上にもカフェが（▶ P.105）。

ラ・レーヌ・メール
La Reine Mer

魚介専門のレストラン。パリを一望できるテラスも併設している

ラ・パティスリー
La Pâtisserie

ニーナ・メタイエのチェリータルト

パティスリーコーナーには、女性初の世界最優秀パティシエに選ばれたニーナ・メタイエ氏のケーキもある。イートイン可能

SHOPPING

デパート

ファッション

雑貨

コスメ

スーパー

グルメみやげ

ル・ボン・マルシェ・リヴ・ゴーシュ
Le Bon Marché Rive Gauche

セーヌ左岸を代表するデパートにふさわしく、エレガントな雰囲気と上品な商品セレクトでパリのマダムたちに指示されている。

サン・ジェルマン・デ・プレ

▶MAP P.238 A-4

🏠24-38 Rue de Sèvres, 7e ⓂⓂ10・12号線 Sèvres Babylone セーブル・バビロヌ駅から徒歩1分 ☎01-44-39-80-00 ⏰10:00〜19:45（日曜11:00〜）❽無休

［ラ・グランド・エピスリー］
🏠38 Rue de Sèvres, 7e ☎01-44-39-81-00 ⏰8:30〜21:00（日曜10:00〜20:00）❽一部祝日

Must see

著名建築家やインテリアデザイナーによる建物や内観デザインに注目。

外壁に植物の装飾が施された建物が食品館

アンドレ・プットマンによるシンメトリーなエレベーターは必見

ル・ボン・マルシェ・リヴ・ゴーシュ STORY

1852年創業の世界初の百貨店。本館とラ・グランド・エピスリー（食品館）からなる。

ラ・グランド・エピスリー	本館	
子供服・おもちゃ・本		3
寝具／ランプ	婦人服・靴／書籍・文具	2
レストラン／家具／キッチン・テーブルウェア	婦人服・小物／ランジェリー	1
エピスリー／イートイン	ビューティ／アクセサリー／時計	0
紳士服／ワイン	紳士服・靴	-1

Shopping

本館　Magasin Principal

世界中から高品質な商品を集め、オリジナル商品や限定商品も提供する。

2階 ファッションフロア

婦人服売場では、買い物だけでなくアーティスティックなディスプレイなども楽しめる

2階 書籍・インテリアフロア

書籍売場ではデザイン性の高いステーショナリーも販売している

ラ・グランド・エピスリー・ド・パリ・リヴ・ゴーシュ
La Grande Epicerie de Paris Rive Gauche

高級食品館には3万点もの商品があり、その多くが限定品や自社製品。

▶エピスリー

選び抜かれた調味料、食材、菓子類はご褒美やみやげにぴったり

自社製品のフレーバーティー€9.90

南仏伝統菓子カリソン€7.90も自社製品。値段も手頃

▶スイーツ

スイーツコーナー「ラ・パティスリー」のケーキはすべて手作り

お惣菜

チーズや肉屋などと並んで職人手作りのお惣菜が揃う一画も

Restaurant

ラ・ターブル La Table

食品館1階（日本式2階）にあるレストラン「ラ・ターブル」。気取らない雰囲気のなか、本格的なフランス料理が食べられる。

Go to the boutique of your dreams in Paris!

パリに来たら憧れのあの店へ!

(#憧れの店) (#メルシー) (#アスティエドヴィラット) (#レペット)
(#merci) (#astierdevillatte) (#Repette) (#lacerisesurlechapeau)

コンセプトストア

パリの人気No.1コンセプトストア

メルシー

Merci

高級子供服ボンポワンのオーナー夫婦が創業。アートな空間が注目され続ける、北マレを代表するショップ。売り上げの一部を恵まれない子供たちに寄付する活動も行っている。

北マレ ▶ MAP P.229 H-5
🏠 111 Bd. Beaumarchais, 3e ⓜⓂ 8号線 Saint-Sébastien Froissart サン・セバスチャン・フロワッサール駅から徒歩1分 ☎ 01-42-77-00-33 ⏰ 10:30〜20:00(日曜は11:00〜19:30) 🈚 無休

パリらしい最旬ファッションアイテム

センスあるセレクションが話題。オリジナルのトート€35も人気

書斎のような
カフェでひと休み

ディスプレイも注目の
インテリア雑貨

デザインや機能に優れたインテリア雑貨や、ラグジュアリーブランドとのコラボ商品などが揃う。アートなディスプレイにも注目

ショッピングの合間には、1階の知的なムードが漂う文学カフェへ。本棚に並ぶ古本も購入できる

╲ 帽子のオーダーメイドもおすすめ ╱

カラーをアレンジしてオリジナルの帽子を

ラ・スリーズ・シュル・ル・シャポー

La Cerise sur le Chapeau

帽子デザイナーのスリーズさんが手がけるシャポー(帽子)のアトリエ&ブティック。素材や形、色、リボンを選ぶと作ってもらえる。

サン・ジェルマン・デ・プレ ▶ MAP P.238 B-5
🏠 46 Rue Cherche Midi, 6e ⓜⓂ 12号線 Rennes レンヌ駅から徒歩4分 ☎ 07-87-33-52-02 ⏰ 11:00〜19:00 🈚 日・月曜

アトリエを併設する店舗は内装も素敵で、色選びが楽しくなりそう

セミオーダーのフェルトの帽子は€250。既製品の購入もできる

オプションでアクセサリーをつけることもできる

SHOPPING

デパート

ファッション

雑貨

コスメ

スーパー

グルメみやげ

陶器ブランド

パリ発の高級陶器ブランド

アスティエ・ド・ヴィラット

Astier de Villatte

市内の工房でひとつひとつ手作りされる白色の陶器は、黒土の土台に白い釉薬をかけることで生まれる絶妙なレトロ感が特徴。人気アーティストのコラボ商品など話題も絶えない。

オペラ〜ルーヴル

▶**MAP** P.228 B-5

🏠173 Rue St. Honoré, 1er Ⓜ 1・7号線 Palais-Royal Musée du Louvre パレ・ロワイヤル・ミュゼ・デュ・ルーヴル駅から徒歩3分 ☎01-42-60-74-13 🕙11:00〜19:00 ㊡日曜

インテリアとして飾っても映える

アンティーク調デザインの水差しは花瓶としても活躍 €230

トリコロールのコラボ品
大皿 €94
ソーサー €84
カップ €99

存在感のある食器がいつもの食卓を彩る

NYで活躍するアーティスト、ジョン・デリアンとコラボした皿 €106

エスプレッソカップ €66
光沢が美しい皿 €158

「シンデレラ」と名付けられた、かわいらしいデザインのティーポット €424

バレエシューズ

憧れのバレエ用品が揃う老舗

レペット

Repette

世界的にも有名なバレエダンサー、ローラン・プティの母親であるローズ・レペットが創業したバレエ用品店の本店。2階ではバレエシューズなどのカスタムオーダーができる。

オペラ〜ルーヴル

▶**MAP** P.237 H-2

🏠22 Rue de la Paix, 2e Ⓜ3・7・8号線 Opéra オペラ駅から徒歩1分 ☎01-44-71-83-12 🕙10:00〜19:00(日曜は11:00〜18:00) ㊡無休

本場のバレエシューズが揃う

カスタムオーダーもできる!

革の素材と色、靴紐とリボンをお好みで選べる。踵は3cm、足の甲がハイカットのものが人気。セレモニー向けに革に特殊加工をしたメタリックやサテンのものも選べる。紳士靴にも対応。

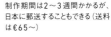
€340〜
制作期間は2〜3週間かかるが、日本に郵送することもできる（送料は€65〜）

世界で人気のバレリーナシューズ。店舗のディスプレイも素敵 €250〜

人気のフレンチカジュアルでパリジェンヌ気分

(#フレンチカジュアル) (#パリジェンヌ) (#ファッションブランド)
(#frenchstyle) (#parisfashion) (#parisienne) (#frenchgirl)

セザンヌ
Sézane
2013年にモルガン・セザロリーが設立。シンプルで高品質な商品が支持される。

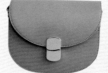

日常使いに活躍しそうなアイコン的なバッグは7色展開
€345

スモーキーかつウッディな癒しの香りのキャンドルは、日本未発売
€55

パリジェンヌの絶大な支持を集める

ラパルトマン・セザンヌ

L'Appartement Sézane

「パリのアパートにいるような感覚」を楽しめる服&雑貨を集めたコンセプトストア。

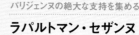

€125
定番ニット「ジレ・ベリー」。シーズンを問わず着用できるのが魅力

中央にソファが置かれた人気のシューズコーナー

オペラ〜ルーヴル ▶MAP P.228 D-3
🏠1 Rue Saint-Fiacre, 2e ⓂM3号線 Sentier サンティエ駅から徒歩4分 ☎なし ⏰11:00〜20:00（土曜は10:00〜）休日曜、8月に3週間

2019年から始めたコスメラインも好調

パリ発フェミニンスタイルに注目

ルージュ

Rouje

新世代のパリジェンヌ憧れの旬ブランド直営店。フェミニンなヴィンテージテイストのコレクションや、コスメアイテムが揃う。

オペラ〜ルーヴル ▶MAP P.228 D-4
🏠11 bis Rue Bachaumont, 2e ⓂM3号線 Sentier サンティエ駅から徒歩4分 ☎01-88-33-60-33 ⏰11:00〜19:30 休日曜

パフスリーブと丸襟がラブリーなブラウス
€145

薔薇のジャガードニットがロマンティックなカーディガン
€220

ルージュ
Rouje
元モデルでフォロワー156万人を誇るジャンヌ・ダマスが2016年、24歳で設立。

Roujeのアイコニックアイテム、小花柄の膝下丈ラップドレス
€195

2016年にオンラインでスタート、2019年パリ2区に初の路面店をオープン

SHOPPING

デパート

ファッション

雑貨

コスメ

スーパー

グルメみやげ

メゾン・キツネ
Maison Kitsuné

2002年ジルダ・ロアエックと黒木理也が創立したライフスタイルブランド。

人気の定番ロゴ入りスウェット
€150

€350
シックな色味のマルチボーダーニット

トリコロールのキツネ柄トートバッグ
€55

キツネの刺繍がかわいいポーチ
€100

パリ流ニュークラシックを提案

メゾン・キツネ

Maison Kitsuné

カフェや音楽レーベルも展開し、国外でも躍進するトータルブランド。北マレ店はメンズとレディース、小物などが揃う。

北マレ ▶MAP P.229 H-5
🏠18 Bd. des Filles du Calvaire, 3e
Ⓜ8号線Saint-Sébastien-Froissartサン・セバスチャン・フロワサール駅から徒歩1分 ☎01-58-30-12-37 🕐10:30〜19:30（日曜は11:00〜18:30）❽無休

お得な人気アイテムが見つかる

アーペーセー・シュルプリュス

A.P.C. Surplus

パリを代表するカジュアルブランドのアウトレット店。スペシャル価格の掘り出し物を見つけたい。

モンマルトル ▶MAP P.234 D-2
🏠20 Rue André del Sarte, 18e
Ⓜ4号線Chateau Rougeシャトー・ルージュ駅から徒歩5分 ☎01-42-62-10-88 🕐11:00〜19:30 ❽無休

花柄生地によるロゴがキュート。BIOのコットン100％のスウェット
€110

€85
ストレートながらわずかにフレアが利いたカットがきれいなスカート

アーペーセー
A.P.C.

1987年にジャン・トゥイトゥが設立。デニムやバッグなどロングセラー多数。

アイコン的バッグ、ドゥミ・リュンヌ（ハーフムーン）ミニサイズ
€160

女性らしいラインの柔らかいラム革のブーツは8cmヒール
€210

エルベ・シャプリエ
Hervé Chapelier

1976年設立。80年代に発表したカラフルな舟形トートが世界的人気に。

バイカラーのナイロンポーチは旅にも活躍
€65

PVCコーティングキャンバスのミニトート
€465

ポリエチレン製トートはショッピングバッグなどに
€79

人気の迷彩柄トラベルバッグXLサイズ
€241

メイド・イン・フランスのバッグ

エルベ・シャプリエ

Hervé Chapelier

美しい色使いとシンプルなデザインで、タイムレスな人気を誇る。サントノレ通りの直営店でお気に入りを見つけたい。

オペラ〜ルーヴル ▶MAP P.237 G-5
🏠229 Rue Saint-Honoré, 1er Ⓜ1号線Tuileriesチュイルリー駅から徒歩3分 ☎01-42-61-95-55 🕐10:15〜13:00、14:00〜19:00（土曜は〜19:30）❽日曜

旅メモ A.P.C.はヴィンテージ・ショップもある（**MAP P.229 F-4**）。他ブランドでもアウトレットの店が増えている。

Find your favorite French home decor & stationery items

お気に入りのフレンチ雑貨を探しに

#フレンチ雑貨　#フレンチデザイン　#パリみやげ
#vaisselle　#intérieur　#papeterie　#lepetitprince

キッチン＆インテリア

ガーリーな雰囲気や遊びじのあるデザインが見つかる。

パールを施したアセテート素材のシェル形のバレッタ　各€13

小さめの素敵な花瓶がたくさん揃うのもこの店の魅力　€8

職人の手による温かさにデザイン性がプラスされたマグ　€42

等身大パリ・ライフを感じて

レ・フルール

Les Fleurs

雑貨、家具、植物、ヴィンテージ品などが所狭しと並び、好きなものに囲まれる喜びにあふれた雑貨の宝庫。

イタリアの紙を使いフランスで作られたリサイクル紙のノート　大€10、小€7

バスティーユ
▶MAP P.234 B-5
🏠5 Rue Trousseau, 11e
Ⓜ8号線 Ledru Rollinルドリュ・ロラン駅から徒歩3分　📞なし
🕚11:00〜19:30　休日・月曜

アンティーク調のハート型ミラーはお気に入りの場所に飾りたい　€23

立体感のある花模様がヴィンテージ風で愛らしいボウル　€18.90

ペルシャ猫と柴犬をモチーフにしたミニ・ヘアクリップ　各€7

個性的なデザイン雑貨が集結

フリュックス

Fleux

センスあふれるデザイン雑貨からユニークな小物まで揃うコンセプトショップ。同じ通りの39、40、52番地に3店舗展開しているので要チェック。

天使の輪と翼をキャンドルに刺して飾り付けられるスタンド　€24

独特の色使いと取っ手のフォルムが印象的なマグカップ　€17.50

北欧の木材から作られたフランス語の単語入りトレイ　各€24.90

マレ▶MAP P.233 F-1
🏠39 Rue Sainte-Croix de la Bretonnerie, 4e　Ⓜ1・11号線 Hôtel de Villeオテル・ド・ヴィル駅から徒歩2分　📞01-53-00-93-30　🕚10:45〜20:15(金・日曜は〜20:30、土曜は10:15〜20:30)　休月曜

SHOPPING

デパート

ファッション

雑貨

コスメ

スーパー

グルメみやげ

ステーショナリー

高品質な紙製品や伝統的な文具など、パリらしい一品を。

\ Classique! /

上質な紙製品をおみやげに

レクリトワール

L'Ecritoire

1975年創業、2022年にパッサージュ・モリエールに移転オープン。フランスをはじめヨーロッパでつくられる文具はクラシカルで上質。

オペラ〜ルーヴル ▶**MAP** P.229 E-5

🏠26 Passage Molière, 3e Ⓜ11号線 Rambuteau ランビュトー駅から徒歩2分 ☎01-42-78-01-18 🕐11:00〜19:00(日曜、祝日は15:00〜18:00) 🈺無休

エッフェル塔の形に細かくレーザーカットされたブックマークは全5色 **各€3**

花々があしらわれたブロンズのペンスタンド付きインクボトル **€55**

押し花を繊細に使ったポストカードはA〜Zの26枚セット。ほかにもかわいらしい押し花のカードが揃う **€39**

コンパクトな錫のシーリングスタンプ。バラ模様が可憐 **€21**

高級感ある伝統的文具の数々

メロディ・グラフィック

Mélodies Graphiques

飾っておくだけでも絵になるアンティーク調のシックな文具が並ぶ。カリグラフィー用のペンやノートの品揃えはパリ屈指と評判。

マレ ▶**MAP** P.233 F-2

🏠10 Rue du Pont Louis Philippe, 4e Ⓜ7号線 Pont Marie ポン・マリー駅から徒歩5分 ☎01-42-74-57-68 🕐11:00〜19:00(月曜は15:00〜18:00) 🈺日曜

オーナーが店先でつくるオリジナルノートが看板商品 **€13〜21**

カリグラフィー用のペン先とインクのセット **€33**

豊富なデザインが揃うメタリックのブックマーカー **各€22**

／「星の王子さま」専門店も ＼

パリ唯一の公式ショップ

ル・プチ・プランス

Le Petit Prince

文具、食器、フィギュア、ぬいぐるみなど、さまざまな星の王子さまグッズが揃い、小説の世界に浸れる。

サン・ジェルマン・デ・プレ ▶**MAP** P.239 G-3

🏠8 Rue Grégoire de Tours, 6e Ⓜ4・10号線 Odéon オデオン駅から徒歩3分 ☎09-86-46-74-09 🕐11:00〜19:00 🈺日曜

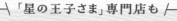

セットのギフトボックスもかわいいマグカップ **€12.90**

小説に登場するモチーフを集めたキーホルダー **€7**

星の王子さまの世界観にぴったりのスノードームも人気商品 **€22.90**

本場フランスのフレグランスにうっとり

#フレグランス #パフューム #香水 #香りの国フランス
#fragrance #perfume #eaudeparfum #eaudetoillet

オードトワレ

花々と果実が奥深く香る
いちばん人気の香水
「Belle de Nuit 夜の
美」
€48/200ml

オードパルファン

フローラルスイートな「ハートの王女様」という名の香水
€48

ポーチセット

オードトワレ、ポーチ、鏡
の3点セット。香りは3
種類をラインナップ
€28

ソープ

ローズ、ラベンダー、ミモ
ザなど6つの香りの卵型
の石鹸
€12

ソープ&ソープディッシュ

ハートの石鹸と手のひら
の受け皿。売上は難民
支援団体に寄付される
€25

ハンドソープ

オリーブ種子
のスクラブが、
やさしく手の
角質と汚れを
取り除いてく
れる
€60

オードトワレ

蔦をイメージし、ガル
バナムなどを調合した
オー・ド・リエール
€140/100ml

ルームスプレー

ファブリックなどに吹きかけ
ると葉の緑とローズの香り
が広がるルームスプレー
€58

キャンドル

フレッシュかつ
青みのあるカシ
スとローズが香
る。5種類のサ
イズがある
右€85/300g
左€38/70g

香水の街グラース発祥のお店

フラゴナール

Fragonard

パリに8店舗を展開。種類豊富なフレグランスはパッ
ケージも美しい。香りの雑貨やポーチ、衣類など
おみやげに最適な商品が数多く揃う。

オペラ～ルーヴル
▶MAP P.237 G-1
🏠5 Rue Boudreau, 9e Ⓜ
3・7・8号線Opéraオペラ駅から
徒歩3分 ☎01-40-06-10-10
🕐10:00～19:30 無休

セレブ御用達のアロマブランド

ディプティック

Dyptique

1961年創業、フレグランスとアロマキャンドルの老
舗店。クリエイターとのコラボアイテムやスキンケ
ア商品など、新商品も続々登場する。

北マレ ▶MAP P.233 G-2
🏠8 Rue des Francs Bourgeois,
3e Ⓜ1号線St-Paulサン・
ポール駅から徒歩4分
☎01-48-04-95-57
🕐10:00～19:30(日・月曜は
11:00～19:00) 無休

SHOPPING

デパート

ファッション

雑貨

コスメ

スーパー

グルメみやげ

洗濯洗剤

柔軟剤

ラベンダー香る洗濯洗剤とフレッシュな香りの柔軟剤（1L）。天然素材がふわりと香る
左€16.50　右€14.50

オードトワレ
睡蓮をイメージしたフルーティでフローラルな香りのオードトワレ
€37.90

プロヴァンスの優しい香り

デュランス

Durance

日常を豊かにするルームフレグランスが豊富に揃う、プロヴァンス発アロマブランド。製品に使うエッセンスや香料の多くは自社で有機栽培している。

オペラ～ルーヴル ▶**MAP** P.237 E-1
🏠24 Rue Vignon, 9e　🚇M8・12・14号線Madeleineマドレーヌ駅から徒歩5分　☎01-47-42-04-10　🕐10:30～14:30、15:00～19:00　休日曜

ピローミスト
やわらかなコットンフラワーの香りが心地よい眠りの環境を整えてくれる
€10.50

ルームフレグランス
白樺製のディフューザーからレモンのように爽やかなヴァーベナが香る
€25.90

オードトワレ
牧歌的な自然が香るフローラルムスキー「シャ・ペルシェ」
€92/100ml

ハンドクリーム
シアバターとホホバオイル配合「ローズ・ボンボン」のハンドクリーム
€35

オードパルファン
グタールが娘のために生み出したバラと洋ナシ香る「プチ・シェリー」
€190/100ml

キャンドル

ローズとゼラニウムが香る「ヴォージュ広場」。地区により香りが異なる
€39

ハンドスプレー
洋ナシとバニラの香りのアルコールスプレー。アロエベラ配合
€9.50

フレグランスミスト
ネロリとオレンジブロッサムが爽やかな「プチ・グラン」。肌にもリネンにも使える
€39

イマジネーション豊かな香り

グタール

Goutal

伝統的製法に基づいて作られるこだわりの香水は、自然のエッセンスを用いた上品な香りが特徴。「プチ・シェリー」がベストセラー。

サン・ジェルマン・デ・プレ
▶**MAP** P.239 E-4
🏠12 Pl. St-Sulpice, 6e
🚇M4号線St-Sulpiceサン・シュルピス駅から徒歩3分　☎01-46-33-03-15　🕐10:00～19:00　休日曜

フレグランス界に新風を吹き込んだ

ケルゾン

Kerzon

パリ在住の兄弟によって誕生した現代的なアロマブランド。パリの地区名を冠したキャンドルや香水、グラフィカルなパッケージで話題に。

北マレ ▶**MAP** P.233 H-1
🏠68 Rue de Turenne, 3e　🚇M8号線Saint-Sébastien Froissartサン・セバスチャン・フロワッサール駅から徒歩4分　☎01-57-40-83-45　🕐11:00～14:00、15:00～19:30（土曜11:00～19:30）　休日・月曜。8月に2週間

✒ 旅メモ　フラゴナールのオペラ店は香水博物館を併設しており、香水作りも体験できる。

Check out the daily cosmetics that Parisienne loves

パリジェンヌ御用達デイリーコスメをCHECK!

#デイリーコスメ #パリジェンヌ御用達 #プチプラコスメ
#citypharma #mademoisellebio #monopbeauty #biocosmetics

Skin & Body Care

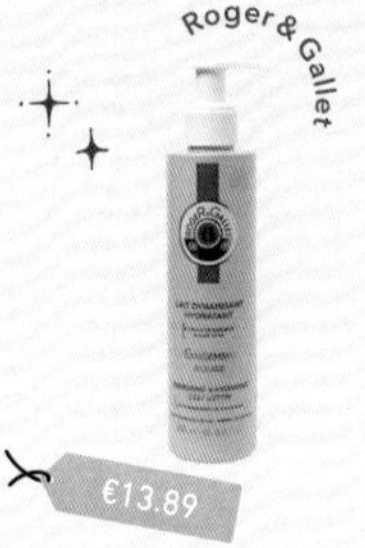
Roger&Gallet
€13.89

アロエヴェラとザクロオイルを配合した、香るボディローションⒶ

MADEMOISELLE BIO
€7.90

輝くような明るい肌に導くダマスクローズのフローラルウォーターⒷ

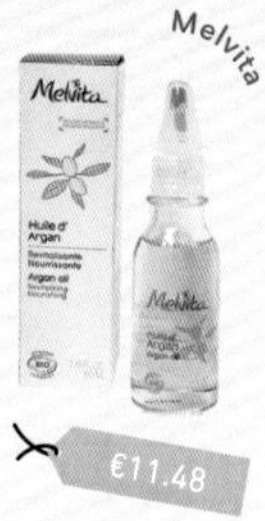
Melvita
€11.48

「生命の実」とも呼ばれる美容成分を豊富に配合したアルガンオイルⒶ

各€2.35
Cattier

ミネラル豊富なオーガニックのクレイマスク。写真はミニサイズⒷ

Skin & Body Care

Les Petits Prödiges
€14.90

栄養を与えて保護するバーム。顔やボディ、髪などマルチに使えるⒸ

€14.50
Karethic

ベナン産の新鮮な生シアバター。100%天然成分で肌を潤すⒷ

€46
Ho Karan

ヘンプオイルとCBD配合のとろけるテクスチャーのマルチバームⒷ

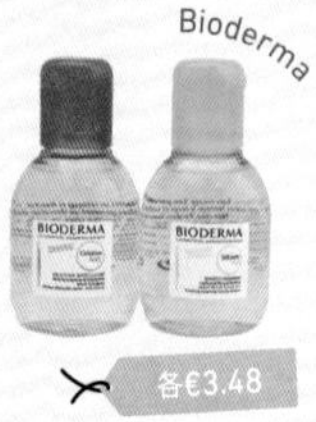
Bioderma
各€3.48

旅行サイズの拭き取るメイク落とし、ノーマル肌用（左）と敏感肌用Ⓐ

Ⓐシティファルマ Citypharma

地元の人や観光客で常に混雑している、プチプライスで有名な大型ドラッグストア。コスメのほか、医薬品から日常の生活用品まで幅広く揃う。

サン・ジェルマン・デ・プレ ▶MAP P.239 E-3

🏠26 Rue du Four, 6e ⓧⓂ4号線St-Germain-des-Prés サン・ジェルマン・デ・プレ駅から徒歩2分 ☎01-46-33-20-81 ⓛ8:30～21:00（土曜は9:00～、日曜は12:00～20:00） ㊡無休

PHARMACIE

Ⓑマドモワゼル・ビオ Mademoiselle Bio

約150のオーガニックコスメブランドが約3000アイテム揃う注目ショップ。店内では買いものはもちろん、美容相談やトリートメントも受けられる。

マレ ▶MAP P.233 F-1

🏠28 Rue des Archives, 4e ⓧⓂ1・11号線Hôtel-de-Villeオテル・ド・ヴィル駅から徒歩3分 ☎01-42-78-30-86 ⓛ10:00～19:30（日曜は11:00～） ㊡無休

SHOPPING

デパート

ファッション

雑貨

コスメ

スーパー

グルメみやげ

知っておくと便利な単語

石鹸 Savon（サヴォン）
シャンプー Shampoing（シャンポワン）
化粧水 Lotion（ローション）
保湿クリーム Crème hydratante（クレーム・イドラタント）
メイク落とし Démaquillant（デマキオン）
ハンドクリーム Crème main（クレーム・マン）
リップクリーム Baume lèvre（ボーム・レーヴル）
ボディクリーム Crème corps（クレーム・コー）
シャワージェル Gel douche（ジェル・ドゥッシュ）

乾燥肌 Peau sèche（ポー・セッシュ）
敏感肌 Peau sensible（ポー・サンシブル）
オイリー肌 Peau grasse（ポー・グラス）
乾燥髪 Cheveux secs（シュヴー・セック）

ケア Soin（ソワン）
化粧品 Produits de beauté（プロデュイ・ド・ボーテ）

Hand & Lip Cream

€3.99　Nuxe

Caudalie　€1.99

各€6.99　Korres

oOlution　€8.50

はちみつ配合のハンド＆ネイルクリームとリップクリームのセット **A**

ブドウ種子オイルやシアバター入りのハンド＆ネイルクリーム **A**

ギリシャ最古のホメオパシー薬局で誕生したコレスのリップバーム **C**

35種類以上のオーガニック植物を配合したリップバーム **B**

Soap & Bath Goods

€3.29　Biosince 1975

Caudalie　€4.05

Ballot-Flurin　€3.85

Roger & Gallet　€12.99

肌をしっとり整えるロバのミルクが入ったBIOの美容石鹸 **A**

アロエヴェラ入りのシャワージェルは、洗い流した後もしっとり **A**

ピレネーの養蜂場で採れた有機はちみつ配合シャンプー、ミニサイズ **B**

フレグランスコスメブランドの香り立つ入浴剤。おみやげにも最適 **A**

C モノップ・ビューティ Monop Beauty

流行のBIOコスメからバス用品、雑貨まで、お手頃価格で手に入るモノプリ系列のコスメ専門店。オリジナル商品も充実している。

モンマルトル ▶**MAP** P.234 B-2

🏠28 Rue des Abbesses, 18e
Ⓜ12号線Abbessesアベス駅から徒歩1分 ☎01-42-52-89-61 🕙10:00〜20:00（日曜は〜19:00）Ⓗ無休

Take a Break ...

よく見るBIO（ビオ）って何？

フランス語のbiologique（ビオロジック）の略で、オーガニックのこと。フランスはBIO先進国で、食品やコスメのBIO製品が充実している。右はコスメビオ協会の認定マークで、厳しい基準をクリアした商品に付与される。食品でよく見る「ABマーク」はフランス農務省によるBIO認定を指す。

Pick up affordable souvenirs at a local supermarket

プチプラみやげはスーパーマーケットでGET!

#スーパーマーケット #モノプリ #プチプラみやげ #エコバッグ
#ばらまきみやげ #supermarket #monoprix #grocery

お菓子

ミニクッキー
2種のチョコと良質なバターを使用。ミシェル・エ・オーギュスタンのクッキー **€2.59**

チョコレート **€4.35**
パリ名所のイラスト入りチョコは個包装でバラマキにも便利

海藻チップス **€2.89**
ブルターニュ産の昆布を使ったレンズ豆のオーガニックチップス

モノプリのお菓子 **€1.59**
チョコレートたっぷりのクレープ（左）、BIOのパルミエ（上） **€2.09**

チョコレートタルト **€3.15**
ボンヌママンのチョコレートキャラメルタルト。他にも種類豊富

チーズビスケット **€3.85**
プロヴァンス産ローズマリーとコンテチーズのビスケット

調味料

エシレバター
人気のエシレバター。Douxは無塩でDemi-Selが有塩バターを指す **€2.69/100g**

カマルグの塩 **€3.59**
日本でも人気の高いカマルグ産の天然塩。パッケージも素敵

オリーブオイル＆バルサミコ酢 **€4.99**
オリーブオイル専門店ア・ロリヴィエのヴィネグレットソース20ml×6個入り

ローズソルト **€10.35**
エッフェル塔型のガラス瓶に入った、ヒマラヤ産のピンク岩塩

マヨネーズ **€1.09**
ディジョンマスタードと平飼い卵黄を使ったモノプリのマヨネーズ

オリジナル商品やおみやげ品が充実

ここで購入

モノプリ（オペラ店）

Monoprix

パリの代表的なスーパー。1階（地上階）にはコスメやアパレルのほか、おみやげ品も。地下は生鮮食品、2階は雑貨が並ぶ。

オペラ～ルーヴル ▶MAP P.228 B-4
🏠23 Av. de l'Opéra, 1er
Ⓜ7・14号線 Pyramidesピラミッド駅から徒歩1分 ☎01-42-61-78-08 🕗8:00～22:00（日曜は9:30～21:00）Ⓗ無休

エコバッグを手に入れよう

フランスではレジ袋が廃止され有料の袋しかないので、エコバッグを活用しよう。モノプリのエコバッグは€1.80～2.50

SHOPPING

デパート

ファッション

雑貨

コスメ

スーパー

グルメみやげ

食品

フルーツティー　ハーブティー
赤い果実のフレーバーティー（左）、タイムとレモンのハーブティー（右）

€1.95　€3.99

マロンクリーム
€4.39
モンブランで有名なアンジェリーナのクリーム。トーストに添えてもおいしい

パスタソース
€4.59
きのことマスカルボーネ、トリュフのナチュラルなパスタソース

グラノーラ
€5.99
はちみつとアーモンドのオーガニックグラノーラ。朝食やデザートにも

コーディアル
各€2.59
イギリス製の伝統的なエルダーフラワーを使った濃縮ドリンク2種

スキンケア

クレンジングミルク
€2.49
アイメイクもしっかりと落とす。モノプリブランド「ラ・ボーテ」の商品

入浴剤
各€0.99
モノプリのお風呂用発泡キューブ。ザクロなどさまざまな香りが楽しめる

シャワージェル
€3.65
人気のル・プチ・マルセイユのBIO商品。ワイルドローズの香り

ローズウォーター
€7.49
肌に爽やかさをもたらすBIOのローズフローラルウォーター

ペーパーナプキン
€3.99
たくさんの絵柄からパリならではのデザインを探してみよう

キッチンクロス
€8.99
キッチン雑貨は定期的にデザインが変わるのでお気に入りは即買い

雑貨

プレート
€5.99
さりげなく入ったエッフェル塔の絵柄がおしゃれな小皿

メモパッド
€2.80
フランスの老舗メーカー、オックスフォード製A5ブロックノート

€2.99

他にもあります、スーパーチェーン

世界的なチェーン店
カルフール・マーケット
Carrefour Market
カルフールの大型スーパー。より小規模なカルフール・シティもあり、自社ブランド品も豊富。
サン・ジェルマン・デ・プレ
▶MAP P.239 G-3
🏠79 Rue de Seine, 6e
Ⓜ10号線 Mabillon マビヨン駅から徒歩2分 ☎01-43-25-65-03　🕗8:30～23:00（日曜は9:00～19:30）⊛無休

価格が安くて大人気
フランプリ
Franprix
近年、店舗数を増やして勢いのあるスーパー。小規模な店舗が多く、低価格で商品を提供する。
オペラ～ルーヴル
▶MAP P.228 B-5
🏠165 Rue St-Honoré, 1er
Ⓜ1・7号線 Palais Royal Musée du Louvre パレ・ロワイヤル・ミュゼ・デュ・ルーヴル駅から徒歩2分
☎01-40-20-11-06　🕗7:30～22:00（日曜は9:00～）⊛無休

多彩なビオ商品が揃う
ビオコープ
Biocoop
国内店舗数は300以上という大手オーガニックスーパー、ビオコープのフランチャイズ店。品揃えも豊富。
バスティーユ
▶MAP P.234 A-4
🏠10 Rue Boulle, 11e
Ⓜ5号線 Bréguet-Sabin ブレゲ・サバン駅から徒歩1分 ☎01-43-57-98-49　🕗9:00～20:00（日曜は～13:00）⊛8月の日曜

 旅メモ モノプリの大型店舗は他にサン・ミッシェル店（MAP P.232 D-3）やモンパルナス店（MAP P.235 E-1）など。

The best gourmet foods to buy in Paris

食材専門店でグルメなおみやげ探し

#食材専門店) (#グルメな食材) (#パリの美食をおみやげに)
#épicerie) (#gastronomie) (#gastronomiefrançaise)

Café
コーヒー豆

焙煎所を併設する店内では、熟練のバリスタが淹れるカフェも味わえる

©pierremonetta

€9/125g
エチオピアで有機栽培、香り高いアラビカ豆 ARAARI

€7/125g
南米アラビカ種ブレンドがフルーティなFruits Hypnotiques

ブラジル、コロンビア、エチオピア産をセレクトした Signature Alain Ducasse
€7/125g

フレンチの巨匠による究極のカフェ工房

ル・カフェ・アラン・デュカス

Le Café Alain Ducasse avec 1895 by Lavazza

世界最多の星を取得する巨匠デュカスが、その料理に匹敵する品質のカフェを追及。豆の収穫から焙煎までこだわり抜いた、究極の味わいを体験しよう。

バスティーユ
▶ **MAP** P.234 A-4
🏠 12 Rue St Sabin, 11e
Ⓜ M 5号線 Bréguet - Sabin
ブレゲ・サバン駅から徒歩3分
☎ 01-81-69-53-97
🕘 9:30〜19:00 🔒 日曜

Moutarde
マスタード

店内では量り売りのマスタードが買える。7種ほどから選べる

ドライトマトと唐辛子のマスタード
€7.70

量り売りの新鮮マスタードも

マイユ

Maille

1747年創業の歴史を誇るマスタード専門店。伝統的製法で作られたなめらかな口当たりと上品な風味が特徴。さまざまなフレーバーが揃う。

マンゴー入りのフルーティーなビネガー **€9.50**

量り売りのマスタードは専用の壺に入れてもらえる **€27〜**

オペラ〜ルーヴル ▶ **MAP** P.236 D-3
🏠 6 Pl. de la Madeleine, 8e
Ⓜ M 8・12・14号線 Madeleine マトレーヌ
駅から徒歩1分 ☎ 01-40-15-06-00
🕙 10:00〜19:00 🔒 日曜

Thé
紅茶

1886年創業の老舗。店舗規模は縮小したものの高級感あるブティックは健在

ハチミツとキャラメル風味ルイボスティー
€21

高級食品店の紅茶メインのブティック
フォション

Fauchon

マドレーヌ広場の一角にあるフォションのホテルに隣接する小さなブティック。紅茶をメインに、お菓子などの手軽なおみやげも人気。

オペラ〜ルーヴル
▶**MAP**P.236 D-2
🏠11 Place de la Madeleine, 8e
Ⓜ8・12・14号線 Madeleine マドレーヌ駅から徒歩2分
☎07-78-16-15-40
🕒10:30〜18:30　⑭日・月曜

Vin
ワイン

かつてマドレーヌにあった店舗が移転。幅広いセレクトがワイン通から高く評価されている

ワインの殿堂
ラヴィニア

Lavinia

1000以上の銘柄のワインやスピリッツを揃える充実のカーヴ。テイスティングのイベントを定期的に開催するほか、テラス席で試飲も可能。

（左上より）
マルゴーのシャトー・ラベルゴスの赤
€44.50
サンセールの白
€35.40
アルザスの白
€38

シャンゼリゼ大通り周辺▶**MAP**P.226 B-3
🏠22 Av.Victor Hugo, 16e　Ⓜ1・2・6号線 Charles de Gaulle-Etoileシャルル・ド・ゴール・エトワール駅から徒歩6分　☎01-42-97-20-20　🕒11:00〜20:00　⑭日曜

Miel
はちみつ

栗の木のはちみつ（左）、仏産ラベンダーはちみつ
€9.80/250g　**€11.60/250g**

試食してから購入できる。お菓子や石鹸なども販売

多彩な風味を試せるはちみつ専門店
ラ・メゾン・デュ・ミエル

La Maison du Miel

1898年創業のはちみつ専門店。アカシア、ラベンダー、栗の木など、フランスほか世界中から集めた約50種類ものはちみつが並ぶ。

オペラ〜ルーヴル
▶**MAP**P.237 E-1
🏠24 Rue Vignon, 9e
Ⓜ8・12・14号線 Madeleine マドレーヌ駅から徒歩5分
☎01-47-42-26-70
🕒9:30〜19:00　⑭日曜

プラス€4.50でパッケージにスプーンを付けられる

シャンパン風味のフランボワーズジャム
€9.50

Confitures
コンフィチュール

パリに3店舗を構える。店内では試食もできる

100％天然ジャムが揃う「ジャムの部屋」
ラ・シャンブル・オ・コンフィチュール

La Chambre aux Confitures

保存料や着色料を使わない100％天然のジャムが100種類以上揃うほか、チョコやキャラメルのペースト、はちみつなども扱う。

モンマルトル▶**MAP**P.228 C-1
🏠9 Rue des Martyrs, 9e
Ⓜ12号線 St-Georges サン・ジョルジュ駅から徒歩4分
☎01-48-74-21-70
🕒11:00〜14:00、15:00〜19:30（水〜金曜は〜14:30、土曜は10:00〜14:00、14:30〜19:30、日曜は9:30〜13:30）　⑭8月の3週間

🖊 **旅メモ** マイユ、フォションのあるマドレーヌ広場は食材店のメッカ。メゾン・ド・ラ・トリュフ（▶P.159）もある

レトロ気分でお買い物

古き良きパリが残る
パッサージュへ

18世紀末から19世紀に
建設された美しい
アーケード街で、古のパリに
タイムスリップしよう！

SINCE 1800 職人気質が息づく商店街

パッサージュ・デ・パノラマ
Passage des Panoramas

1800年完成のパッサージュ第1号。小さな店舗がひしめき合うように軒を連ねる。なかでも古切手の買い取り＆販売をする店が多く、収集家たちの聖地でもある。

素敵な古切手や古
ハガキを探してみたい

オペラ〜ルーヴル **MAP** P.228 D-3
Ⓜ8・9号線 Grands Boulevards グラン・ブールヴァール
駅から徒歩3分 🕐6:30〜24:00 Ⓔ無休

昔のパリの風情が感じられる路地の風景

SINCE 1826 美しく気品ある通り

ギャルリー・ヴェロ・ドダ
Galerie Véro-Dodat

天井画と白黒タイルが美しい、新古典主義様式のパッサージュ。カフェやギャラリー、靴ブランドのクリスチャン・ルブタンなどが入居している。

オペラ〜ルーヴル
MAP P.228 C-5
Ⓜ1・7号線 Palais Royal-Musée du Louvre パレ・ロワイヤル・ミュゼ・デュ・ルーヴル
駅から徒歩3分 🕐7:00〜22:00 Ⓔ日曜、祝日

エレガントな雰囲気が漂う

SINCE 1823 パリで最も美しいと称される

ギャルリー・ヴィヴィエンヌ
Galerie Vivienne

ローマ帝国時代のポンペイ様式から派生した、新古典主義様式の装飾が華麗なギャラリーは、1823年に完成。優雅なアーチや、大理石の床の緻密なモザイクタイルの美しさも印象的。

オペラ〜ルーヴル **MAP** P.228 C-4
Ⓜ3号線 Bourse ブルス駅から徒歩3分 🕐8:30〜20:00 Ⓔ無休

クラシックなフレンチが人気のビストロ・ヴィヴィエンヌ ▶ P.104 もこの中にある

ギャラリーには趣のある
古書店などなども入る

SINCE 1836 個性あるお店が並ぶ

パッサージュ・ジュフロワ
Passage Jouffroy

パッサージュ・デ・パノラマの先に位置する。1987年に改装工事が行なわれ、風情ある大理石の舗装やガラスと鉄の屋根を復元。雑貨屋や古本屋など、古き良き面影をのぞかせる店が軒を連ねる。

オペラ〜ルーヴル
MAP P.228 D-2
Ⓜ8・9号線 Grands Boulevards グラン・ブールヴァール駅から徒歩3分 🕐7:00〜21:30 Ⓔ無休

看板やショーウィンドウを眺めるだけでも楽しい。老舗のステッキ専門店やおもちゃ屋なども ある

どの街を歩く?

TOWN

マレ地区にあるポンピドゥー・センター
▶P.171の奇抜な現代建築もパリの
ランドマークのひとつ

Let's take a leisurely walk through the streets and feel like a local!

モンマルトルのアベス広場。石畳の
小径をぶらぶら歩けば、パリの日常の
風景に出会える

Town 9

街歩き の旅テク

パリの街はエリアごとに
だいぶ雰囲気が違うよ。
のんびりお散歩や広場で
ピクニックもおすすめ!

#01

パリの街の構成

中心から時計回りに1〜20区に分かれており、渦を巻くような様子から「エスカルゴ（かたつむり）」と称される。中心部ではセーヌ川が東から西に向かって街を分ける形で流れており、北側を右岸、南側を左岸と呼んでいる。右岸にはシャンゼリゼ大通りやルーヴル美術館などの観光名所が多く、華やかな雰囲気。一方で左岸はサン・ジェルマン・デ・プレはじめ古き良きパリを彷彿させる場所が多い。

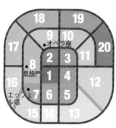

#02

街なかの**トイレ事情**

日本と違い公衆トイレが少なく、メトロの駅にもほとんどないので、ホテルやデパート、カフェ、美術館などに入った際にできるだけ済ませておきたい。施設内のトイレは有料の場合もあり、€0.5〜2程度かかる。金額が決まっていなくても、管理人がいる場合やチップ皿が置いてある場合は€0.5〜1程度払おう。

街なかにある公衆トイレ。ボタンで扉が開く。使用後に扉を閉めるとユニットごと自動洗浄される

#03

住所表示の見方

「5 Rue du Cardinal Lemoine, 5e」は「5区のカーディナル・ルモワヌ通り5番地」を意味する。また、パリの郵便番号は75から始まり下二桁が区の番号なので、5区なら75005となる。
通りはRueリュ、大通りはAvenue/Av.（アヴニュ）やBoulevard/Bd.（ブールヴァール）。広場はPlace/Pl.（プラス）やSquare/Sq.（スクワール）。車が通らない細い路地やアーケード街はPassage（パッサージュ）やAllée（アレ）、河岸の通りはQuai（ケ）となる。行き止まりの道はImpasse（アンパス）。すべての通りに名前がついているのでわかりやすい。

どの通りにも必ず、区の番号と通り名が示されたプレートが掲示されている

番地はセーヌ川に近い方から始まり、セーヌ川を背に道路左側が奇数、右側が偶数となる。同じ番地に入口が複数ある場合は、2つ目を「bis」、3つ目を「ter」と表示する

#04

乗り放題パスの選び方

移動が多いなら、メトロなどが乗り放題になるパスの利用がおすすめ。短期滞在なら1〜3日券が選べるパリ・ヴィジットや、ICカードのナヴィゴにチャージして使う1日乗車券ナヴィゴ・ジュール、3日以上の滞在ならナヴィゴ・デクーヴェルトの1週間パス（ナヴィゴ・スメーヌ）がお得。移動があまり多くなければナヴィゴ・イージーにカルネ（回数券）をチャージする方法も。詳細は▶P.215

グルメなストリートを

歩いて、お気に入りを見つけよう

パリにはグルメな店が集まる通りがいくつかあるので、散策してみるのも楽しい。高級食料品店が集まるのはマドレーヌ広場周辺。モンマルトルの南に伸びるマルティール通りはブーランジェリー、パティスリー、人気カフェなどが集まる。サン・ジェルマン・デ・プレのバック通りはスイーツの有名店が多く、美食の店を集めた「ボーパッサージュ」もある。エッフェル塔近くのサン・ドミニク通りも有名なスイーツ店などが並ぶグルメ通り。

マドレーヌ広場 Place de la Madeleine
▶**MAP**P.236 D-2
マルティール通り Rue des Martyrs
▶**MAP**P.228 C-1
バック通り Rue du Bac
▶**MAP**P.238 A-2
サン・ドミニク通り Rue St-Dominique
▶**MAP**P.231 E-1

ピガール駅から南に伸びるマルティール通り

バック通りにあるグルメな小径、ボーパッサージュ

教会見学のマナー

敬虔な祈りの場所である教会を見学する際はマナーを守り、信者の人々の邪魔にならないよう静かに見学したい。服装は過度な露出を避け、帽子も脱ぐように。ミサなど宗教行事が行われる時間は見学を控えたい。写真撮影不可のところもあるので、入口の注意書きなどで確認しよう。

サント・シャペルは

事前予約を

サント・シャペルやコンシェルジュリ▶P.165は日時の予約が必要となっている。特にサント・シャペルは人気施設で売り切れの可能性もあるので、事前に公式サイトなどから予約・購入しよう。パリ・ミュージアム・パスがあっても予約は必要。パス保持者は公式サイトでの予約時に「I already have a ticket」の項目を選べばOK。

サント・シャペル
URL www.sainte-chapelle.fr
コンシェルジュリ
URL www.paris-conciergerie.fr

07

パリジャン気分で

ピクニックを楽しもう

美しい広場や公園が点在するパリ。慌ただしい観光に疲れたら、地元の人々に混じって公園などでのんびり過ごしてみよう。パンやお惣菜を買ってピクニックをするのも楽しい。

パリジャン憩いの場、リュクサンブール公園

おすすめスポット

チュイルリー公園▶P.158
リュクサンブール公園▶P.166
ヴォージュ広場▶P.171
サン・マルタン運河沿い▶P.173

絶景が広がる、おすすめ

無料眺望スポット

無料で眺望が楽しめる穴場スポットがいくつかある。ポンピドゥー・センター▶P.171はエスカレーターで展望台まで上がる。建物の高さが42mとそこまで高層ではないが、街を間近に眺めることができる。セーヌ川やノートル・ダム大聖堂の絶景が広がるアラブ世界研究所（▶**MAP**P.233 F-3）の屋上は訪れる人も少ない穴場スポット（10〜18時、月曜休）。ギャラリー・ラファイエット・パリ・オスマン▶P.132やプランタン・オスマン▶P.134の屋上もおすすめ。

©GaleriesLafayette

ギャラリー・ラファイエット屋上の眺望。オペラ座がよく見渡せる

オペラ～ルーヴル

Opéra ~ Louvre

どんなエリア？

オペラ座やルーヴル美術館など、有名観光スポットが集まる密度の濃いエリア。有名ブランドが並ぶサントノレ通りなどショッピングにも最適。

凱旋門
サクレ・クール寺院
オペラ座
ルーヴル美術館
エッフェル塔
ノートルダム大聖堂
モンパルナス墓地
N

①オペラ大通りから見るオペラ座 ②高級ブランドが並ぶサントノレ通り ③マドレーヌ寺院周辺はマイユ（▶P.148）などの食材店が多い ④パッサージュも点在する

©BERK OZDEMIR/ Shutterstock.com

街歩きのポイント

POINT 01 パリ観光の王道スポットが集まるエリア

かつて宮殿だったルーヴル美術館周辺は観光スポットが集まるパリの中心地。オペラ座へ続く華やかなオペラ大通りもパリらしさ満点。

POINT 02 サントノレ通りは有名ブランドがズラリ

高級ブランド本店などが並ぶサントノレ通りとフォブール・サントノレ通りのほか、老舗デパート（▶P.132）も近くにあるお買い物天国。

POINT 03 マドレーヌ寺院周辺は食材店がたくさん

マドレーヌ寺院周辺には、マイユ（▶P.148）やフォション（▶P.149）などの有名食材店が集まっているので、おみやげを探してみよう。

エリアの必見スポット

世界最大級の芸術の殿堂

ルーヴル美術館

Musée du Louvre

絵画、彫刻、工芸品まで、さまざまな年代・ジャンルの美術品が集結する巨大な美術館。

▶P.70

もとは歴代国王の宮殿だった広大な敷地と建物

計8点の連作『睡蓮』を展示

オランジュリー美術館

Musée de l'Orangerie

印象派の巨匠モネの晩年の大連作『睡蓮』があることで有名。別名「モネ美術館」。

▶P.84

自然光が差し込む部屋は時間による移り変わりも見どころ

TOWN

オペラ〜ルーヴル

モンマルトル

シテ島〜サン・ルイ島

サン・ジェルマン・デ・プレ

カルチェ・ラタン

マレ

サン・マルタン運河 / 北マレ

P.134 プランタン・オスマン
Printemps Haussmann

ギャラリー・ラファイエット・パリ・オスマン P.132
Galeries Lafayette Paris Haussmann

Bd. Haussmann

ショセ・ダンタン・ラ・ファイエット駅
Chaussée d'Antin-La Fayette

パッサージュ・ジュフロワ P.150
Passage Jouffroy

R. Scribe

リシュリュー・ドルオー駅
Richelieu Drouot

J ル・グラン・カフェ・フォション
Le Grand Café Fauchon

R. A

A オペラ座
Opéra(Palais Garnier)

K カフェ・ド・ラペ
Café de la Paix

パッサージュ・デ・パノラマ P.150
Passage des Panoramas

H メゾン・ド・ラ・トリュフ
Maison de la Truffe

B マドレーヌ寺院
Église Ste-Marie Madeleine

オペラ駅
Opéra

オペラ座を眺めるテラス席が人気のカフェ・ド・ラペ

マドレーヌ駅
Madeleine

R. du Quatre Septembre

カトル・セプタンブル駅
Quatre Septembre

ブルス駅
Bourse

R. Réaumur

I リッツ・パリ・ル・コントワール
Ritz Paris Le Comptoir

宝飾店街

R. Cambon

R. Royale

C ヴァンドーム広場
Place Vendôme

♪ショパン最後の家
Maison de Chopin

R. des Petits Champs

R. de Richelieu

このあたりにはパッサージュもたくさん

ブランド店が並ぶ

コンコルド駅
Concorde

ピラミッド駅
Pyramides

P.150 ギャラリー・ヴィヴィエンヌ
Galerie Vivienne

G ジュ・ド・ポーム美術館
Jeu de Paume

サントノレ通り
Rue St-Honoré

Av. de l'Opéra

D パレ・ロワイヤル
Palais Royal

コンコルド広場 P.35
Place de la Concorde

チュイルリー駅
Tuileries

R. de Rivoli

華やかな通りを歩こう♪

オランジュリー美術館 P.84
Musée de l'Orangerie

装飾芸術美術館
Musée des Arts Décoratifs

F ミュゼ・パレ・ロワイヤル・ミュゼ・デュ・ルーヴル駅
Palais Royal Musée du Louvre

ギャラリー・ヴェロ・ドダ P.150
Galerie Véro-Dodat

E チュイルリー公園
Jardin des Tuileries

N

0   200m

周辺図 P.227/228

セーヌ川

P.33 カルーゼル凱旋門
L'Arc de Triomphe du Carrousel

ルーヴル美術館 P.70
Musée du Louvre

---

❶ ここはマストCheck！

風格ある重厚な建築が目を引く

B マドレーヌ寺院

Église Ste-Marie Madeleine

52本ものコリント式の円柱に囲まれ、ギリシャ神殿を思わせるたたずまいのカトリック教会。1764年に着工されるが、フランス革命などにより中断し、1842年に完成した。

MAP P.236 D-3

🏠 Pl. de la Madeleine, 8e ⊗Ⓜ8・12・14号線 Madeleineマドレーヌ駅からすぐ ☎01-44-51-69-00 ⏰9:30〜19:00 ⊗無休 ⊗無料

マドレーヌ広場の中央に建つ壮大な建物

まるで宮殿のような大劇場

A オペラ座（パレ・ガルニエ）

Opéra(Palais Garnier)

ネオ・バロック様式の大傑作とされる劇場。大理石の階段やシャンデリアの瞬く大広間など、華やかな社交界の雰囲気を体感できる。

▶P.36

フランスの作家ガストン・ルルーの小説『オペラ座の怪人』の舞台でも有名

高級感あふれる美しい広場

C ヴァンドーム広場

Place Vendôme

1720年にルイ14世の騎馬像を最も美しく配置するために造られた広場。フランス革命で像が壊されたのち、ナポレオンが記念柱を建てた。

MAP P.237 G-4

🏠 Pl. Vendôme, 1er ⊗Ⓜ1号線 Tuilerie チュイルリー駅から徒歩5分

広場中央の円柱の頂上には、ナポレオンの像が立っている

❷美しい庭園でひと休み

王宮だった建物と庭園

Ⓓ パレ・ロワイヤル

Palais Royal

17世紀に建造され、ルイ14世が幼少期を過ごした王宮。コの字型の美しい回廊には、昔の面影を残すブティックやカフェが軒を連ねる。木々に囲まれた庭園はパリジャンの憩いの場。

MAP P.228 C-5

🏠 Pl. du Palais Royal, 1er Ⓜ1・7号線 Palais Royal-Musée du Louvre パレ・ロワイヤル・ミュゼ・デュ・ルーヴル駅から徒歩1分 🕐4〜9月は8:30〜22:30、10〜3月は8:00〜20:30 ㊡無休 ㊎無料

❶ブティックが並ぶ美しい回廊 ❷「王宮」を意味するパレ・ロワイヤル

かつては宮殿の庭だった場所

緑の芝生が広がる庭園

Ⓔ チュイルリー公園

Jardin des Tuileries

17世紀に造園家のル・ノートルが手がけた美しいフランス式庭園。随所にロダンやカインなどの巨匠による彫刻作品が置かれている。

MAP P.228 A-5

🏠 Pl. de la Concorde, 1er Ⓜ1・8・12号線 Concorde コンコルド駅から徒歩1分 🕐7:00〜21:00（6〜8月は〜23:00、9月最終日曜〜3月最終土曜は7:30〜19:30） ㊡無休 ㊎無料

© MAD Paris - Photo Luc Boegly

❶2006年リニューアルオープン。自然光が差す吹き抜けのギャラリーも美しい
❷ルーヴル美術館のあるルーヴル宮のマルサン翼にある

中世から現代までの装飾芸術

Ⓕ 装飾芸術美術館

Musée des Arts Décoratifs

1905年にルーヴル宮の一角に開館。中世から現代まで時代を追って生活の中の装飾品を展示。マリー・アントワネットの愛蔵品なども見られる。

MAP P.228 B-5

🏠 107 Rue de Rivoli, 1er ⓂⓂ1・7号線 Palais-Royal Musée du Louvre パレ・ロワイヤル・ミュゼ・デュ・ルーヴル駅から徒歩2分 ☎01-44-55-57-50 🕐11:00〜18:00（企画展ごとに木曜〜21:00ほか延長あり）、入場は閉館45分前まで ㊡月曜、一部祝日 ㊎€15 **ミュージアムパスOK**

©MAD, Paris - La Nef / Philippe Chancel

❸見逃せないミュゼ

写真や映像に特化した美術館

Ⓖ ジュ・ド・ポーム美術館

Jeu de Paume

ナポレオン3世時代の建造物で、現在は現代写真専門のギャラリー。19〜21世紀の写真や映像作品の企画展を行う。併設する書店も評判がよい。

MAP P.236 D-5

🏠1 Pl. de la Concorde, 1er ⓂⓂ1・8・12号線 Concorde コンコルド駅から徒歩1分 ☎01-47-03-12-50 🕐11:00〜19:00（火曜は〜21:00）、入場は閉館30分前まで ㊡月曜、一部祝日 ㊎€12

もとはテニスの原型となるスポーツ、ジュ・ド・ポームの屋内コートとして建てられたもの

④グルメなお店が集まる

マドレーヌ寺院周辺のグルメ食材店の中でも人気が高い

黒トリュフの塩は€11.90

老舗トリュフ専門店
ⓗ メゾン・ド・ラ・トリュフ

Maison de la Truffe

1932年創業、3大珍味のひとつトリュフの専門店。トリュフ入りの塩やオイルが人気。併設レストランでは香り高いパスタやリゾットが味わえる。

黒トリュフのオリーブオイル€32

MAP P.236 D-2

🏠19 Pl. de la Madeleine, 8e ⓜ8・12・14号線 Madeleine マドレーヌ駅から徒歩1分 ☎01-42-65-53-22
🕐10:00～22:30 🈺日曜、8月に3週間

高級ホテルの味を気軽に楽しめる
ⓘ リッツ・パリ・ル・コントワール

Ritz Paris Le Comptoir

世界最高パティシエにも選ばれたフランソワ・ペレ氏をシェフに迎えて2021年オープン。格式高いリッツの贅沢なパティスリーをカジュアルに味わえる。

MAP P.237 F-3

🏠38 Rue Cambon, 1er ⓜ8・12・14号線 Madeleine マドレーヌ駅から徒歩5分
☎01-43-16-30-26 🕐8:00～19:00
🈺日曜

カフェスペースも併設。2人分サイズのマーブルケーキは€28

スペシャリテのマドレーヌは5個入り€21、1個€3.50

フォションの美食を贅沢に
ⓙ ル・グラン・カフェ・フォション

Le Grand Café Fauchon

高級食材店が集まるマドレーヌ広場に面したフォションのホテル（▶P.174）内のカフェ＆レストラン。フォションならではの高級食材を生かした美食を堪能できる。

MAP P.236 D-2

🏠4 Bd. Malesherbes, 8e ⓜ8・12・14号線 Madeleine マドレーヌ駅から徒歩2分 ☎01-87-86-28-15 🕐7:00～22:30 🈺無休

⑤パリの美食を優雅に味わう

屋内はレストラン、テラスはカフェで、メニューが異なる

❶華やかなスイーツは€12、ランチ2皿€50～ ❷広場に面したテラス ❸明るく開放的な店内

オペラ座前の歴史あるカフェ
ⓚ カフェ・ド・ラ・ペ

Café de la Paix

1862年創業のカフェ＆レストラン。オペラ座と同じガルニエが設計した豪華な店内は文化財にも指定されている。横幅の長いテラス席も常時にぎわう。

レストランの牛肉タルタルステーキは€36

MAP P.237 H-2

🏠5 Pl. de l'Opéra, 9e ⓜ3・7・8号線 Opéra オペラ駅から徒歩1分 ☎01-40-07-36-36 🕐8:00～23:30(ランチ12:00～15:00、ディナー18:00～23:00) 🈺無休

TOWN

オペラ～ルーヴル

モンマルトル

シテ島～サン・ルイ島

サン・ジェルマン・デ・プレ

カルチェ・ラタン

マレ

北マレ／サン・マルタン運河

モンマルトル
Montmartre

どんなエリア？

サクレ・クール寺院を中心に観光客でにぎわうが、一歩小路に入れば、芸術家たちに愛された情緒あふれる街並みが広がっている。

＊凱旋門　■サクレ・クール寺院
　　●オペラ座
　　　　●ルーヴル美術館
●エッフェル塔　●ノートル・ダム大聖堂
　　　　　●モンバルナス墓地

©Kamira/Shutterstock.com

❶丘の上に建つサクレ・クール寺院（▶P.38）❷石畳の小路は散策にびったり ❸風車が目印のムーラン・ルージュ（▶P.46）❹パリで唯一のぶどう畑が残る

街歩きのポイント

POINT 01　芸術家が愛した坂の街を歩こう

長い階段や石畳の道も情緒たっぷりの坂の街。芸術家ゆかりのスポットに触れながら、フォトジェニックな小路を気ままに散策したい。

POINT 02　ナイトスポットも充実の歓楽街

丘の麓のピガール駅からブランシュ駅一帯はパリ随一の歓楽街。ムーラン・ルージュはじめ、ナイトスポットも充実する。

POINT 03　散策には乗り物の活用もおすすめ

散策に疲れたら、右のような乗り物の活用もおすすめ。街を巡回する小型バス（モンマルトロビュスMontmartrobus）も走っている。

ミニトレインで周遊できる

1周30～40分で見どころを巡れる観光用ミニトレインが2社ある。英・仏ガイド付き。

流れるシャンソンを聞きながら

プチ・トラン
Petit Train

テルトル広場、ブランシュ駅前 ☎01-42-62-24-00 ⏰4～9月10:00～19:00（10～1月は～17:00、2・3月は～18:00）、時期によって30分～1時間間隔で運行 ㊡無休 ㊎1周€10 URL www.promotrain.fr

30分で丘の街をひとめぐり

モンマルトラン
Montmartrain

ピガール駅前 ☎06-85-21-95-23 ⏰10:00～18:00（11～3月は10:30～17:00）、約30分間隔で運行、オフシーズンは1時間間隔 ㊡無休（冬季は運休の場合あり）㊎1周€10 URL www.lemontmartrain.fr

TOWN

オペラ～ルーヴル

モンマルトル

シテ島～
サン・ルイ島

サン・ジェルマン・
デ・プレ

カルチェ・ラタン

マレ

北マレ／
サン・マルタン運河

R. Francœur

R. des Saules

ラマルク・コランクール駅
Lamarck Caulaincourt
R. Caulaincourt

ブドウ畑

多くの有名人が眠る墓地

P.47 オ・ラパン・アジル
Au Lapin Agile

モンマルトル美術館
Musée de Montmartre

カフェ・ルノワール 付録P.11
Café Renoir

R. Custine

モンマルトル墓地 P.60
Cimetière de Montmartre

ル・コンシュラ
Le Consulat

I

エリック・サティの家
Maison d'Erik Satie

壁抜け男 F
Le Passe Muraille

R. Narvins

D

R. Cortot

サン・ピエール教会
Église St-Pierre

R. de Clignancourt

P.162 ムーラン・ド・ラ・ギャレット
Moulin de la Galette

P.162 ゴッホのアパート
Maison de Van Gogh

R. Lepic

ダリ・パリ E
Dalí Paris

C

B

A サクレ・クール寺院
Basilique du Sacré-Cœur

P.162 アトリエ洗濯船跡
Le Bateau Lavoir

R. des Abbesses

テルトル広場
Place du Tertre

カフェ・デ・ドゥ・ムーラン H
Café des 2 Moulins

J ジル・マルシャル
Gilles Merchal

人々が階段でくつろぐ。
パフォーマーも多い

P.46
ムーラン・ルージュ
Moulin Rouge

ル・グルニエ・ア・パン K
Le Grenier à Pain

G ジュテームの壁
Le Mur des je t'aime

フニキュレール乗り場 P.38
Funiculaire
Pl. St-Pierre

R. de Steinkerque

みやげ店が軒を連ねる

ブランシュ駅
Blanche

アベス駅
Abbesses

アベス広場
Place des Abbesses

R. Tardieu

R. d'Orsel

アール・ヌーヴォーな
メトロ入口のアーチに注目

R. des Martyrs

エリゼ・モンマルトル
Elysée Montmartre

Bd. de Rochechouart

R. de Calais

Bd. de Clichy

ピガール駅
Pigalle

R. Duperré

アンヴェール駅
Anvers

周辺図 P.225

N

0   200m

石畳の坂道が続く
コルト通りは絵に
なる風景があちこ
ちに

❶エリア散策はここからスタート

パリでもっとも高い場所に建つ

Ⓐ サクレ・クール寺院

白亜のドームや塔
が青空に映える

Basilique du Sacré-Cœur

丘の上に建つ白亜の寺院は
モンマルトルのシンボル。
寺院から見下ろすパリの街
並みも美しい。時間があれ
ば展望台にも上りたい。

▶P.38

パリ最古の教会のひとつ

Ⓑ サン・ピエール教会

モダンなステンドグ
ラスも見どころ

Église St-Pierre

サクレ・クール寺院の隣に建つ
ロマネスク様式の静かな教会。
モンマルトル女子大修道院の礼
拝堂として12世紀に建立され、
修復を重ねて現在の姿になった。

MAP P.234 C-1

🏠2 Rue du Mont-Cenis, 18e Ⓜ12号
線 Abbessesアベス駅から徒歩8分
☎01-46-06-57-63 🕐8:45～19:00（礼
拝中は見学不可）🈳無休 🈯無料

似顔絵描きでにぎわう画家広場

Ⓒ テルトル広場

Place du Tertre
モンマルトルがパリ市に
編入される19世紀半ば
まで、村の中心だった広
場。似顔絵描きや画家が
集まり、芸術家の街を象
徴するようなスポット。

MAP P.234 C-1

🏠Pl. du Tertre, 18e Ⓜ12
号線 Abbesseアベス駅から徒歩
5分

周辺はカフェやおみや
げ店に囲まれ、常にに
ぎわっている

❷街を愛した画家の作品を展示

©DaliParis

芸術の街モンマルトルを体感できる

Ⓓ モンマルトル美術館

Musée de Montmartre

ルノワールをはじめ多くの芸術家たちが住んでいた古い邸宅に、モンマルトルゆかりの画家たちの作品を展示。ヴァラドンとユトリロのアトリエも見学できる。

MAP P.234 C-1

🏠12 Rue Cortot, 18e Ⓜ12号線Lamarck Caulaincourt ラマルク・コランクール駅から徒歩6分
☎01-49-25-89-39 🕐10:00〜18:00(入場は17:15まで) 🈺無休 💶€15、庭のみ€5

❶入口に、ここに住んでいた画家の名が刻まれる ❷ヴァラドンとユトリロのアトリエ ❸ロートレックやルノワールなどを展示 ❹グッズも充実。マグネット€4.50

ダリの世界に浸る

Ⓔ ダリ・パリ

Dali Paris

サルヴァトール・ダリの作品300点以上を展示するフランス最大のコレクション。1階は展示物が購入できるギャラリーになっている。

❶2018年にリニューアルした ❷絵画や彫刻、版画、オブジェや家具などが展示されている

MAP P.234 C-1

🏠11 Rue Poulbot, 18e Ⓜ12号線 Abbesses アベス駅から徒歩8分 ☎01-42-64-40-10
🕐10:00〜18:30(入場は18:00まで) 🈺無休
💶€14

マルセイ・エイメ広場の彫刻

Ⓕ 壁抜け男

Le Passe Muraille

広場にあるユニークな彫刻は、マルセイ・エイメ原作で、ミュージカル作品としても有名な『壁抜け男』がモチーフ。俳優で彫刻家のジャン・マレーが制作した。

広場のあるノルヴァン通りはエイメが長年暮らし、小説の舞台にした場所

MAP P.234 B-1

🏠Pl. Marcel Aymé, 18e Ⓜ12号線 Abbessesアベス駅から徒歩9分

❸人気の映えスポット

恋人たちに人気の新名所

Ⓖ ジュテームの壁

Le Mur des je t'aime

アベス駅前の小さな広場にあるアート作品。40㎡の青いタイルの壁を、300以上の言語による愛の言葉が埋め尽くす。2000年に誕生し、パリの新名所になった。

612枚のタイルで構成されている。フレデリック・バロン作

MAP P.234 B-2

🏠Sq. Jehan Rictus, 18e Ⓜ12号線 Abbessesアベス駅から徒歩1分

芸術家ゆかりのスポットが点在

ゴッホのアパート

MAP P.234 B-1

ゴッホが1886〜88年に住んでいたアパート。壁に記念プレートが飾られる。

アトリエ洗濯船跡

MAP P.234 B-2

ピカソ、ブラック、モディリアーニらがアトリエを構えていた。内部見学不可。

ムーラン・ド・ラ・ギャレット

MAP P.234 B-1

ルノワールやロートレックの絵に描かれた伝説のダンスホール。現在はレストランとして営業。

🏠83 Rue Lepic, 18e Ⓜ12号線 Abbessesアベス駅から徒歩10分 ☎01-46-06-84-77 🕐12:00〜22:15 🈺8月の1週間

④有名カフェ＆レストランでひと休み

映画『アメリ』のロケ地

H カフェ・デ・ドゥ・ムーラン

Café des 2 Moulins

『アメリ』の主人公が勤めるカフェのロケ地。映画にも登場するクレーム・ブリュレを味わいたい。

MAP P.234 B-2
🏠15 Rue Lepic, 18e ⓂＭ2号線 Blancheブランシュ駅から徒歩4分 ☎01-42-54-90-50 ⏰7:00〜翌2:00（土・日曜は9:00〜）⊛無休

❶店内には『アメリ』の巨大なポスターが掲げられている ❷クレーム・ブリュレ€8.90のほか、お得なランチもおすすめ

❶テルトル広場の近くにある ❷ムール・マリニエール€14.50

芸術家たちが集った老舗ビストロ

I ル・コンシュラ

Le Consulat

ピカソやゴッホ、ロートレックなど名だたる芸術家が通ったといわれる有名店。カジュアルな雰囲気で気軽に立ち寄れる。立地もよく、終日食事がとれるのも便利。

MAP P.234 C-1
🏠18 Rue Norvins, 18e Ⓜ12号線 Abbessesアベス駅から徒歩8分 ☎01-46-06-50-63 ⏰12:00〜24:00（食事〜22:00）⊛11〜2月の月〜木曜の夜

⑤推しスイーツ＆ブーランジュリー

焼き菓子も人気のパティスリー

J ジル・マルシャル

Gilles Marchal

5つ星ホテルなどで活躍し、「スイーツの魔術師」と呼ばれるパティシエの店。出身地ロレーヌ地方の銘菓マドレーヌなど、焼き菓子も豊富。

MAP P.234 B-2
🏠49 Rue Ravignan, 18e ⓂⓂ 12号線 Abbessesアベス駅から徒歩2分 ☎011-85-34-73-30 ⏰8:30〜13:00、14:00〜19:00（土曜は8:30〜19:30、日曜は8:30〜18:00、8月は変更あり）⊛月・火曜

2014年に自らの名を冠した店をオープン

メレンゲたっぷりのレモンタルト€6.20

細長いオペラ€6.20は繊細な味わい

スペシャリテのマドレーヌは€1.90〜2.50

2015年にバゲットとクロワッサンでW優勝

K ル・グルニエ・ア・パン

Le Grenier à Pain

コンクール優勝実績のある実力派、ジブリル・ボディアン氏がシェフを務めるブーランジェリー。酵母を使わずに長時間発酵させた味わい深いパンが高い評価を得ている。

MAP P.234 B-2
🏠38 Rue des Abbesses, 18e Ⓜ12号線 Abbessesアベス駅から徒歩3分 ☎01-46-06-41-81 ⏰7:00〜20:00 ⊛火・水曜

❶アベス通りにある ❷フルーツやくるみ入りのパン・アルデショワ€2.90 ❸サンドイッチ€5.30 ❹ライ麦香るパン・オ・セレアル€2.80

旅メモ カフェ・デ・ドゥ・ムーランのあるルピック通りは食料品店や飲食店が集まる、活気ある通り。

TOWN

オペラ〜ルーヴル

モンマルトル

シテ島〜サン・ルイ島

サン・ジェルマン・デ・プレ

カルチェ・ラタン

マレ

北マレ／サン・マルタン運河

シテ島〜
サン・ルイ島

Île de la Cité~
Île Saint-Louis

どんなエリア？

セーヌ川の中洲にあるシテ島とサン・ルイ島。歴史的な建造物と古い街並みが残る、静かで落ち着いたエリアで、観光や散策を楽しみたい。

❶左がシテ島、右がサン・ルイ島
❷ポン・ヌフは、アンリ4世が1607年に完成させたパリ最古の橋
❸シテ島にある裁判所。かつては王宮だった

街歩きのポイント

POINT 01 シテ島の歴史的スポットを見学

パリ発祥の地であるシテ島。ノートル・ダム大聖堂をはじめ、歴史を物語る見どころを巡ろう。

POINT 02 高級住宅街のサン・ルイ島

17世紀の貴族の館などが残されているサン・ルイ島。小路に分け入り、美しい街並みを探索したい。

POINT 03 美しい橋からの眺めを楽しむ

ポン・ヌフをはじめとする美しい橋も見どころのひとつ。橋の上や対岸からの眺めも楽しもう。

ポン・ヌフ駅 Pont Neuf
シャトレ駅 Châtelet
● ポン・ヌフ P.41 Pont Neuf
オテル・ド・ヴィル駅 Hôtel de Ville
Av. Victoria
● コンシェルジュリ Conciergerie
パリ市庁舎 P.171 Hôtel de Ville
周辺図 P.233
裁判所 Palais de Justice
R. d'Arcole
C
● 花市 P.165 Marché aux Fleurs
サン・ポール駅 Saint-Paul
● サント・シャペル Sainte-Chapelle B
シテ島 Île de la Cité
P.165 ブキニスト（古本市） Bouquinistes
サン・ミッシェル駅 Saint-Michel
大聖堂前広場
● ノートル・ダム大聖堂 Cathédrale Notre-Dame de Paris A
ポン・マリー駅 Pont Marie
サン・ルイ橋
ノートル・ダム駅 Notre-Dame
ジャン23世広場 ●
サン・ルイ島 Île Saint-Louis
クリュニー ラ・ソルボンヌ駅 Cluny La Sorbonne
P.165 ブキニスト（古本市） Bouquinistes
● ベルティヨン Berthillon D
P.87 クリュニー中世美術館 Musée de Cluny- Musée National du Moyen Âge
トゥルネル橋
サン・ルイ・アン・リル教会 Église Saint-Louis-en-l'Île
モベール・ミュチュアリテ駅 Maubert Mutualité

❹小さなかわいらしいお店が点在しており、散策も楽しい ❺島の対岸には、パリ名物の古本市がずらりと並ぶ

TOWN

オペラ〜ルーヴル

モンマルトル

シテ島〜
サン・ルイ島

サン・ジェルマン・
デ・プレ

カルチェ・ラタン

マレ

北マレ/
サン・マルタン/運河

❶ パリ発祥の地の歴史的建造物

ゴシック建築の最高峰

Ⓐ ノートル・ダム大聖堂

Cathédrale Notre-Dame de Paris

1163年に建造が始まり、約200年後の1345年に完成したフランス・カトリックの総本山。2019年4月に火災が発生したため、現在は復旧工事中。

MAP P.233 E-2

🏠6 Parvis de Notre-Dame, 4e ⓂⓂ4号線 Cité シテ駅から徒歩3分 ※火災の復旧工事のため閉鎖中。2024年12月に再開予定

繊細で優美な彫刻や色合いから「白い貴婦人」と呼ばれている

マリー・アントワネットの独房も

Ⓒ コンシェルジュリ

Conciergerie　**ミュージアムパスOK**

歴代王の宮殿だったが、やがて牢獄として使われるようになった。フランス革命時はマリー・アントワネットをはじめ4000人以上を収容し「ギロチンの待合室」と呼ばれた。

1階にある礼拝堂。光があふれるゴシック建築の傑作

ステンドグラスが圧巻

Ⓑ サント・シャペル

Sainte-Chapelle

1248年、ルイ9世の命によりキリストの聖遺物を納めるために建造。2階にある1113の聖書の物語を描いた、600㎡に及ぶパリ最古のステンドグラスは必見。

2階部分の360度を埋め尽くす、美しく繊細なステンドグラス。高さは15mある

MAP P.232 D-2　**ミュージアムパスOK**

🏠10 Bd. du Palais, 1er ⓂⓂ4号線 Cité シテ駅から徒歩2分 ☎01-53-40-60-80 🕘9:00〜19:00(10〜3月は〜17:00)、入場は閉館の30分前まで 🈺一部祝日 €13(コンシェルジュリとの共通券 €20) ※要日時予約、詳細は▶P.155

ゴシック様式の重厚な建物

MAP P.232 D-2

🏠2 Bd. du Palais, 1er ⓂⓂ4号線 Cité シテ駅から徒歩2分 ☎01-53-40-60-80 🕘9:30〜18:00(入場は17:30まで) 🈺一部祝日 €13(サント・シャペルとの共通券 €20) ※要日時予約、詳細は▶P.155

パリの名物市

セーヌ河岸の歴史ある古本市

ブキニスト

Bouquinistes

セーヌ川沿いに並ぶ緑の大きな箱。フタを開くと古本屋に早変わり。16世紀に登場したパリ名物だ。

レトロなポスターや絵はがき、雑貨などのおみやげ品も並ぶ

MAP P.233 E-3、F-2

ⓂⓂ4号線 Saint-Michel サンミッシェル/Cité シテ駅、7号線 Pont Marie ポン・マリー駅ほか

パリ唯一の常設の花市

シテ駅を出てすぐ

花市

Marché aux Fleurs

ルイ・レピーヌ広場に常設された19世紀から続く小さな花市は、パリの中心とは思えないのどかな雰囲気。かわいいガーデニンググッズも並ぶ。

MAP P.233 E-2

🏠Pl. Louis Lépine, 1er ⓂⓂ4号線 Cité シテ駅から徒歩1分 🕘8:00〜19:30頃

---

❷ 老舗アイスを味わう

行列ができるアイスクリーム

Ⓓ ベルティヨン

Berthillon

1954年に創業。新鮮な素材を使った自家製アイスクリームやソルベが人気で常に行列ができる。サロン・ド・テも併設する。

シングル€3.50、ダブル€6.50。日により変わるフレーバーは約30種類。人気はショコラ・ノワール

MAP P.233 F-3

🏠29-31 Rue St-Louis en l'Île, 4e ⓂⓂ7号線 Pont Marie ポン・マリー駅から徒歩5分 ☎01-43-54-31-61 🕘10:00〜20:00 🈺月・火曜、8月

 旅メモ 復旧工事中のノートル・ダム大聖堂。聖堂前広場の地下では、再建工事に関連した展示を無料で見学できる。　165

サン・ジェルマン・デ・プレ

Saint-German des Prés

凱旋門
サクレ・クール寺院
オペラ座
ルーヴル美術館
エッフェル塔
ノートル・ダム大聖堂
モンパルナス墓地
N

どんなエリア？

1930年代からパリの文化の中心として栄えた地。歴史ある教会が点在するほか、洗練されたファッション、スイーツ、雑貨のお店が軒を連ねる。

Café de Flore

❶カフェ・ド・フロール（▶付録P.4）のテラス ❷リュクサンブール公園は市民の憩いの場 ❸街の中心サン・ジェルマン大通り

街歩きのポイント

POINT 01　文化人が集ったカフェが並ぶ知的な雰囲気

街の中心はサン・ジェルマン大通り。老舗カフェ（▶付録 P.4〜）のテラスに座り、街の雰囲気を楽しみたい。

POINT 02　おしゃれなブティックが並ぶ通りを歩こう

ブランド店が並ぶグルネル通りをはじめ、ボナパルト通り、フール通り、サン・シュルピス通りにお店がずらり。

POINT 03　スイーツ店が多いバック通りもチェック

奇跡のメダル教会のあるバック通りには、スイーツの名店が並ぶ。グルメな店が集まる「ボーパッサージュ」もある。

リュ・デュ・バック駅
Rue du Bac

バック通りは有名パティスリーが並ぶスイーツ通り

R. du Bac

Bd. Raspail

R. Vaneau

P.167
ボーパッサージュ
Beaupassage

サン・ジェルマン・デ・プレ教会
Église St-Germain des Prés

フラマン D
Flamant

国立ドラクロワ美術館 P.86
Musée National Eugène Delacroix

R. de Seine
R. Mazarine

サン・ジェルマン・デ・プレ駅
Saint-Germain-des-Prés

A

R. de Grenelle

P.135
ル・ボン・マルシェ・リヴ・ゴーシュ
Le Bon Marché Rive Gauche

マビヨン駅
Mabillon

サン・ジェルマン大通り
Bd. St-Germain

奇跡のメダル教会
Chapelle Notre-Dame de la Médaille Miraculeuse

C

R. de Sèvres

R. du Four

セーヴル・バビロヌ駅
Sèvres Babylone

サン・シュルピス駅
Saint-Sulpice

R. St-Sulpice

P.42
マルシェ・ビオ・ラスパイユ
Marché Biologique Raspail

ヴァノー駅
Vaneau

N

レンヌ通り
Rennes

サン・シュルピス教会
Église St-Sulpice

B

R. Bonaparte

カフェ・ド・ラ・メリー
Café de la Mairie

E

0　　200m

周辺図 P.232

Rue de Rennes

R. St-Placide

R. de Vaugirard

R. Madame

R. Guynemer

リュクサンブール宮殿
Palais du Luxembourg

リュクサンブール公園
Jardin du Luxembourg

サン・プラシッド駅
Saint-Placide

❹スイーツのお店が多いバック通り ❺1852年創業の老舗デパート、ル・ボン・マルシェにも立ち寄りたい（▶P.135）

TOWN

オペラ〜ルーヴル

モンマルトル

シテ島〜サン・ルイ島

サン・ジェルマン・デ・プレ

カルチェラタン

マレ

北マレ/サン・マルタン運河

❶名高い教会をめぐる

パリ最古の鐘楼は地区のシンボル

Ⓐ サン・ジェルマン・デ・プレ教会

Église St-Germain des Prés

パリ最古の教会。19世紀までに何度も改修されたが、11世紀当時の壁なども残る。内部の右手奥にはデカルトの墓石など、興味深い史跡も。

MAP P.239 F-2

🏠 PL. St-Germain des Prés, 6e
Ⓜ4号線 Saint-Germain-des-Prés サン・ジェルマン・デ・プレ駅から徒歩1分 ☎01-55-42-81-18
🕐8:30〜20:00(日・月曜9:30〜）※宗教行事中は入場不可 🈵無休 🈶無料

❶6世紀に建てられた修道院が前身 ❷ロマネスク様式の建物内部は幻想的な雰囲気

映画『ダ・ヴィンチ・コード』にも登場

Ⓑ サン・シュルピス教会

Église St-Sulpice

奥行113m、幅58mの壮大な新古典主義様式の建物は、130年以上をかけ1870年頃に完成したもの。ドラクロワの壁画も見どころ。

MAP P.239 F-4

🏠 PL. St-Sulpice, 6e Ⓜ4号線 Saint-Sulpice サン・シュルピス駅から徒歩4分 ☎01-46-33-21-78
🕐8:00〜19:45 🈵無休 🈶無料

ル・ヴォーなどの著名な建築家が携わった。内部には、世界最大規模のパイプオルガンもある

幸運を呼ぶといわれるメダイ

Ⓒ 奇跡のメダル教会

Chapelle Notre-Dame de la Médaille Miraculeuse

1830年、修道女カタリナ・ラブレが聖母マリアのお告げを受け、メダルをつくり始めた。今も世界中から多くの信者が訪れる。

❶メダルは€1.30〜3.90
❷小さな教会に信者が集まる

MAP P.238 A-4

🏠140 Rue du Bac, 7e Ⓜ10·12号線 Sèvres Babylone セーヴル・バビロヌ駅から徒歩4分 ☎01-49-54-78-88 🕐7:45〜13:00、14:30〜19:00(火曜は7:45〜19:00、祝日は8:15〜12:30、14:30〜19:00)※宗教行事中は入場不可 🈵無休 🈶無料

❷素敵なインテリアショップ

コーディネートのお手本にも

Ⓓ フラマン

Flamant

サン・ジェルマン修道院跡に構えるベルギー発のインテリアショップ。ヨーロッパの伝統スタイルを重んじたデザインに定評があり、家具から小物まで揃う。

上品な色合いが美しいインテリアコーディネート

MAP P.239 F-2

🏠8 Pl. Furstemberg, 8 rue de l'Abbaye, 6e Ⓜ4号線 St-Germain-des-Prés サン・ジェルマン・デ・プレ駅から徒歩3分 ☎01-56-81-12-40
🕐10:30〜19:00 🈵無休

リーフ柄のサービングトレイ€39.95

モダンな柄のウッドボウル€32.95

鮮やかなティーライトホルダー€19.95

❸テラスでひと休み

サン・シュルピス教会の目の前にある

Ⓔ カフェ・ド・ラ・メリー

Café de la Mairie

サン・シュルピス教会が眺められる、絶好のロケーション。かつては地元の小さな文学カフェだったが、今では街を代表するスポットに。

MAP P.239 F-4

🏠8 Pl. St-Sulpice, 6e Ⓜ4号線 Saint-Sulpice サン・シュルピス駅から徒歩4分 ☎01-43-26-67-82 🕐8:00〜翌2:00(日曜は9:00〜24:00) 🈵無休

❶教会の目の前のテラス席が人気 ❷ローストビーフ€13、ドリンクは€3.70〜

旅メモ バック通りのグルメスポット、ボーパッサージュ（**MAP** P.238 B-2）はピエール・エルメのカフェはじめビストロやレストランが集まる。

カルチェ・ラタン

Quartier Latin

どんなエリア？

フランスの名門ソルボンヌで学ぶ学生たちが闊歩する学生街。坂道や小路が多いエリアに歴史的建造物や常設マルシェがあり、街歩きも楽しい。

地図内ラベル：
- サクレ・クール寺院
- 凱旋門
- オペラ座
- エッフェル塔
- ルーヴル美術館
- ノートル・ダム大聖堂
- モンパルナス墓地

サン・ミッシェル通りから、エリアのシンボル、パンテオンを望む

街歩きのポイント

POINT 01 活気ある学生街は歴史的建造物も多数

ソルボンヌ周辺は書店やカフェなどがひしめき活気がある。パンテオンやクリュニー中世美術館（▶P.87）など歴史的建造物も必見。

POINT 02 異国情緒を感じるスポットも必見

異国情緒あふれるモスケ（モスク）のほか、美しい現代建築が目を引くセーヌ川沿いのアラブ世界研究所にも足をのばしてみたい。

POINT 03 ムフタール通りを通ってモスケへ

ソルボンヌ、パンテオンを見学し、常設マルシェのムフタール通りを通ってモスケへと向かうコースがおすすめ。

地図内ラベル：
- サン・ミッシェル ノートル・ダム駅 Saint-Michel Notre-Dame
- ノートル・ダム大聖堂 P.165 Cathédrale Notre-Dame de Paris
- シテ島 Île de la Cité
- サン・ルイ島 Île Saint-Louis
- クリュニー・ラ・ソルボンヌ駅 Cluny La Sorbonne
- サン・ルイ・アン・リル教会† Église Saint-Louis-en-l'Île
- クリュニー中世美術館 P.87 Musée de Cluny-Musée National du Moyen Âge
- モベール・ミュチュアリテ駅 Maubert Mutualité
- Bd. St-Germain
- R. Monge
- 美しい現代建築。屋上からの眺めも◎
- A ソルボンヌ Sorbonne
- R. des Écoles
- P.155 アラブ世界研究所 Institut du Monde Arabe
- Quai St-Bernard
- E ル・サロン・デュ・シネマ・デュ・パンテオン Le Salon du Cinéma du Panthéon
- リュクサンブール駅 Luxembourg
- サンテティエンヌ・デュ・モン教会 P.24 Église St-Étienne-du-Mont
- カルディナル・ルモワヌ駅 Cardinal Lemoine
- R. St-Jacques
- B パンテオン Panthéon
- 透かし彫りの階段欄干が見どころ
- ジュシュー駅 Jussieu
- R. Cuvier
- R. Linné
- ムフタール通り D Rue Mouffetard
- フランス式花壇が美しい
- R. Mouffetard
- N
- プラス・モンジュ駅 Place Monge
- 植物園 Jardin des Plantes
- 0 200m
- ラ・モスケ・ド・パリ La Mosquée de Paris
- モスケ C La Mosquée
- 国立自然史博物館 Musée National d'Histoire Naturelle
- R. Buffon
- 周辺図 P.232

❶学生向けの庶民的な店や書店、映画館も多い ❷モスケ向かいの国立自然史博物館も見応えあり。植物園や温室、動物園もある

TOWN

オペラ〜ルーヴル

モンマルトル

シテ島〜
サン・ルイ島

サン・ジェルマン・
デ・プレ

カルチェ・ラタン

マレ

北マレ／
サン・マルタン運河

❶街のシンボルを見学

歴史ある名門ソルボンヌ

Ⓐ ソルボンヌ

Sorbonne

前身のソルボンヌ学寮は13世紀に神学を修める貧しい学生のために造られた施設だった。現在は13校に分かれているパリ大学の一部が入る。

MAP P.232 D-4

Ⓜ10号線 Cluny La Sorbonne クリュニー・ラ・ソルボンヌ駅から徒歩5分

ソルボンヌ広場に面した建物は礼拝堂

イスラム文化に触れるモスク

Ⓒ モスケ

La Mosquée

第一次世界大戦で戦死したイスラムの兵士たちのために建設。スペイン・ムーア様式の異国情緒あふれる建物が目を引く。ハマム（公衆浴場）やカフェを併設する。

MAP P.233 F-5

🏠2 bis Pl. du Puits-de-l'Ermite, 5e Ⓜ7号線 Place Monge プラス・モンジュ駅から徒歩4分 ☎01-45-35-78-24 🕘9:00〜18:00（ラマダン中は〜17:00）🈺金曜、イスラムの祝日 🈶€3

高さ33mのミナレットが目印。内部は回廊が囲む中庭が広がる

アラブのティータイムを体験

ラ・モスケ・ド・パリ

La Mosquée de Paris

🏠39 Rue Geoffroy St-Hilaire, 5e ☎01-43-31-38-20 🕘9:00〜24:00（レストランは11:30〜）🈺無休

併設カフェで甘いミントティー€2を

MAP P.233 F-5

壮大なドームを持つ霊廟

Ⓑ パンテオン

Panthéon 　ミュージアムパスOK

ルイ15世の病気回復を祝い建設された新古典主義様式の神殿。クリプト（地下墓地）にはフランス史に名を残す偉人たちが眠る。ドームからの眺めも素晴らしい。

❶聖ジュヌヴィエーヴの丘に建つ ❷巨大ドームの内側をフレスコ画が彩る

MAP P.232 D-4

🏠Pl. du Panthéon, 5e Ⓜ10号線 Cardinal Lemoine カルディナル・ルモワヌ駅から徒歩6分 ☎01-44-32-18-00 🕘10:00〜18:30（10〜3月は〜18:00）、入場は閉館の45分前まで 🈺一部祝日 🈶€13（11〜3月の第1日曜は無料）

╱ "パリの胃袋" ムフタール通り ╲

ローカルでにぎわう市場街

Ⓓ ムフタール通り

Rue Mouffetard

ゆるやかな坂道の両側に生花店や精肉店などが並ぶ常設のマルシェ。チーズやワインの専門店、多国籍レストランもあり活気がある。

週末が最もにぎわい、月曜には閉まる店が多い

MAP P.233 E-5

❷映画館カフェでひと息

映画館の上にある隠れ家サロン

Ⓔ ル・サロン・デュ・シネマ・デュ・パンテオン

Le Salon du Cinéma du Panthéon

歴史ある映画館の2階にあるカフェ。女優カトリーヌ・ドヌーヴがデザインした空間は開放的でくつろげる。

ドリンク€3〜、食事 €17〜

MAP P.232 D-4

🏠13 Rue Victor Cousin, 5e Ⓜ10号線 Cluny La Sorbonne クリュニー・ラ・ソルボンヌ駅から徒歩7分 ☎01-56-24-88-80 🕘12:30〜19:00 🈺土・日曜、8月

マレ

Marais

Trip to Paris / TOWN

どんなエリア？

サクレ・クール寺院
凱旋門　オペラ座
ルーヴル美術館
エッフェル塔
ノートル・ダム
大聖堂
モンパルナス墓地

中世の面影が残る小路に個性的なブティックや雑貨店などが点在する流行発信地。市庁舎やポンピドゥー・センターなど街を代表する建物もある。

街歩きのポイント

POINT 01 ブティックが並ぶ
フラン・ブルジョワ通り

マレ地区の東西を貫く目抜き通り。周辺の小路も含めて多くのブティックやカフェが並んでおり、道行くパリジェンヌたちもおしゃれ。

POINT 02 歴史保存地区の
中世建築も見どころ

中世の街並みや建築が残るのもマレの魅力。パリ最古の広場であるヴォージュ広場のほか、古い貴族の邸宅を利用した施設も多い。

POINT 03 必見の美術館や
博物館もたくさん

16・17世紀の館を改装したカルナヴァレ博物館やピカソ美術館のほか、ポンピドゥー・センター内の国立近代美術館も必見（▶P.86〜）

❶ユダヤ人街でもあるロジエ通り　❷フランス革命ゆかりのバスティーユ広場。東側のバスティーユ地区は若者に人気　❸フラン・ブルジョワ通りはカフェも多い

国立近代美術館 P.87
Musée National d'Art Moderne
ランビュトー駅
Rambuteau

サン・セバスチャン・フロワッサール駅
Saint-Sébastien Froissart

スービーズ館
（国立公文書館）
Hôtel de Soubise

P.136 メルシー
Merci

Ⓐ ポンピドゥー・センター
Centre Pompidou

R. de la Perle

ピカソ美術館 P.86
Musée Picasso

膨大なピカソの
コレクションを収蔵

Rue des Archives

フラン・ブルジョワ通り
Rue des Francs Bourgeois

オテル・ド・ヴィル駅
Hôtel de Ville

ラス・デュ・ファラフェル Ⓓ
L'As du Fallafel

シュマン・ヴェール駅
Chemin Vert

R. de Rivoli

P.88 カルナヴァレ美術館
Musée Carnavalet-Histoire de Paris

Bd. Beaumarchais

Ⓑ パリ市庁舎
Hôtel de Ville

フランソワ・ミロン通りの木造民家
Maison en Bois 〈Rue François-Miron〉

ヴォージュ広場 Ⓒ
Place des Vosges

R. Fr. Miron

パリ・ランデヴー
Paris Rendez-vous

サン・ポール駅
Saint-Paul

ヴィクトル・ユゴー記念館 P.171
Maison de Victor Hugo

シテ島
Île de la Cité

フィリップ・オーギュストの城壁
Enceinte de Philippe Auguste

付録P.10 カフェ・ミュロ
Café Mulot

バスティーユ駅
Bastille

ポン・マリー駅
Pont Marie

バスティーユ広場
Place de la Bastille

セーヌ川

0　200m

周辺図 P.229/233

サン・ルイ島
Île Saint-Louis

フランス革命の
舞台となった広場

© Musée Carnavalet - Histoire de Paris

❹ヴォージュ広場の回廊にはレストランやブティックが並ぶ　❺ルネサンス様式の建物のカルナヴァレ博物館

TOWN

オペラ〜ルーヴル

モンマルトル

シテ島〜サン・ルイ島

サン・ジェルマン・デ・プレ

カルチェ・ラタン

マレ

北マレ/サン・マルタン運河

❶ パリを代表する建築物

現代アートの複合施設

Ⓐ ポンピドゥー・センター

Centre Pompidou

1977年完成。今でも鮮烈な印象を与える建物は、レンゾ・ピアノとリチャード・ロジャースの共同設計。国立近代美術館（▶P.87）や図書館、映画館などが入る。

MAP P.233 E-1

🏠 Pl. Georges Pompidou, 4e Ⓜ11号線 Rambuteau ランビュトー駅から徒歩1分 ☎01-44-78-12-33 🕐11:00〜21:00（企画展のみ木曜は〜23:00）、施設により異なる 🚫火曜、一部祝日 💰入館無料、各施設により料金は異なる

❶ニキ・ド・サンファルらのオブジェが彩るストラヴィンスキー広場 ❷展望台は無料

※2025年末から2030年まで休館予定

❷ パリ最古の広場へ

地元の人に愛される歴史的広場

Ⓒ ヴォージュ広場

Place des Vosges

1612年完成のパリで最も古い広場のひとつ。当時は「王の広場」と呼ばれた。王の館、王妃の館を含め36の赤レンガの館が広場を取り囲む。

MAP P.233 H-2

🏠 Pl. des Vosges, 4e Ⓜ8号線 Chemin Vert シュマン・ヴェール駅から徒歩3分

❶地元の人たちの憩いの広場を、歴史を感じる回廊が囲む ❷かつては貴族が住んだレンガの館

広場の一角にある

ヴィクトル・ユーゴー記念館

Maison de Victor Hugo

MAP P.233 H-2

🏠6 Pl. des Vosges, 4e Ⓜ1・5・8号線 Bastille バスティーユ駅から徒歩4分 ☎01-42-72-10-16 🕐10:00〜18:00 🚫月曜、一部祝日 💰無料（企画展は有料）

ユーゴーが1832〜48年に暮らした邸宅。ユーゴーのいくつかの住居を再現している

ネオ・ルネサンス様式の庁舎

Ⓑ パリ市庁舎

Hôtel de Ville

17世紀に建設され、1871年のパリ・コミューン事件で焼失、のちに復元された。おみやげが揃うショップを併設する。

MAP P.233 E-2

🏠 Pl. de l'Hôtel de Ville, 4e Ⓜ1・11号線 Hôtel de Ville オテル・ド・ヴィル駅から徒歩1分 ※9月第3週末の文化遺産の日のみ無料で内部見学可能

パリの人気地区の名前を冠したチョコレート缶 €16

エッフェル塔の缶はキャラメルやゼリー入り€12

おみやげに最適な公式グッズ

パリ・ランデヴー

Paris Rendez-vous

MAP P.233 F-2

🏠29 Rue de Rivoli, 4e ☎01-42-76-43-43 🕐10:00〜19:00 🚫不定休

❸ マレ地区の名物

マレ地区名物のファストフード

Ⓓ ラス・デュ・ファラフェル

L'As du Fallafel

ユダヤ人が多く暮らすマレのロジエ通りにあるファラフェルの有名店。ひよこ豆のコロッケにたっぷりの野菜と秘伝のソースが美味。

MAP P.233 G-1

🏠34 Rue des Rosiers, 4e Ⓜ1号線 St-Paul サン・ポール駅から徒歩4分 ☎01-48-87-63-60 🕐11:00〜23:00（金曜は〜16:00 ※冬季は〜15:00） 🚫土曜

ひよこ豆のコロッケと野菜をピタパンで挟んだファラフェル€9

旅メモ ヴォージュ広場を囲む回廊の中には老舗サロン・ド・テ、カレット（▶付録P.8）も入る。

北マレ

どんなエリア？

マレ地区の北側はパリの
トレンド発信地。エリア
を代表するメルシー
(▶P.136)をはじめ、お
しゃれなお店が集まる。

Nord Marais

❶トレンド発信地でショッピング

❶内装はクラシカルな雰囲気 ❷こちらの２号店にはカフェも併設。
上質なカフェスイーツがいただける

自然由来のコスメ＆香水ブランド

ビュリー1803 ＆
グラン・カフェ・トルトーニ

Buly 1803 & Grand Café Tortoni

1803年創業の美容薬局が2014年に復活。
伝統的な美容法を大切に、最先端の技術
で製造されるコスメと香水を販売する。

MAP P.229 G-5

❶菜園の香りのボディ
ミルク €55 ❷石鹸
€30は＋€5で刻印可

🏠45 Rue de Saintonge, 3e ⓂⓂ8号線 Filles du Calvaire フィーユ・デュ・カ
ルヴェール駅から徒歩5分 ☎01-42-72-28-92 🕐11:00〜19:00 ⓇⓇ月曜

おしゃれなステーショナリー

パピエ・ティーグル

Papier Tigre

モダンながらもどこか懐かしさを
感じさせるデザインで人気のパリ
発文房具ブランド。コラボ商品
などの限定品は要チェック。

❶鉛筆のオブジェが
目印 ❷旬の青果
早見表 €23は飾っ
ても素敵 ❸動物の
アップリケ各 €20

MAP P.229 H-5

🏠5 Rue des Filles du Calvaire, 3e ⓂⓂ8号線
Filles du Calvaire フィーユ・デュ・カルヴェール駅から
徒歩2分 ☎01-48-04-00-21 🕐11:30〜19:30（土
曜は11:00〜20:00、日曜は14:00〜19:00）ⓇⓇ無休

フランスの工芸品に出会える

アンプラント

Empreintes

4階建てビル内の400㎡の空間に、フランスの
工芸組合「アトリエ・ダール・ド・フランス」
所属の作家、約150人の作品が勢揃いする。

MAP P.229 G-5

🏠5 Rue de Picardie, 3e ⓂⓂ8号線 Filles du Calvaire
フィーユ・デュ・カルヴェール駅から徒歩5分 ☎01-40-
09-53-80 🕐11:00〜13:00、14:00〜19:00 ⓇⓇ日・月曜、
8月に2週間

❶犬が鎮座するユニークな陶器 €55 ❷販売期間は
最長で3カ月 ❸アートを感じる展示も楽しい

❷食事もできるエピスリー

カフェも人気のおしゃれな食料品店

メゾン・プリソン

Maison Plisson

元ファッショニスタのデルフ
ィーヌ・プリソンがオープン
した人気の高級食料品店。
おしゃれなパッケージの食品
はおみやげにも最適。

❶レトロなパッケー
ジのキャンディ各
€6.20 ❷塩バタ
ーキャラメル €3.10

MAP P.233 H-1

🏠93 Bd. Beaumarchais, 3e
ⓂⓂ8号線 St-Sébastien
Froissart サン・セバスチャン・
フロワッサール駅から徒歩2分 ☎
01-71-18-19-09 🕐8:30〜
21:00（日曜は〜20:00）ⓇⓇ無休

❸カフェレストランも
併設 ❹選りすぐり
の食品が並ぶ

Paris Map "Canal St-Martin"

サン・マルタン運河

サクレ・クール寺院
凱旋門
オペラ座★
ルーヴル美術館
エッフェル塔
ノートルダム大聖堂
モンパルナス墓地

どんなエリア?

運河沿いでくつろぐパリジャンで常ににぎわう。周辺はセンスのいいお店やカフェが並び、パリの日常を感じながら散策が楽しめる。

Canal St-Martin

TOWN

オペラ〜ルーヴル

モンマルトル

シテ島〜サン・ルイ島

サン・ジェルマン・デ・プレ

カルチェ・ラタン

マレ

サン・マルタン運河 北マレ

❶ パリジャンの憩いの場

のんびりした時間が流れる憩いの場

サン・マルタン運河

Canal St-Martin

全長4.5kmを超える運河は1825年開通。地元の人に混じって運河沿いに座り、穏やかなパリ時間を感じたい。高低差がある運河をのんびり進むクルーズもおすすめ。

MAP P.229 G-2

可動する橋や水門、鉄の歩道橋などが点在し、風情がある景色

運河クルーズも楽しめる

パリ・カナル Paris Canal **URL** www.pariscanal.com
カノラマ Canauxrama **URL** canauxrama.com/

❷ アート&モードなお店

旬なアートを体感できる運河沿いの書店

アルタザール

Artazart

運河沿いでひときわ目立つオレンジの外観のアート書店。アート本のほか、大人も楽しめる絵本やセレクト雑貨なども揃っていて、眺めるだけでも楽しい。

MAP P.229 G-3

🏠83 Quai de Valmy, 10e ⓂⓂ5号線 Jacques Bonsergent ジャック・ボンセルジャン駅から徒歩3分 ☎01-40-40-24-01 🕐10:30〜19:30(土・日曜は11:00〜) Ⓜ無休

❶店内にはモード系雑誌もずらりと並ぶ ❷思わず"ジャケ買い"したくなるようなセンスある本が揃う

❸ 映画の舞台になったカフェ

名作映画で知られるホテルがカフェに

オテル・デュ・ノール

Hôtel du Nord

1938年の映画『北ホテル』の舞台となった歴史あるホテルが、現在はカフェ・レストランに。伝統料理をアレンジしたフレンチが味わえる。

映画ではホテルのロビーだった一角

MAP P.229 G-2

🏠102 Quai de Jemmapes, 10e ⓂⓂ5号線 Jacques Bonsergent ジャック・ボンセルジャン駅から徒歩4分 ☎01-40-40-78-78 🕐10:00〜翌0:30(週末は〜翌2:00、昼12:00〜15:00、夜19:30〜23:00) Ⓜ無休

カフェとデザートのセット€9

エコ・ブランドが提案するモードな生活

サントル・コメルシアル

Centre Commercial

シューズと革製品のブランド「VEJA(ヴェジャ)」がプロデュースするモードの店。サステナブルでデザイン性も高い品揃えが人気。

MAP P.229 G-3

🏠2 Rue de Marseille, 10e ⓂⓂ5号線 Jacques Bonsergent ジャック・ボンセルジャン駅から徒歩2分 ☎01-42-02-26-08 🕐11:00〜20:00(日曜は14:00〜19:00) Ⓜ無休

❶ウィメンズ、メンズ、シューズのコーナーがある ❷VEJAの人気スニーカー€160 ❸天井から光が差し込む店内

パリのホテルセレクション

#パリホテル #宿泊施設 #プチホテル #駅近ホテル
#デザイナーズ #hotel #stay #憧れの5つ星ホテル

シャンゼリゼ大通り

©Marc Béranguer

シャンゼリゼ大通りの歴史ある建物

ホテル・フーケッツ・パリ
Hôtel Fouquet's Paris
★★★★★
MAP P.240 A-2

老舗カフェ、フーケッツ・パリを擁する歴史的建造物にあるバリエール系列のセレブなホテル。

🏠46 Av. George V, 8e Ⓜ1号線 George V ジョルジュ・サンク駅から徒歩1分 ☎01-40-69-60-00 🛏101室 ⒽⓈⓉ €1150〜

オペラ〜ルーヴル

高級食料品店フォション初のホテル

フォション・ロテル・パリ
Fauchon L'Hôtel Paris
★★★★★
MAP P.236 D-2

マドレーヌ広場に面したフォションのグルメホテル。客室のグルメバーにフォションの美食が詰まっている。

🏠4 Bd. Malesherbes, 8e Ⓜ8·12·14号線 Madeleine マドレーヌ駅から徒歩2分 ☎01-87-86-28-00 🛏54室 ⒽⓈⓉ €650〜

オペラ〜ルーヴル

内装の改修で快適さがアップ

グラモン・オペラ
Hôtel Gramont Opéra
★★★★
MAP P.228 C-3

立地がよく、好意的なスタッフと清潔感のある客室でリピーターも多い。

🏠22 Rue de Gramont, 2e Ⓜ3号線 Quatre Septembre カトル・セプタンブル駅から徒歩3分 ☎01-42-96-85-90 🛏25室 Ⓓ €205〜400

オペラ〜ルーヴル

観光に便利な立地も魅力的

ル・ルレ・サントノレ
Le Relais Saint-Honoré
★★★★
MAP P.228 B-4

17世紀の趣ある建物内にある、フランスの田舎風内装のプチホテル。ホスピタリティ ーも定評がある。

🏠308 Rue Saint-Honoré, 1er Ⓜ1号線 Tuileries チュイルリー駅から徒歩2分 ☎01-42-96-06-06 🛏17室 ⒽⓈⓉ €300〜

サンジェルマン・デ・プレ

優美な建物で極上のくつろぎを

ルレ・サン・ジェルマン
Hôtel Relais Saint Germain
★★★★
MAP P.239 H-4

17世紀の邸宅を利用したエレガントなホテル。オリジナルの木の梁と年代物の家具が備わる部屋も。

🏠9 Carrefour de l'Odéon, 6e Ⓜ4·10号線 Odéon オデオン駅から徒歩1分 ☎01-44-27-07-97 🛏22室 ⒽⓈⓉ €345〜

カルチェ・ラタン

目の前にノートル・ダム大聖堂

ノートル・ダム
Hôtel Le Notre Dame
★★★
MAP P.232 D-2

400年以上の歴史ある建物の中にある。クリスチャン・ラクロワ氏がオリジナリティある空間に改装。

🏠1 Quai Saint-Michel, 5e Ⓜ4号線 Saint-Michel サン・ミッシェル駅から徒歩5分 ☎01-43-54-20-43 🛏26室 ⒽⓈⓉ €280〜

モンマルトル

モンマルトルの芸術家に愛された

デザール
Hôtel des Arts
★★★★
MAP P.234 B-2

1901年に開業し、当時、近隣のアーティストたちが長期で滞在した。部屋はクラシカルでかわいらしい。

🏠5 Rue Tholozé, 18e Ⓜ12号線 Abbesses アベス駅から徒歩5分 ☎01-46-06-30-52 🛏50室 Ⓢ €250〜、Ⓣ €300〜

どこに行く？

EXCURSION

France

少し足をのばせば、パリとはまた違う
美しい風景に出会うことができる

古い城が点在するロワール川沿い
にあるシャンボール城 ▶P.185は、
ルネッサンス建築の傑作と称される

Visit this historic city and
experience beautiful scenery!

世界遺産のノートル・ダム大聖堂の
足下に、中世の名残を伝える古い
街並みが広がるシャルトル▶P.188

Day trip to Giverny, the village of Claude Monet

モネが愛した村、ジヴェルニーへ

#ジヴェルニー #モネの睡蓮 #睡蓮の池 #印象派
#giverny #cloudemonet #Impressionnisme

パリから
約1時間20分

ジヴェルニー
パリ

Giverny Info

【こんな街】
印象派の巨匠モネの代表作
『睡蓮』が生まれた、パリ北西約
70kmに位置する人口500人
余りの小さな村。年間約50万
人の観光客が訪れるノルマン
ディー有数の観光地だ。

アクセス

パリのSt-Lazareサン・ラザー
ル駅からRouenルーアン行き
のTERでVernonヴェルノン
駅まで約45〜55分。ヴェルノ
ンからGivernyジヴェルニー行
きのシャトルバス(€5)で約30分
(11〜3月は運休)

歩き方

モネの家を見学したら、美術館
やお店が集まるメインストリート
のクロード・モネ通りの散策を。

観光案内所

♠Parking du Verger, 37
Chemin du Roy ☎02-32-51-
39-60 ⏰9:30〜13:00, 14:00
〜17:30 ⏸11〜3月

❶名画『睡蓮』の
モチーフとなった
庭園の池
❷料理好きのモ
ネが愛用していた
ブルーのキッチン
❸池にかかる日
本風の太鼓橋

ジヴェルニー

ブード・ジヴェルニー
Bout de Giverny

ルージュ・ゴルジュ
Les Rouges-Gorges

グランダカン通り
Chemin du Grand Val

ル・プレソワール
Le Pressoir

✝教会(モネの墓)
Église

ジヴェルニー
Giverny

ヴェルノン

アンシアン・オテル・ボディ C
Ancien Hôtel Baudy

役場 Mairie

クロード・モネの家と庭園 A
Maison et Jardins de Claude Monet

ジヴェルニー印象派美術館 B
Musée des Impressionnismes Giverny

観光案内所 🛈

ロワ通り

シャトルバス

Chemin de Roy

N

3分

0 240m

エプト川
L'Epte

リメ・ヴィレ

食堂の黄色い壁面に、モネが
収集した数々の浮世絵コレクシ
ョンが飾られている

EXCURSION

ジヴェルニー

フォンテーヌブロー

ルーアン

ランス

ロワール

名作が描かれたアトリエ兼住居

Ⓐ クロード・モネの家と庭園

Maison et Jardins de Claude Monet

住居の様子や内部の調度品などは、当時を再現する形で保存・展示されている。季節ごとに表情を変え、創作意欲をかきたてる庭園は、モネ自らが造園した。

MAP P.178

♠84 Rue Claude Monet ⊗シャトルバス Giverny ジヴェルニー下車、徒歩5分 ☎02-32-51-28-21 ⏰9:30〜18:00（入場は17:30まで） ⊛11/2〜3月下旬、4/30 ⊛€11（庭園と家）、ジヴェルニー印象派美術館との共通券 €21、マルモッタン・モネ美術館との共通券 €25

❶邸宅の前は、スイレンなど季節ごとに色鮮やかな花々が咲く美しい光景が広がる ❷1階にあるモネの書斎にも数々の絵画が飾られる

❸モネの絵がモチーフのグッズをおみやげに。紙ナプキン各 €5
❹エレガントなマグカップ €32

Take a break...

モネとジヴェルニー

モネは43歳の時に移住してから亡くなるまで、ジヴェルニーで生涯のほぼ半分を過ごしている。晩年にこの地で大作『睡蓮』を完成させた。

印象派絵画の鑑賞や企画展が楽しめる

Ⓑ ジヴェルニー印象派美術館

Musée des Impressionnismes Giverny

モネをはじめ19〜20世紀の印象派中心の美術館。アメリカの美術コレクター、ダニエル・テラが2009年にオープンした。敷地内にはレストランも併設。

MAP P.178

♠99 Rue Claude Monet ⊗シャトルバス Giverny ジヴェルニー下車、徒歩5分 ☎02-32-51-94-65 ⏰10:00〜18:00（入場は17:30まで） ⊛11〜3月下旬、7月中旬〜下旬、展示替え期間 ⊛€12、モネの家との共通券 €21

緑あふれるカフェテラス。カプチーノ €4.20

印象派の画家たちが集った場

Ⓒ アンシアン・オテル・ボディ

Ancien Hôtel Baudy

かつてはアトリエ兼宿屋で、現在はレストランとして営業。モネをはじめ多くの印象派の画家たちが集まったといわれている。セットメニューがおすすめ。

MAP P.178

♠81 Rue Claude Monet ⊗シャトルバス Giverny ジヴェルニー下車、徒歩7分 ☎02-32-21-10-03 ⏰11:30〜23:30（LO21:00、日曜は〜18:00） ⊛月曜、11〜3月

木々と花に包まれた、開放的な雰囲気のなかで絵画を鑑賞できる

印象派の企画展が満載。地下1階の常設展にはモネの絵画も展示

セットメニュー（3皿 €38）はサーモン、鴨のコンフィ、ベジタリアン料理から選べる

✎ 旅メモ　ジヴェルニーでは、11〜3月はシャトルバス運休、美術館や店もすべて閉まるので日程に注意。

壮麗なフォンテーヌブローの城を訪ねる

世界遺産

#フォンテーヌブロー城 #フォンテーヌブローの森 #バルビゾン
#fontainebleau #chateaudefontainebleau #barbizon

パリから
約1時間

パリ
フォンテーヌブロー

Trip to Paris / EXCURSION

©Strikernia /Shutterstock.com

パリの南東約70kmの地にあるフォンテーヌブローの森にたたずむ城。庭園からは華麗な城の全体像を見ることができる。「白馬の中庭」に出る馬蹄鉄型の階段は、壮大な改修が施されている

Fontainebleau Info

【こんな街】
広大な森や荘厳な城がたたずみ、かつて王の狩猟場でもあったというフォンテーヌブロー。広大な森や城の庭園は、パリの人たちが週末に訪れる憩いの場所でもある。

アクセス

パリのGare de Lyonリヨン駅からTransilienでFontainebleau Avonフォンテーヌブロー・アヴォン駅まで約45分。駅から城までは1番のバスで約15分。

歩き方

街の中心はグランド通りで、レストランやショップが多く並ぶ。通りの先にフォンテーヌブロー城がある。

観光案内所

🏠4 bis Pl. de la République
☎01-60-74-99-99 🕐10:00〜18:00（4〜10月の日曜、祝日は10:00〜13:00、14:00〜17:30、11〜3月の日曜、祝日は10:00〜13:00）⊗一部祝日

中世からの歴史ある城だよ

フォンテーヌブロー

ムラン

Bd. du M. Foch

フォンテーヌブロー・アヴォン駅
Gare Fontainebleau Avon

R. Paul Jozon

Bd. M. Joffre

Av. Franklin Roosevelt

グランド通り R. Grande

ガンヌの宿屋
（バルビゾン派美術館）
ミレー記念館

R.A. Briand

A. アリアン通り

リベラシオン広場
Carrefour de la Libération

コンスタンス大通り Bd. de Constance

R. de France

R. Saint-Merry

観光案内所

サン・ルイ教会

庭園
Parc

R. Remy Dumoncel

SNCF

サン・ピエール教会

運河 Canal

R. Royale

オテル・ド・ロンドル
Hôtel de Londres

N

イギリス庭園
Jardin Anglais

フォンテーヌブロー城
Château de Fontainebleau

鯉の池
Étang aux Carpes

Av. du Maréchal de Villars

R. Gambetta

5分

0   400m

EXCURSION

ジヴェルニー

フォンテーヌブロー

ルーアン

ランス

ロワール

歴代のフランス国王に愛された城

フォンテーヌブロー城

ミュージアム
パスOK

Château de Fontainebleau

歴代城主によって増改築された、フランスでもっとも大きく歴史ある城。有名画家や建築家が手がけた装飾の数々は必見。1981年に世界遺産に登録されている。

© Guillaume FleurentFleurent

MAP P.180

🏛 Château de Fontainebleau ⑧⑧ Château シャトー下車、徒歩1分 ☎01-60-71-50-70 🕐宮殿9:30〜18:00（10〜3月は〜17:00）、入場は閉館の45分前まで、庭園9:00〜19:00（11〜2月は〜17:00、3・4・10月は〜18:00）、入場は閉園の1時間前まで 🈲火曜、一部祝日 💴 €14（閉館1時間前以降の入場は€8、7・8月以外の第1日曜は無料）

フランソワ1世の回廊にはロッソ・フィオレンティーノらの壁画が

©Sophie Lloyd

絢爛豪華な舞踏の間（La salle de bal）も見どころ

Take a Break...

800年もの歴史がある城

広大な森の中心に位置するフォンテーヌブロー城は、もともと狩猟を楽しむ王族のために建てられたが、フランソワ1世の時代になると華やかなルネサンス様式の大宮殿へと改築。以降はナポレオン3世の時代まで歴代の城主に愛された。

©chateaudefontainebleau

宮殿内は各時代の建築や芸術が集まり、見るものを魅了する。フランス・ルネッサンスの大傑作を訪ねよう

ひと足のばして

画家の村 バルビゾンへ

─ Barbizon Info ─

【こんな街】
19世紀中頃、素朴で美しい農村風景に魅了されたミレー、コロー、ルソーなどの風景画家が滞在した小さな村。フォンテーヌブローの森の端に位置する。

アクセス

フォンテーヌブロー・アヴォン駅から21番のバスで約30分（Place de l'Angélus下車、月〜土曜）。タクシーの場合はフォンテーヌブロー・アヴォン駅から約15分

©fontainebleautourisme

多くの有名画家が自然の素晴らしさを不朽の名画にした。村を歩き画家たちの足跡をたどろう

画家ミレーが晩年を過ごした家

ミレー記念館

Maison et Atelier de Jean-François Millet

『落穂拾い』で知られるミレーが、1875年に亡くなるまで村の風景や人々を描いた自宅兼アトリエ。今も変わることなく残され、画家の世界に触れられる。

© musée jf millet

ミレーはこの地で『晩鐘』や『落穂拾い』などの傑作を生み出した

🏠27 Grande Rue ☎01-60-66-21-55 🕐10:00〜12:30、14:00〜18:00（月曜は〜17:30）🈲4〜10月の火曜、11〜3月の水曜 💴€5

バルビゾン派の画家の軌跡をたどる

ガンヌの宿屋
（バルビゾン派美術館）

Auberge Ganne（Musée départemental des Peintres de Barbizon）

かつてモチーフを求めて森にやってきた貧しい画家たちが寝泊まりしていた。現在では、バルビゾン派美術館として彼らの作品を集めた常設展を見学できる。

© Auberge Ganne

画家たちが宿泊代の代わりに残した作品が展示される

🏠92 Grande Rue ☎01-60-66-22-27 🕐10:00〜12:30、14:00〜17:30（7・8月は〜18:00）🈲火曜、一部祝日 💴€6

✒ 旅メモ　フォンテーヌブロー城では、夏季にガイド付きのナイトツアーなども実施。詳細はHPで確認を。
URL www.chateaudefontainebleau.fr

181

Rouen, the ancient capital of Normandy

木組みの家が並ぶ古都ルーアン

#ルーアン #モネのルーアン大聖堂 #ジャンヌ・ダルク
#ノルマンディー #rouen #claudemonet #jeanne d'Arc

パリから
約1時間10分

ルーアン

パリ

旧市街にはノルマンディ様式の木組みの家が建ち並ぶ

Rouen Info

【こんな街】
ノルマンディー公国の首都だった古都。モネの連作の題材である大聖堂や、ジャンヌ・ダルクが処刑された地でも知られる。

アクセス	観光案内所

アクセス
パリの**St-Lazare**サン・ラザール駅から**T E R**（**Nomad**）で**Rouen Rive Droite**ルーアン・リヴ・ドロワット駅まで約1時間10〜40分

観光案内所
🏠 Esp. Marcel Duchamp
☎02-32-08-32-40 🕘9:00〜19:00（火曜は10:30〜、日曜、祝日は10:00〜18:00）、10〜4月は9:30〜18:00（火曜は10:30〜）
㊡一部祝日、冬季の日曜

幾度も戦火に耐えた大聖堂

A ノートル・ダム大聖堂

©Rouen Normandie Tourisme & Congrès

Cathédrale Notre-Dame de Rouen

モネの絵画で有名なフランス・ゴシックの傑作。11世紀に建設が始まり16世紀に完成。戦火のたび修復を重ね、今に勇姿を伝える。

モネの連作のように時間や天気で表情を変える様子も楽しみたい

MAP P.182
🏠 Pl. de la Cathédrale Ⓜ Palais de Justice パレ・ド・ジュスティス駅から徒歩4分 ☎02-35-71-51-23 🕘9:00〜19:00（月曜は14:00〜、日曜、祝日は〜18:00）、11〜3月9:00〜12:00、14:00〜18:00（月曜は14:00〜、日曜、祝日は8:00〜18:00）、宗教行事中は入場不可 ㊡一部祝日 ㊐無料

悲劇のヒロインの名がついた教会

B ジャンヌ・ダルク教会

Église Ste-Jeanne d'Arc

海をイメージした独創的かつ近代的な外観のデザインが目をひく教会。

MAP P.182
🏠 Pl. du Vieux-Marché Ⓜ Palais de Justice パレ・ド・ジュスティス駅から徒歩4分 ☎02-35-88-74-12 🕘10:00〜12:00、14:00〜18:00 ㊡金・日曜の午前、一部祝日 ㊐無料

教会の壁面に作られた壮麗なステンドグラスは、16世紀のルネッサンス時代の貴重なものを使用

印象派コレクションが充実

C ルーアン美術館

Musée des Beaux-Arts

モネ作の『ルーアン大聖堂』や『ルーアン全景』をはじめ、ルノワールやドラクロワ、モディリアーニなどの作品を展示。

MAP P.182
🏠 Esplanade Marcel-Duchamp Ⓜ Rouen Rive Droiteルーアン・リヴ・ドロワット駅から徒歩8分 ☎02-35-71-28-40 🕘10:00〜18:00 ㊡火曜、一部祝日 ㊐無料
©Guillaume Brière

ルーアン
ルーアン・リヴ・ドロワット駅
Gare de Rouen Rive Droite
SNCF
リュ・ヴェルト
Rue Verte
ボーヴォワジーヌ
Beauvoisine
マルス通り
Bd. de la Marne
メトロ Métro
ジャンヌ・ダルクの塔
Tour Jeanne d'Arc
陶器美術館
Musée de la Céramique
コルネイユ高校
コーショワーズ広場
R. Jean Lecanuet
ヴェルドレル広場
観光案内所
C ルーアン美術館
Musée des Beaux-Arts
ヴュー・マルシェ広場
B ジャンヌ・ダルク教会
Église Ste-Jeanne d'Arc
市役所
Hôtel de Ville
パレ・ド・ジュスティス
Palais de Justice
大時計 Gros-Horloge
サントゥアン教会
Église St-Ouen
ラ・クロンヌ
La Couronne
メルキュール
ダム・ケク
Dame Cakes
カテドラル
テアトル・デザール
Théâtre des Arts
（休止中）
プチ・トラン乗り場
A ノートル・ダム大聖堂
Cathédrale Notre-Dame de Rouen
サン・マクルー教会
Église St-Maclou
R. Alsace Lorraine
Q. du Havre
セーヌ川 La Seine
パリ
Quai Bourse
3分
0 240m

「ルーアン派の部屋」なども必見

EXCURSION

ジヴェルニー

フォンテーヌブロー

ルーアン

ランス

ロワール

Reims, World Heritage Sites and Champagne City

ランスでシャンパンを楽しむ

#ランス　#シャンパン　#フランス三大聖堂　#世界遺産
#Reims　#champagne　#Maisons de Champagne

パリから
約45分

ランス
パリ

©Cyrille Beudot

シャンパーニュの丘陵、メゾンとカーヴは世界遺産に登録

世界
遺産

Reims Info

【こんな街】
シャンパーニュ地方の中心都市で、歴代25人の国王の戴冠式が行われた由緒ある街。シャンパンの本場でもある。

アクセス	観光案内所
パリのGare de l'Est東駅からTGVでReimsランス駅まで約45分	♠6 Rue Rockfeller ☎03-26-77-45-00 ⏰9:00〜19:00(日曜は10:00〜18:00)、10〜3月は10:00〜18:00(日曜は10:00〜12:30、13:30〜17:00) 休一部祝日

歴代国王の戴冠式が行われた

Ⓐ ノートル・ダム大聖堂

世界
遺産

Cathédrale Notre-Dame de Reims

©Cyrille Beudot

「微笑みの天使」などの優美な彫像やシャガールのステンドグラスも見どころ。

MAPP.183
♠Pl. du Cardinal Luçon Ⓣⓥ Opéra オペラ駅から徒歩3分 ☎03-26-77-45-00 ⏰7:30〜19:30(日曜、祝日は〜19:15、一部日曜の変動あり)、入場は閉場の15分前まで、宗教行事中は入場不可 休無休 料無料

フランス三大聖堂のひとつ

藤田嗣治ゆかりの地

Ⓑ フジタ礼拝堂

Chapelle Foujita

洋画家、藤田嗣治が造り上げた礼拝堂。内部の壁は彼のフレスコ画で覆われている。

MAPP.183
♠33 Rue du Champ de Mars ⊗Reimsランス駅から徒歩16分 ☎03-26-35-36-00 ⏰10:00〜12:00、14:00〜18:00 休火曜、10〜4月 料€5.50(第1日曜は無料)

©Cyrille Beudot

ステンドグラスも必見

ここも必見
世界
遺産

Ⓒ ト宮殿

大司教の館として建造。現在は宝物などを展示する。

Ⓓ サン・レミ聖堂

11〜12世紀に建築された。聖レミ司教が眠る。
©Cyrille Beudot

シャンパンメゾンを見学しよう

多くのシャンパンメゾンがカーヴ見学を受け付けており、試飲を楽しむこともできる。HPなどから要予約。

250年の歴史を誇る高級ブランド
ヴーヴ・クリコ *Veuve Clicquot*
料€35〜 URL www.veuve-clicquot.com

辛口シャンパンを生んだメゾン
ポメリー *Pommery*
料€26〜 URL vrankenpommery.tickeasy.com

赤いリボンでおなじみの老舗
G.H.マム *G.H.MUMM*
料€23〜 URL www.ghmumm.com

フジタ礼拝堂 Ⓑ
Chapelle Foujita
G.H.マム
G. H. MUMM
ランス
レピュブリック広場
SNCF
ランス駅
Gare de Reims
市庁舎
R. du Mont d'Arène
Bd. Joffre
タンプリエ
Templiers
ドルーエ・デルロン広場
ブリアン広場
Pl. A. Briand
R. de Cernay
メゾン・フォシエ
Maison Fossier
Hôtel de la Paix
劇場
Ⓐ ノートル・ダム大聖堂
Cathédrale Notre-Dame de Reims
ランス美術館
Musée des Beaux-Arts
Ⓒ ト宮殿 Palais du Tau
Mercure
観光案内所
自動車博物館
Musée Automobile
スタッド・オーギュスト・ドローヌ(スタジアム)
Stade Auguste Delaune
レオ・ラグランジュ公園
Parc Léo Lagrange
ルイナール Ruinart
サン・モーリス教会
R. des Moulins
サン・レミ博物館
Musée St-Rémi
サン・レミ聖堂
Ⓓ Basilique St-Rémi
ポメリー
Pommery
N
5分
0　　400m
ヴーヴ・クリコ

旅メモ 日本人選手も活躍するサッカークラブ「スタッド・ランス」。ホームスタジアム「スタッド・オーギュスト・ドローヌ(Stade Auguste Delaune)」は街の中心から徒歩20分ほど。

Beautiful castles to visit in the Loire Valley

ロワールの美しき古城をめぐる

#ロワール　#古城めぐり　#ロワール渓谷　#フランスの庭

#世界遺産の古城　#loire　# Châteaux de la Loire

世界遺産

パリから
約1時間10分

パリ

ロワール

Loire Info

【こんな街】
フランス随一の長さを誇るロワール川流域に、大小あわせて100近くもの古城が点在。当時の一流の技術を結集させた城はどれも個性的で美しく、見応えがある。

アクセス

パリのMontparnasseモンパルナス駅からToursトゥール駅までTGVで約1時間10分。Bloisブロワ駅へはパリのAusterlitzオーステルリッツ駅からTERなどで約1時間30分

回り方

交通の便が悪いので、現地発のミニバスツアー（右ページ旅メモ参照）や、パリ発のバスツアーへの参加がおすすめ

観光案内所（トゥール）

🏠78-82 Rue Bernard Palissy
☎02-47-70-37-37　🕐8:30
〜19:00（日曜、祝日は9:30〜12:30、14:30〜17:00）、10〜3月は9:00〜12:30、13:30〜18:00（日曜、祝日は10:00〜13:00）🚫一部祝日

名庭園を目当てに訪れる
Ⓐ ヴィランドリー城

中世の要塞跡に建てられた古城。幾何学模様に配された美しい庭園が有名。

水面に美しく映る姿も必見
Ⓑ アゼ・ル・リドー城

ルネッサンス様式の最高傑作のひとつといわれ、16世紀に現在の姿になった。館内には貴重な装飾品が並ぶ。

7人の王と10人の王妃が暮らした
Ⓓ ブロワ城

13〜17世紀の建築が見られる。4つの館が中庭を囲むように並ぶ。

周辺図P.222

ヴィランドリー城 Ⓐ
Château de Villandry
トゥール
Tou

ランジェ城
Château de
Langeais

アゼ・ル・リドー Ⓑ
Azay-le-Rideau
アゼ・ル・リドー駅

ユッセ城 Ⓒ
Château d'Ussé

ポワティエ

童話の世界をそのまま再現
Ⓒ ユッセ城

シャルル・ペローの童話『眠れる森の美女』の舞台になった城。15世紀ゴシックなど多彩な建築様式が混在する。

Ⓐ ヴィランドリー城
Château de Villandry

🚗Toursトゥール駅から車で30分　☎02-47-50-02-09
🕐9:00〜18:00（時期により変動あり、HPで要確認）、入場は閉館の30分前まで　🚫11〜2月に休館あり、HPで要確認
💶城と庭園€13、庭園のみ€8
URL www.chateauvillandry.fr

Ⓑ アゼ・ル・リドー城
Château d'Azay-le-Rideau

🚗Azay-le-Rideauアゼ・ル・リドー駅から車で10分　☎02-47-45-42-04　🕐9:30〜18:00（7・8月は〜19:00、10〜3月は10:00〜17:15）、入場は閉館の1時間前まで
🚫一部祝日　💶€13
URL www.azay-le-rideau.fr

Ⓒ ユッセ城
Château d'Ussé

🚗Chinonシノン駅から車で15分　☎02-47-95-54-05
🕐10:00〜19:00（10〜3月は〜18:00）、入場は閉館の1時間前まで　🚫11月上旬〜2月中旬　💶€14.50
URL www.chateaudusse.fr

Ⓓ ブロワ城
Château Royal de Blois

🚗Bloisブロワ駅から徒歩8分
☎02-54-90-33-33　🕐9:00〜18:30（時期により変動あり、HPで要確認）　🚫一部祝日
💶€14
URL www.chateaudeblois.fr

屋上や庭から眺める絶景も必見

E アンボワーズ城

© Léonard de Serres

ダ・ヴィンチが
晩年を過ごした城

F クロ・リュセ城

© Château du Clos Lucé - Parc Leonardo
da Vinci. Léonard de Serres

ダ・ヴィンチの寝室やアトリエ、
併設されたダ・ヴィンチ・パーク
も見どころ。

ロワール川を見下ろす高台
に建つ、15～19世紀の歴
代王の居城。ルネッサンス
様式の館には、馬で登れる
珍しい塔があり、庭の礼拝
堂内にはダ・ヴィンチの墓も。

© Olivier Marchant

広大な敷地にたたずむ巨城

G シャンボール城

フランソワ1世の命で建造が始まり、約
140年を費やして完成。ダ・ヴィンチの
設計とされる二重らせん階段は必見。

©Sophie Lloyd

©marc jauneaud

「6人の奥方の館」とも呼ばれる

H シュノンソー城

©dominique couineau

アンリ2世の愛人だったディアーヌ・ド・ポワチエをはじ
め、16～19世紀まで代々、女性城主が続いた。

渓谷沿いの
絶景じゃ！

E アンボワーズ城
Château Royal d'Amboise

🚃Amboiseアンボワーズ駅か
ら徒歩10分 ☎02-47-57-
00-98 🕘9:00～18:30(時
期により変動あり、HPで要確
認)、入場は閉館の45分前まで
🎫一部祝日 €16.40
URL www.chateau-amboise.com

F クロ・リュセ城
Château du Clos Lucé

🚃Amboiseアンボワーズ駅か
ら徒歩20分 ☎02-47-57-00-
73 🕘9:00～19:00(1月は
10:00～18:00、7・8月は～
20:00、11・12月は～18:00)、入
場は閉館の1時間前まで 🎫一
部祝日 €19
URL vinci-closluce.com

G シャンボール城
Château de Chambord

🚃Bloisブロワ駅から車で25
分 ☎02-54-50-40-00
🕘9:00～18:00(冬季は～
17:00)、入場は閉館の30分
前まで 🎫一部祝日、11月最
終月曜
€16
URL www.chambord.org

H シュノンソー城
Château de Chenonceau

🚃Chenonceauシュノンソ
ー駅から徒歩5分 ☎0820-
20-90-90 🕘9:00～19:00(冬
季は9:30～17:00※ほか時期
により変動あり、HPで要確
認)、入場は閉館の30分前まで
🎫無休 €17
URL www.chenonceau.com

✎ 旅メモ 現地発のミニバスツアーを催行するTouraine Evasionトゥーレーヌ・エヴァジョン。
URL www.tourevasion.com(日本語あり)

地図:
ヴァンドーム / パリ / オルレアン
ブロワ Blois ブロワ駅 シャンボール城 G Château de Chambord
ブロワ城 D Château Royal de Blois
アンボワーズ城 E Château Royal d'Amboise
シュヴェルニー城 Château de Cheverny
アンボワーズ駅
ロワール川 Le Loir
ショーモン城 Château de Chaumont
トゥール駅
アンボワーズ Amboise
クロ・リュセ城 F Château du Clos Lucé
シュノンソー城 H Château de Chenonceau シュノンソー駅
シェール川 Le Cher
アゼ・ル・リドー城 B Château d'Azay-le-Rideau
アンドル川 L'Indre
トゥルノン・サン・マルタン

EXCURSION
ジヴェルニー
フォンテーヌブロー
ルーアン
ランス
ロワール

アルザスの中心都市 ストラスブール

#ストラスブール #アルザス #クリスマスマーケット #strasbourg

中世の美しい街並みが残るストラスブールは、街歩きが楽しい都市。
世界遺産の旧市街を歩いて、独特の景観や文化を堪能しよう。

パリから
約1時間50分

Strasbourg Info

パリ ■ □
ストラスブール

【こんな街】
ストラスブールはドイツとの国境沿いにあるアルザス地方の中心都市。ノートル・ダム大聖堂を中心に、石畳の道に沿って切妻屋根の古い建物が並ぶ、風情がある街並みが特徴。

アクセス

パリのGare de l'Est東駅からTGVでStrasbourgストラスブール駅まで約1時間50分〜2時間

観光案内所

🏠 17 Pl. de la Cathédrale
☎ 03-88-52-28-28
🕘 9:00〜19:00 🈳 一部祝日

アルザス伝統の木組みの家が建つ運河沿いのプチット・フランス地区をはじめ、フォトジェニックな景観が広がる。アルザスの特産品を販売するショップやスイーツ店にも立ち寄りたい

風光明媚な運河沿いの景色

A プチット・フランス

Petite France

旧市街の西側一帯は「プチット・フランス」と呼ばれ、中世の美しい街並みが残る。白壁に黒い木組みの家や切妻屋根など、アルザス地方独特の家も特徴的。時間をかけて散策したい。

MAP P.186

今も16〜17世紀の建築が残るエリア。川からの眺めを楽しめるイル川クルーズも人気

ストラスブール

日本総領事館
Anc.
Synagogue
Les Halles
Quai Kléber
Q. de Paris
警察

ストラスブール駅
Gare Centrale
市立図書館
Bibliothèque
Municipale
サン・ピエール・ル・ジューヌ教会
St-Pierre le Jeune
Homme de Fer
Tram
B·C·F
市立劇場
R.de la Mésange
中央郵便局
ブローグリ広場
R. Brûlée

クレベール広場
Pl. Kléber
グラン・ディル
高等学校
サンテティエンヌ広場
Pl. St-Etienne
プチ·トラン乗り場

グルテルホフト E
Gurtlerhoft
ノートル・ダム大聖堂 B
Cathédrale Notre-Dame

アン・ノエル・アン・アルザス
Un-Noël en Alsace
時計見学チケット売場
旧市街
ロアン宮 Palais Rohan
ルーヴル・ノートル・ダム博物館
Musée de l'Œuvre Notre-Dame

プチット・フランス A
Petite France

サン・トマ教会
St-Thomas

歴史博物館
コルボー橋

遊覧船乗船場

サント・マドレーヌ教会
Ste-Madeleine

近代美術館
3分
0 240m

ティエリー・ミュロップ F
Thierry Mulhaupt

アルザス博物館 C
Musée Alsacien

見どころが集中しているのは、イル川に囲まれた旧市街。街のシンボルであるノートル・ダム大聖堂の高さは142m

B ノートル・ダム大聖堂
Cathédrale Notre-Dame

11世紀に建造されたゴシック建築の傑作。その後200年かけて改修され、1439年に現在の姿に。建物を覆う彫刻や12世紀の美しいステンドグラス、尖塔からの眺望も必見。

MAP P.186

🚶 Pl. de la Cathédrale ⓉA・D線 Langstross Grand'Rue ランストロ・グラン・リュ駅から徒歩4分 ☎03-88-23-63-42 🕐大聖堂8:30〜11:15、12:45〜17:45（日曜は14:00〜17:15のみ）、塔9:30〜13:00、13:30〜20:00（10〜3月は10:00〜13:00、13:30〜18:00）🈺無休（塔は一部祝日）💰聖堂無料、塔 €8、仕掛け時計 €4

赤色砂岩で造られ「バラ色の天使」や「貴婦人」などの愛称を持つ

12:30から10分間動く天文時計の見学時は有料。チケットは聖堂内売店で9:30〜11:00に販売（外の窓口は11:30〜12:00）、入場は11:30〜

C アルザス博物館
Musée Alsacien

アルザス地方にまつわる民族衣装や婚礼衣装、生活用品、ワイン造りの道具などを展示。17世紀の建物も見応えがある。

古い民家を利用した博物館で、昔の生活様式を知ることができる

MAP P.186

🚶 23-25 Quai St-Nicolas ⊗ノートル・ダム大聖堂から徒歩8分 ☎03-88-52-50-01 🕐10:00〜18:00 🈺火曜、一部祝日 💰€7.50

©Christophe Hamm

クリスマス市はフランス最大級。約400の小屋が設けられ、華やかにライトアップされる

クリスマス以外の季節はココへ

D アン・ノエル・アン・アルザス
Un Noël en Alsace

年中クリスマスグッズが買えるプチット・フランス地区の専門店。木やガラス、レースなどのオーナメントを販売。

MAP P.186

🚶 10 Rue des Dentelles ⊗ノートル・ダム大聖堂から徒歩8分 ☎03-88-32-32-32 🕐11:00〜17:30 🈺日曜

2階建ての店内にハンドメイドのオーナメントが並ぶ

行列ができるアルザス料理店

E グルテルホフト
Gurtlerhoft

旧市街の中心部にある石造りの穴倉のような店内で、名物のシュークルートやタルト・フランベなどの郷土料理が味わえる。

MAP P.186

🚶 13 Pl. de la Cathédrale ⊗ノートル・ダム大聖堂から徒歩1分 ☎03-88-75-00-75 🕐11:45〜13:45（12月は11:30〜）、18:45〜21:45 🈺無休

石造りの古い建物を利用した趣ある店内。薄い生地で焼いた人気のタルト・フランベは€17.90

洗練されたアルザス菓子店

F ティエリー・ミュロップ
Thierry Mulhaupt

ティエリー・ミュロップ氏がパリの名店で修行後にオープン。仏最高パティシエにも選ばれた彼のケーキは芸術品のよう。

伝統菓子クグロフは450gで€12.30

MAP P.186

🚶 18 Rue du Vieux Marché aux Poissons ⊗ノートル・ダム大聖堂から徒歩3分 ☎03-88-23-15-02 🕐10:00〜13:00、14:00〜18:00（金曜は9:15〜18:00、土曜は8:30〜18:00、日曜は8:30〜12:00）🈺月曜（12月は無休）

おいしい焼き菓子やショコラでも有名なスイーツ店

こんな街もおすすめ

他にもひと足のばしたい
おすすめの街がたくさん。
街ごとに違った魅力が
感じられるよ。

ロココとアール・ヌーヴォーの美しい街

ナンシー　Nancy　**MAP** P.223 G-2

15世紀以降、ロレーヌ公国の首都として華やかな
芸術文化が花開いた美の都。ロココ装飾やアール・
ヌーヴォーの傑作を生み出している。

アクセス
パリのGare de l'Est東駅からTGVでNancyナンシー駅ま
で約1時間30分

世界遺産

ロココ芸術の傑作を満喫
スタニスラス広場
Place Stanislas

広場にあるネプチュー
ン門はロココ装飾の
最たるもの

広場の入口は建築家のエマニュエル・エレが設計し、
金工芸家のジャン・ラムールが装飾を施した黄金色の
鉄門が配された。中央にはスタニスラス王の像が立つ。

アール・ヌーヴォーの生誕地
ナンシー派美術館
Musée de l'École de Nancy

エミール・ガレや
ドームなど、ナン
シー派の作品を展
示。華美な曲線を
描くアール・ヌー
ヴォーのガラス工
芸や家具が並ぶ。

アンリ・ベルジュ作のステンド
グラス『女と黒猫』

世界遺産の大聖堂が見守る古都

シャルトル　Chartres　**MAP** P.223 E-2

穀倉地帯、ボース平野の中心にある古都。4世紀中頃か
ら聖母マリア信仰の巡礼地として栄えた。重厚な石橋
や数百年前の水車など、街並みに中世の名残を伝える。

アクセス
パリのMontparnasseモンパルナス駅からTER
でChartresシャルトル駅まで約1時間～1時間
15分

©studio Martino

世界遺産

壮大なステンドグラスは圧巻
ノートル・ダム大聖堂
Cathédrale Notre-Dame de Chartres

街中から見える大聖
堂。様式の異なる2
本の塔が印象的

シャルトル大聖堂の通称を持ち、世界遺産にも登録さ
れているフランス・ゴシック様式の傑作。シャルトル・
ブルーと呼ばれる内部のステンドグラスは見事。

アルザス地方のもう1つの観光都市

コルマール　Colmar　**MAP** P.223 G-2

©Tourism Colmar

16世紀から水上交通の要衝
として栄えてきたコルマー
ル。街の東には運河が流れ、
パステルカラーのカラフル
な家並みが続くロマンティ
ックな光景が広がる。

アクセス
パリのGare de l'Est東駅からTGVでColmarコルマール駅まで
約2時間30分。Strasbourgストラスブール駅からはTERで約30分

「小さなヴェネツィア」と呼ばれる地区
プチット・ヴニーズ
Petite Venise

運河沿いに並ぶカラフルな
木組みの家「コロンバージ
ュ」が、水の都ヴェネツィア
を連想させる。

BASIC INFORMATION

BOOK CAFE

気になるフランス文化あれこれ

#日本文化とだいぶ異なる!?
フランス文化と習慣の不思議

料理、アート、建築、ファッションなど、どこをとっても美しく魅力的な国フランス。街の雰囲気に浸りたい、パリジャンのようになりたいと憧れる人も多い。いっぽうで、日本ではなかなか理解しがたい、フランス人のこだわりが詰まったライフスタイルや不思議な習慣も存在する。本欄ではそんな「素顔のフランス」を紹介したい。

#夏はバカンスで街はからっぽ

年間5週間の有給休暇の消化が法律で決められているフランス。このバカンスのために生きているようなフランス人たち、休みの前から旅行の計画で仕事はそっちのけ。休暇明けには「やれやれ、また仕事が始まった」と日焼けした顔をしかめている。7月半ばを過ぎた頃からパリなどの大都市の住宅地は閑散とし始め、8月に混んでいるのはエッフェル塔などの観光地ばかりだ。

#家族や友人とは「ビズ」をする

ビズとはあいさつのキスのこと。唇をつけるのではなく、頬と頬を2回あるいは4回くっつけて「チュッ」と音を鳴らす。異性間では初対面でもビズをするが、ビジネス相手や男性同士なら握手だけの場合も。ひげの男性とビズするとチクチク痛いという弊害あり。

#ノエルは家族と過ごす

町中にカップルがあふれてにぎわう日本のクリスマスと違い、フランスのノエル（クリスマス）の夜は静か。多くの人が自宅で家族と過ごすからで、夕方までに買い出しを済ませ、商店は早々に店じまい。家族が揃って家でフォアグラや生牡蠣、シャンパン、ブッシュ・ド・ノエルなどのご馳走を楽しむのが一般的。いっぽう年越しは友人同士でパーティをして夜通し盛り上がるというパターンが多い。

#ストライキでも怒らない

ストライキ（グレーヴ grève）はフランス名物。2020年には29日連続という公共交通機関のストが起こり、パリジャンたちは自転車やカーシェア通勤で乗りきった。鉄道や飛行機がキャンセルとなり、フランス人たちが怒るかといえばそうでもない。「ストは労働者の当然の権利」と考える人が多く、おとなしく他の移動手段を探す姿は意外なほどだ。

#雨が降っても
傘をなかなかささない

日本より降雨量が少なく、一日中雨が降り続くことが少ないなどの理由はあるものの、なぜかあまり傘を持ち歩かないフランス人。フードをかぶる程度で雨の中を気にせず歩いている人が多い。

#手書きメニューが読めない

カフェやビストロでは日替りメニューや本日のおすすめが黒板に手書きで書かれている店も多い。この手書きメニュー、たいていアートすぎる達筆？で書かれていて、解読はなかなかの至難のワザ。数字の書き方も日本と少し違ってクセがあり、値段もかなり読みにくい。

#小さいときから美術館へよく行く

ルーヴルやオルセーなどの美術館では、引率の先生に連れられた子どもたちの集団に出会うことが多い。おとなしく作品の説明を聞き、積極的に質問などもしている子どもたちの姿には感心する。各美術館では親子向けガイドツアーやアトリエなどの企画もさかん。幼い頃からアートに親しむ素地を作っているのは、さすがフランス。

#蚤の市やセカンドハンドでおしゃれを楽しむ

蚤の市で見つけた古着やお母さんからのおさがりなどの古着と、新品をミックスしておしゃれに着こなすのが上手なパリジェンヌ。とくにここ数年はエコロジーに配慮してデパートにも大きなリサイクルコーナーができたり、ブランドがネットで自社製品のリサイクル販売を始めるなど、古着市場は拡大している。そもそもパリジャンは住まいも築数百年のアパルトマンをリフォームして住むなど、古いものを活かしてセンスよく暮らすことは得意中の得意。

#並んでいる人がいてもレジや窓口が閉まる

フランスでは働く人の権利が守られており、休憩時間や勤務時間もしっかり決まっている。そこでワリを食うのは利用者や観光客。並んでいたのに、休憩や閉館と言われて目の前で窓口やレジが閉まるのは日常茶飯事。

#ワインを飲まないと「？」という顔をされる

高級フレンチレストランのディナーなどでワインリストを出されて「いらない」と断ると、サービス係に不思議そうな顔をされることがある。フランス料理では、たとえば牛肉の赤ワイン煮込みなら同じ産地の赤ワインを飲むなど、どんなワインが料理に合うかを常に考えられているからだ。お店の人の「？」という顔は怒っているわけではもちろんなく、料理を十二分に楽しんでもらえなくて残念、ということ。

#便座がないトイレも？

公衆トイレが少ないなど、フランスのトイレ事情は苦労が多い。さらに高速道路のサービスエリアや公立の学校などのトイレには、なぜか便座がないことがある。壊れて外れたわけではなく、もともと取りつけていないように見える。バッグを持ったまま足をふんばって腰を浮かせるトイレタイムはかなりの苦行！

事前に知っておきたい
ベストシーズン&パリの基本

ベストシーズンは5〜10月頃。天候やイベントを見比べて時期を決めよう。

	1月	**2**月	**3**月	**4**月	**5**月	**6**月
				サマータイム		
平均気温と降水量	4.6℃	5.0℃	8.2℃	11.2℃	14.9℃	18.2℃
	45mm	43mm	44mm	41mm	62mm	58mm
日の出	8:43	8:20	7:31	7:26	6:28	5:50
日の入	17:03	17:46	18:33	20:21	21:05	21:46

祝祭日&イベント

1月
- **1月1日** 元日
- **1月6日** 公現祭（ガレット・デ・ロワを食べる日）
- **1月10日〜2月6日** 冬のソルド（セール）

2月
- **2月24日〜3月3日** 国際農業見本市（Salon International de l'Agriculture）
- **2月26日〜3月5日** 秋冬パリコレ（ウィメンズ）

3月
- **3月31日** ※ 復活祭（イースター）

4月
- **4月1日** ※ 復活祭の翌月曜日
- **4月7日** パリ・マラソン

5月
- **5月1日** メーデー
- **5月8日** 第二次世界大戦終戦記念日
- **5月9日** ※ キリスト昇天祭
- **5月18日** ニュイ・デ・ミュゼ（美術館の夜）
- **5月19日** ※ 聖霊降臨祭
- **5月20日** ※ 聖霊降臨祭の翌月曜日
- **5月26日〜6月9日** 全仏オープンテニス

6月
- **6月1日** ニュイ・ブランシュ（アートの祭典）
- **6月21日** フェット・ド・ラ・ミュージック（音楽祭）
- **6月26日〜7月23日** 夏のソルド（セール）

アドバイス

緯度が高いパリは冬が長く、日照時間も短い。降雪は少なめだが、平均気温5℃前後と寒いので防寒具は必須。年2回のソルド（セール）の時期は街中が買い物客でにぎわう。

本格的に暖かさを感じるのは4月の下旬から。5月でも朝晩は冷え込むことがあるので、上着は携帯したい。5・6月から観光のベストシーズンに入り、イベントも増える。

知っておきたい パリのキホン

時差	飛行時間	通貨とレート	電圧とプラグ
−8時間	**約14〜15時間**	**€1＝約155円**	**230V**
日本が正午のときフランスは同日の午前4時。3月の最終日曜日から10月の最終日曜日までのサマータイム期間中は−7時間になる。	羽田、成田、関西の3空港からパリへ直行便が運航。発着はパリのシャルル・ド・ゴール国際空港。日本を昼に出発し、パリに夕方着く便が多い。	EUの統一通貨ユーロ（€）を使用。1€＝100c（サンチーム）。紙幣は6種類、硬貨は8種類ある。※為替は2023年12月現在	日本より電圧が高いので変圧器が必要だが、カメラや携帯電話など240V まで対応のものも多いので取扱説明書等で確認を。電源プラグはCタイプかSEタイプが一般的。

※平均気温と降水量は気象庁のデータに基づきます。※日の出／日の入り時刻はNOAAの2024年（各月1日）のパリのデータです。

CHECK

『 休業に注意 』

基本的に日曜に休む店が多いが、デパートや観光客が多い地区の店では日曜営業も増えている。夏季のバカンスシーズンにも注意。とくに8月は多くのパリ市民がバカンスに出かけて街が静かになり、長期休業する店も多い。

『 2024年はオリンピックイヤー 』

2024年7月26日〜8月11日にオリンピックが、8月28日〜9月8日にパラリンピックがパリで開催される。開催に向けた建設工事や改装も街中で進行中。観光や交通の面でも、今後さまざまな影響や変化が起こると予想される。

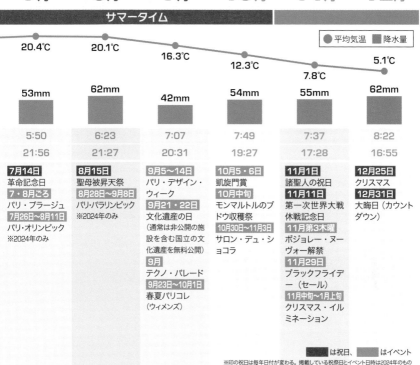

	7月	**8**月	**9**月	**10**月	**11**月	**12**月
サマータイム						
平均気温	20.4℃	20.1℃	16.3℃	12.3℃	7.8℃	5.1℃
降水量	53mm	62mm	42mm	54mm	55mm	62mm
日の出	5:50	6:23	7:07	7:49	7:37	8:22
日の入	21:56	21:27	20:31	19:27	17:28	16:55

● 平均気温　■ 降水量

7月14日
革命記念日
7・8月ごろ
パリ・プラージュ
7月26日〜8月11日
パリ・オリンピック
※2024年のみ

8月15日
聖母被昇天祭
8月28日〜9月8日
パリ・パラリンピック
※2024年のみ

9月5〜14日
パリ・デザイン・ウィーク
9月21・22日
文化遺産の日
（通常は非公開の施設を含む国立の文化遺産を無料公開）
9月
テクノ・パレード
9月23日〜10月1日
春夏パリコレ（ウィメンズ）

10月5・6日
凱旋門賞
10月中旬
モンマルトルのブドウ収穫祭
10月30日〜11月3日
サロン・デュ・ショコラ

11月1日
諸聖人の祝日
11月11日
第一次世界大戦休戦記念日
11月第3木曜
ボジョレー・ヌーヴォー解禁
11月29日
ブラックフライデー（セール）
11月中旬〜1月上旬
クリスマス・イルミネーション

12月25日
クリスマス
12月31日
大晦日（カウントダウン）

　は祝日、　はイベント
※印の祝日は毎年日付が変わる。掲載している祝祭日とイベント日時は2024年のもの

夏は快晴が多く降水量も少なめ。7・8月は30℃を超える日もあるが、基本的には夏もカラリとして過ごしやすい。8月はバカンスで休業が多いので注意。9月には秋の訪れを感じる気候に。

朝夕に冷え込むことが増え、11月には本格的な冬が到来。曇りがちの日が増える。11月下旬以降は、シャンゼリゼ大通りをはじめ街中で美しいイルミネーションが楽しめる。

滞在日数の目安	タバコとお酒	公用語	レジ袋	服装
5泊7日	**購入は18歳以上**	**フランス語**	**廃止**	**夏でも上着を**
パリ市内の主要スポットをめぐるのであれば4泊6日でもいいが、余裕があれば1日かけてモン・サン・ミッシェルまで足をのばすのがおすすめ。	駅や美術館、ホテルなど屋内の公共スペースや、カフェやレストランのテラス席・喫煙室以外は禁煙。違反すれば罰金となる。公共の場での泥酔は法律で禁じられている。	観光スポットは英語が通じ、案内板も英語併記されていることが多いが、個人商店などでは通じないことも。あいさつ程度は覚えておくとスムーズ。	2016年に使い捨てのプラスチック製レジ袋が廃止に。有料で紙袋などを販売する店もあるが、エコバッグを持参すると無難。おみやげを兼ねて現地調達するのもおすすめ。	年間を通して日本より気温が低め。夏場でも朝晩は冷え込むことがあるので、1枚羽織れるものがあったほうがよい。

パスポート&ETIASの手配

飛行機を手配しても、これがなければ渡航できない！最優先で手配をしよう。

旅先での身分証明書 パスポート

パスポートとは旅券のことで、海外へ渡航する際には必ず所持が必要。現地での身分証明書となり、ホテルのチェックインや両替時に提示を求められるので出し入れしやすいところにしまっておく。

5年用

10年用

外務省パスポート（旅券）
URL www.mofa.go.jp/mofaj/toko/passport/
※申請書のダウンロードも可能

ポイント

📍 **申請はなるべく早く！遅くても2週間前**

住民票のある都道府県や市町村で手続きをするが、窓口によっては受付時間が平日の日中だけで、受け取りまで2〜3週間かかることも。顔写真や戸籍謄本など必要書類の用意もあるので、早めの準備を。通学・通勤地などで居所申請をする場合は、住民票の写しも原則必要。切替申請はオンラインでも可能。

📍 **受け取りは本人だけ**

申請は家族などの代理人でもできるが、受け取れるのは本人だけで、乳幼児でも必ず窓口へ行かなければならない。詳細は外務省公式サイトなどで確認しよう。

📍 **手数料は**

10年旅券は1万6000円。5年旅券は12歳以上が1万1000円、12歳未満が6000円。

パスポートを持っている人は

有効期限が過ぎていないか早めに確認しよう。期限内でもフランス入国の際は、滞在日数プラス3か月以上の残存有効期間が必要となる。フランスだけでなくヨーロッパを周遊するならシェンゲン協定加盟国（→右のカコミ）での合計滞在日数プラス3か月以上が必要となる。

ポイント

📍 **シェンゲン協定とは**

欧州連合（EU）国と欧州自由貿易連合（EFTA）国の一部が加盟する検問廃止協定のこと。出入国審査、税関手続きなどが不要に。ただし、パスポートの携行は必須。加盟国はフランス、イタリア、ドイツ、スペイン、スイス、オーストリアなど27か国。（2023年12月現在）イギリス、アイルランドは非加盟。

ビザは不要だが今後はETIASが必要に

フランスに渡航する場合、観光目的であれば日本国籍の人は90日までビザなしで滞在可能。観光で91日以上の滞在は不可。他のヨーロッパ諸国（シェンゲン協定加盟国）での合計滞在日数も180日の間に90日まで。2023年12月現在、短期観光客はビザなしで入国できるが、2025年からフランスを含む欧州27か国への渡航には電子渡航認証制度（ETIAS エティアス）の申請が必要になる予定。申請はオンラインのみで、申請から承認されるまで時間がかかる可能性もあるので、必要な日数についてあらかじめチェックしておこう。

URL etias-web.com

パリ旅行の持ちものリスト

自分の旅のスタイルにあわせて必要なものを準備&手配して、荷造りをしよう。

必要なもの

- ☐ パスポート
- ☐ 海外旅行保険証
- ☐ クレジットカード
- ☐ 現金（円・ユーロ）
- ☐ eチケット控え
- ☐ ホテル予約確認書
- ☐ スマホ・携帯電話

バッグ類&身の回り品

- ☐ スーツケース（預け入れ荷物）
- ☐ 機内持ち込みバッグ
- ☐ 持ち歩き用バッグ
- ☐ 液体物持ち込み用ビニール袋
- ☐ 衣服（Tシャツなど日数分）
- ☐ 羽織りもの
- ☐ 防寒具（冬）
- ☐ 下着
- ☐ 帽子
- ☐ サングラス
- ☐ 部屋着
- ☐ 洗面用具
- ☐ 歯ブラシ
- ☐ 常備薬
- ☐ 化粧品・メイク落とし
- ☐ 日焼け止め・アフターケア用品
- ☐ ティッシュ
- ☐ 除菌シート
- ☐ マスク

電気製品類

- ☐ スマホの充電器とケーブル・バッテリー
- ☐ カメラ・充電器・メモリーカード
- ☐ 海外対応ヘアドライヤー
- ☐ レンタルWi-Fiルーター（P.196参照）

あると便利なもの

- ☐ ガイドブック
- ☐ スリッパ
- ☐ むくみ防止の着圧ソックス
- ☐ 雨具（折りたたみ傘）
- ☐ 流せるティッシュ
- ☐ 圧縮袋・ビニール袋
- ☐ ペンとメモ
- ☐ サニタイザー
- ☐ エコバッグ

機内持ち込みの
液体物は袋に

液体物は100ml（g）以下の容器に入れ、容量1L以下のジッパー付きのビニール袋1枚に収めることが義務づけられている。袋のサイズとしては正方形の場合は縦20cm以内、横20cm以内、長方形の場合は縦横の合計が40cm以内が目安。歯磨き粉などの練り状のものやハンドクリームなども含むので注意しよう。

インターネットと便利なアプリ

旅先でも使いたいインターネット。どんな準備をしていくべきかおさらいしよう。

予約や出入国手続きでも活躍するスマートフォンは旅の必需品。データ通信料の高額請求を避けるため、パリのネット環境とスマホ設定は確認しておこう。便利なアプリは日本でダウンロードしていくのがおすすめ。

事前準備が大事だね～

ネット環境比較

	Wi-Fiルーターのレンタル	海外パケット定額サービス	プリペイドSIM
メリット	◆Wi-Fiルーターに接続する操作が簡単 ◆大容量タイプなら1台で複数台接続可能	◆ルーターなど付属機器不要のため身軽 ◆簡単に設定ができる ◆必要なときだけ使える	◆ルーターなど付属機器不要のため身軽 ◆SIMカードの入れ替え不要のeSIMが便利
デメリット	◆事前の申し込みが必要 ◆出発前の受け取りが必要 ◆帰国後の返却が必要 ◆プランによっては使用量制限・速度制限がある ◆ルーターが重い	◆プラン設定しないと料金が高額になる ◆利用期間によっては割高になることも	◆SIMフリーでなければロックの解除が必要。 ◆SIMカードを紛失したら買い直さなければならない

キャリア別海外サービス

各キャリアが提供している海外パケット定額プランなら、簡単な申し込みや設定だけで、データ通信量を気にせずにメール、インターネットが利用できる。

📍 **NTTドコモ**
1時間200円から使える「世界そのままギガ」（事前申し込み必要）と、1日最大2980円で使い放題の「世界ギガし放題」がある

📍 **au**
24時間690円～の「世界データ定額」プランがある。データチャージ（無料）に加入していることが条件

📍 **ソフトバンク**
24時間3GB980円から利用できる「海外あんしん定額」や、1日最大2980円で使い放題の「海外パケットし放題」がある

渡航前にやっておきたい
スマホの設定

スマホの「データローミング」という機能は、各キャリアの電波が届かない場所に行った際に、各キャリアが提携している現地の携帯会社の電波を受信しようとする。海外へ行く際にデータローミングをオンのままにしてしまうと、いつもより高額な通信費に。左のようなサービスを使わないなら、オフの設定を忘れずに。

設定（Androidなら無線とネットワークへ）→モバイルデータ通信→データローミングをオフ

※各種料金・プランは2023年12月現在の情報です。

ダウンロードしておきたいアプリ

交通 パリ市内の交通情報を網羅！
Bonjour RATP

RATP（パリ交通公団）のアプリ。メトロ路線図や現在地から最寄り駅検索、経路検索などの機能のほか、最新の運行情報も得られる。アプリを使ってナヴィゴ（ICカード）のチャージも可能。

交通 公共交通機関の公式アプリ
Île-de-France Mobilités

Bonjour RATPと同じ経路検索やチャージ機能があるほか、アプリ上で切符を購入し、そのままスマホタッチで改札が通れる機能もある（2023年12月現在、一部機種を除くAndroidのみの対応）。

交通 フランス国鉄を利用するなら
SNCF Connect

パリから別の都市に足を延ばすなら、TGVなどの列車が予約でき、チケットを発券せずそのまま乗車ができるこちらのアプリがおすすめ。

交通 タクシー会社の配車アプリ
G7 TAXI
 G7

現在地と目的地を入力すると、近くを走るタクシーが配車される。予約料金がかかるが、正規タクシーで料金体系が一定なので安心。目的地を確実に伝えられ、目安金額が事前にわかるのも便利。

交通 配車も楽ちんで自由自在に移動
Uber

目的地を入力して車種（料金）を選択すると近くにいるドライバーを配車。登録したクレジットカードで決済されるから車内の会話はあいさつ程度でOK。

アプリによっては、オフラインで使える機能もあるので事前にチェック！

地図 オフラインでも地図が使える！
Googleマップ

ルート検索やナビ、交通状況などを日本語で案内。地図を保存しておけばオフライン時でも閲覧可能。行きたい場所を保存してリスト化も可。

翻訳 言葉の不安はこれで解消
Google翻訳

キーボードや音声、手書き入力での翻訳のほか、カメラでかざすとメニューなども翻訳できる。フランス語と日本語会話の同時通訳もできる。

レストラン お店探しや予約に使える
The Fork

ヨーロッパで人気のあるレストラン予約アプリ。現在地から近くのレストランの検索＆予約ができるほか、店によってはアプリからの予約で最大50%オフなどの特典も利用できる。

旅行 現地ツアー・アクティビティを予約
VELTRA

現地ツアーを予約・管理できるアプリ。日本語ツアーもさまざまな種類があり、モン・サン・ミッシェルなどの人気観光地の日帰りツアーのほか、特別な体験ができるプライベートツアーなども選べる。

CHECK

現地のWi-Fi事情

ホテルではほぼWi-Fi（フランス語でウィフィ）が使えるほか、カフェでも使えることが多い。シャルル・ド・ゴール空港にも無料Wi-Fiがある。また図書館や公園、役所などの一部公共施設でも、パリ市が提供する無料Wi-Fi（Paris Wi-Fi）が使える。

 注意！　無料Wi-Fiはセキュリティ面が弱いため、クレジットカード番号など重要な個人情報は入力しないこと

知っておきたい！出入国の流れ

旅の玄関口となる空港での流れや必要書類を知っておけば、入国審査も怖くない！

フランス入出国の流れ

Immigration

日本 ➡ フランス入国

1 • 到着

空港に到着したら案内板に従って入国審査場へ。EU諸国内パスポート保持者とそれ以外に分かれているので、EU以外に並ぶ。

2 • 入国審査

必要な書類はパスポートだけだが念のため帰りの航空券（eチケット控え）も用意を。滞在期間や目的など簡単な質問をされることもある。有人ブースのほか、出入国審査自動ゲート「PARAFE」の利用も可能。シェンゲン協定加盟国を経由した場合、フランスでの入国審査は行われない（右下参照）。

3 • 手荷物受け取り

搭乗便名が提示されたターンテーブルで荷物を受け取る。紛失や破損の際は、荷物引換証を係員に見せて対応してもらう。

4 • 税関

免税範囲内であれば申告は不要なので緑のサインの出口へ。申告するものがあれば、赤いサインのブースで申告する。肉・乳・卵製品は原則的に持ち込み禁止。果物・野菜・動植物も規制対象のものが多い。€1万相当額を超える現金や有価証券なども出入国時に申告が必要。

●フランス入国時の免税範囲

酒類：アルコール分22％ 超1ℓ または22％ 以下2ℓ、ワイン4ℓ、ビール16ℓ
たばこ：紙巻200本、葉巻50本（または小型葉巻100本）、その他250ｇ
※酒・たばこの免税は17歳以上のみ
その他：€430（陸路入国は€300。15歳未満は€150）相当額以下（旅行中に使用するノートPC、携帯電話、カメラなどは除く）

5 • 到着ロビー

税関を抜けてゲートをくぐると到着ロビー。銀行や案内所などが並んでいるので、ここで両替など旅の準備をするのもよい。

フランス出国 ➡ 日本

1 • 空港へ

空港には2〜3時間前までに到着を。免税手続きがある場合は、さらに時間に余裕を持つこと。

2 • 免税手続き

免税手続きがある場合は、免税書類やパスポート、購入品を持ってPablo端末やDÉTAXEのカウンターへ。

3 • チェックイン

利用する航空会社のカウンターや自動チェックイン機で、パスポートと航空券（eチケット控え）を提示して荷物を預け、搭乗券とバゲージクレームタグを受け取る。化粧品、ワイン、ソフトチーズ、マカロンなどは液体とみなされるものが多く、機内持ち込みが制限されるので預け入れ荷物に。

4 • 出国審査・セキュリティチェック

パスポートや搭乗券を用意してブースで審査を受ける。出入国審査自動ゲート「PARAFE」も利用できる。審査場を通過したら、手荷物の検査とボディチェックを受ける。

5 • 搭乗

時間があれば出発までショッピングを楽しもう。遅くても30分前には搭乗口へ。急に搭乗口が変更されることもあるので、モニターやアナウンスに注意すること。

出入国はどこで？

◎シェンゲン協定加盟国（P.194）を経由する場合
入国→入国審査は乗り継ぎ国（最初に入ったシェンゲン協定加盟国）で行う。税関検査は場合により異なる。出国→出国審査は乗り継ぎ国（最後に出るシェンゲン協定加盟国）で行う。税関検査は場合による。

◎直行便、またはシェンゲン協定加盟国以外を経由する場合
フランスで出入国審査を行う。

フランス出国時の免税手続き

買い物時にもらった免税書類は、出国時に空港での免税手続きが必要となる。フランスでは免税手続きの電子認証システム「Pabloパブロ」を導入しているため、Pabloのロゴがあれば空港内のパブロ端末で認証、または税関窓口でスタンプをもらう。承認が済んでいない書類は無効なので手続きを忘れずに。

フランスでの免税手続き

フランスでは商品にTVA（付加価値税）が20%（食品などは5.5%）含まれているが、旅行者が手続きをすれば手数料を引いた額が返金される。

●免税条件 16歳以上でEU圏外在住。1日に1店舗で€100.01以上の買い物（たばこ、医薬品、骨董品など対象外あり）。購入月末日から3か月以内に購入者本人が商品を未使用のままEU加盟国外へ持ち出すこと。

●店での手続き 店員に「Détaxe, s'il vous plaît デタックス、スィル・ヴ・プレ」と言ってパスポートを提示し、免税書類を作ってもらう。店により最低購入金額が異なったり、免税手続きを扱わない場合もある。

●空港での手続き パブロ端末では書類のバーコードを読み取り、認証されれば終了。パブロが利用できない場合は税関窓口でスタンプをもらう。クレジットカードで払い戻す場合は、購入店でもらった封筒に書類を入れて税関近くにあるポストに投函（パブロで認証した場合は原則、不要）。現金で払い戻す場合は、空港の払い戻しカウンターへ。

※免税手続きは原則、EU圏内で最後に出国する国で行うが、乗り継ぎのフライトによっては出発空港で手続きできることもある。

日本へ帰国時 携帯品・別送品の申告

税関では、テロの未然防止や密輸阻止を図り、迅速で適正な通関を行なうため、日本に入国（帰国）するすべての人に「携帯品・別送品申告書」の提出を義務付けている。帰りの機内で配られるので受け取ろう。空港にも備え付けられている。

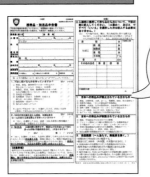

アドバイス

「Visit Japan Web（URL www.vjw.digital.go.jp）」にアクセスし、必要事項を登録しておけば、スマートフォンでも申告書を作成できる。入力が完了するとQRが作成されるので、主要空港の税関検査場内の電子申告端末にコードをかざそう。

出入国時の税関手続き

日本出国

高価な外国製品や多額の現金を持ち出す際は、各様式に必要事項を記入して税関に提出しなくてはならない。おもな対象品は以下。

・腕時計や宝飾品などの外国製品
・100万円相当額の現金や小切手等
・輸出免税物品

日本入国時

●免税範囲
★酒類……3本（1本760ml程度のもの）
★たばこ……紙巻200本、葉巻50本、そのほか250gのいずれか1種。加熱式たばこは個装等10個。2種類以上を持ち込む場合は、換算して250gまで。日本製、外国製、居住者、非居住者の区別はない。
★香水……2オンス（1オンスは約28cc）
★その他の品物……20万円。品物の合計額が20万円を超える場合、20万円の枠におさまる品物が免税。同じ品目の合計金額が1万円以下のものはすべて免税。※20歳未満は、酒類とたばこは範囲内でも免税にならない。

●日本への主な持ち込み制限
ワシントン条約で規制されている動植物や物品（象牙、ワニ皮製品、ヘビ・トカゲ製品、ベッコウ製品、毛皮・敷物の一部、ランなど）／家畜伝染病予防法・植物防疫法で定められた動植物（肉製品、果物、野菜を含む）／麻薬類、通貨・証券の偽造品、猟銃、空気銃、刀剣など／偽造ブランド品など、知的財産権を侵害する物品／医薬品や化粧品など

キャッシュも必要！
両替についての基礎知識

現金は最低限だけ用意するのがコツ。両替の場所やタイミングも知っておきたい。

クレジットカードやタッチ決済が普及しているフランスでも、ある程度の現金は持っておきたい。クレジットカードが使えないタクシーや、マルシェや蚤の市、個人商店などで現金を使う場面がある。日本で€100程度の少額の現金を用意しておくといいだろう。現地到着後に両替をする予定なら、ATMや両替所（Bureau de change ビュロー・ド・シャンジュ）を利用する。レートや手数料は場所により異なるので、確認すること。

両替アドバイス

両替所で掲示されているレートボードには「We Sell」と「We Buy」の2つの列があり、このうち見るのは「We Buy」のほうのレート。「We」は両替所側をいう。数字が大きいほどレートがいい。また、レートをよく見せかけて、手数料を多くとるところもある。手数料はボードに小さく書かれていることが多い。

フランスの通貨

通貨単位はユーロ（€）とサンチーム（¢）で
€1＝100¢。€1＝約155円※2023年12月現在

チップについて

チップの習慣は減少傾向にあり、基本的には必要ない。特別なことを頼んだ場合や、気持ちのよいサービスを受けたときなどは、お礼を少額渡すとよい。高級レストランでは料金の10%程度を渡すとスマート。ホテルのポーターには荷物1個につき€1〜2程度（通常の清掃には不要）、タクシーも原則不要だが、荷物をトランクに入れてもらった場合などは€2〜3程度。端数を切り上げて渡すのもよい。管理人がいるトイレや、チップ皿があれば€0.5〜1程度を。金額が決まっている場合もある。

CHECK

▶ パリでの1日の出費（ホテル代別）をシミュレーションしてみよう

食費

朝食　カフェ・クレームとクロワッサン €5
ランチ　ガレットとドリンク、
　　　　またはビストロの1皿ランチ €15〜20
ディナー　ビストロ€40〜80
　　　　（※高級店の場合は€100〜）
おやつ　マカロン €3
カフェ　エスプレッソ（カフェ） €3

観光費

エッフェル塔€29.40
ルーヴル美術館€22

交通費

ナヴィゴ・ジュール（1
日乗車券） €8.65

総額　約€170（約2.6万円）

現金も引き出せる！
クレジットカードは必須

カードがあれば、さまざまな支払いがカンタン。現金の引き出しもできて便利！

国際ブランドのマークがついたカードならATM（フランス語でディストリビューター・ド・ビエDistributeur de billets）からキャッシングして現地通貨が引き出せる。また、持ち主の身分を保証するものなので、ホテルなどではデポジット（保証金）としても使える。携行するなら、渡航前にキャッシングの利用可否、暗証番号、限度額も併せて確認しておくこと。カード番号と緊急連絡先はいざというときに参照できるようメモしておこう。近年ではキャッシュレス化が進み、タッチ決済（ICチップ入りのクレジットカードやスマートフォンを決済端末にかざす）が可能な場所も多い。多額の現金をATMで引き出すより、安全対策としてもクレジットカードやタッチ決済ができる環境を整えておくことが肝心。

yes!

アドバイス

カード支払い時、決済を日本円かユーロかで選べる場合があるが、円決済は店舗が独自に為替ルートを決められるため割高になる可能性がある。一般には現地通貨で決済したほうがよい。

デビットカードもチェック！

クレジットカードと同様に使えるデビットカード。銀行口座から即時引き落とし＆口座残高の範囲内で使えるため、予算管理にもってこい！

クレジットカードで現金を引き出せます！

ATMの使い方

❶ カードを入れる
国際ブランドのマークがついたATMにクレジットカード、デビットカードを挿入。画面選択から英語を選択。

❷ 暗証番号PIN入力
4桁のPIN（暗証番号）を入力。不明な場合は日本出発前に確認を。

❸ 引き出し先を選ぶ
カード種類選択の画面でクレジットカードは「Credit Card」、デビットカードの場合には「Saving（預金）」を選択。

❹ Withdrawを選択
取引選択の画面で「Withdraw（引き出し）」を選択する。※③と④の順が逆の場合もある。

❺ 金額を入力
画面から希望金額を選ぶ。自分で金額を設定したい場合は金額を入力。

CHECK

『ATM利用時の注意点』

引き出しは手早く
現金が出てきたからといって、のんびりお金をしまっていると、その間にカードが機械に飲み込まれることがある。セキュリティ上のシステムのようだが、現金とともにカードを早めに取り出しておくこと。

引き出す金額に制限あり
キャッシングは1日に引き落とせる金額が決まっていることがある。また利用限度額が設定されているので、あらかじめ、自分のクレジットカードの限度額を調べておこう。また、1日というのは日本時間の0:00〜23:59のことなので要注意。

安全面にも注意を払う
ATMは路上にも設置されているが、できるだけ銀行が営業している時間に銀行の店内にあるATMから引き出すのが安心。引き出した現金はすぐに財布にしまい、バッグに入れてからその場を離れる。

マナーやルールを学んで トラブルを防ごう

避けられないこともあるけれど、まさかに備えて常に危機意識を持っておきたい。

大量の現金 は持たない

パリでは強盗事件は少ないものの旅行者を狙った窃盗事件が多いのは事実。ただし、これらは自分の心がけ次第で回避できることが多い。その日に使わない貴重品は、セーフティーボックスに入れておこう。

ブランドバッグ や ウエストポーチ はNG

ブランドバッグやアクセサリーなどをたくさん身に付けた華美な服装は避けた方が無難。高級ブランド店の買い物袋をいくつもぶら下げて歩くのもスリやひったくりに狙われやすいので注意しよう。いかにも貴重品が入っています的なウエストポーチも×。

夜間などの ひとり歩き に注意

夜間や早朝はもちろん、昼間であっても人通りの少ない場所でのひとり歩きはなるべく避けたほうがよい。メトロは深夜まで運行しているが、タクシーを利用するほうが安心。

サイフやスマホ を人前で むやみに使わない

財布を取り出して中身を見たりスマホを見たりしていると、そのまま引ったくられたり、スリに狙われたりすることがあるので、路上でむやみに取り出さないこと。使う場合は周囲に十分気をつけたい。

観光地 では 押し売りも

おみやげなどを高価で売りつける手口も見られる。とくに多いのがサクレ・クール寺院でのミサンガの押し売り。声をかけられても無視し、押し付けられたら毅然と「Non(ノン)」と断ろう。

乗り物 では スリに注意

プロのスリ集団のほか、ティーンエイジャーのスリ集団にも注意。集団で取り囲んだり注意をそらしたりして、その際にものを盗む手口も頻発している。

レストラン でも貴重品に注意

レストランでバッグを椅子の背もたれに置いたり掛けたりするのも危険。貴重品を入れたバッグは膝の上に。列車内で窓際のフックに上着をかける時も貴重品はバッグにしまう。

必ず登録を！「たびレジ」

外務省から旅行先の最新安全情報を日本語で受信できるサービス。同行者、旅行日程、現地での連絡先等登録すると、事件事故に巻き込まれた際に在外公館からの支援をより早く受けやすくなる。

 www.ezairyu.mofa.go.jp

日本とは ちがう！ 注意すべきフランスのルール

日本で日常的に行なっていることが、フランスでは罪に問われ罰金まで科されることがある。旅先で思わぬトラブルに巻き込まれないよう事前にチェックしておこう。

知らないと 罰金も ありえる！

店ではあいさつが必須

フランスでは店に入るときは客側も必ずあいさつをする。無言で入るのはマナー違反。「ボンジュール（こんにちは）」は欠かさずに言おう。あいさつの有無で店員の対応も違ってくる。店を出るときは「メルスィー（ありがとう）」や「オルヴォワール（さようなら）」を忘れずに。

喫煙ルールは 厳しくなっている

屋内は全面的に禁煙だが、屋外で禁煙の場所も増えており、違反すれば罰金。吸い殻のポイ捨ても罰金となる。フランス政府は今後、国内すべてのビーチ、公園、森林、学校周辺での喫煙を禁止すると発表している。

無言はNG！ 敬意ある声がけを

人に話しかける際もあいさつから入るのが礼儀。店での注文や何かを頼むときは「スィルヴ プレ（お願いします）」を必ずつけ、人混みや満員電車では「パルドン（すみません）」と声がけを。無礼だと勘違いされない振る舞いをしたい。

路上飲酒の ルールと注意点

公道で泥酔すると逮捕される可能性がある。また近年、公共スペースでの飲酒を禁止する取り組みも進んでおり、時間帯によって路上飲酒やアルコール販売が禁止となる場所も。安易な路上飲酒は控えたほうがよい。

落ち着いて 対処して 紛失・盗難にあったら

パスポートの盗難・紛失の場合は、帰国日程にも影響が出るので気づいたら即対応を。クレジットカードの場合も不正使用を防ぐため早めの手続きが必要。

◆パスポート

最寄りの警察署に被害届を提出し、ポリスレポートを入手。日本国大使館へ盗難証明書などの必要書類一式と手数料を提出して「パスポートの新規発給」か「帰国のための渡航書」の発行手続きをする。渡航書は1～2日で発給される。

◆クレジットカード

カード会社へ連絡をして利用停止手続きを。不正使用があっても原則補償が受けられる。状況に応じて海外専用の緊急再発行カードの手配など日本語でサポートしてくれる。

◆航空券

「eチケット控え（旅程確認書）」を紛失しても、航空券自体は航空会社のシステムに記録されているので、空港のチェックインカウンターにパスポートを提示すれば搭乗券を受け取ることができる。必要なら「eチケット控え」の再発行も可能。

◆現金・貴重品

警察に被害を届け出て所定の手続きを行なう。現金の紛失・盗難は海外旅行保険の補償対象外。クレジットカードを持っていれば、ATMでキャッシングが可能。

空港から市内へ

主な移動手段はこちら。荷物が大きければシャトルバスやタクシーがおすすめ。

シャルル・ド・ゴール 国際空港（CDG）

①ロワシーバス RoissyBus

空港からノンストップでオペラ座そばまで向かうシャトルバス。所要約60～90分。発着所はオペラ座の西側のScribeスクリプ通り（**MAP** P.237 G-1）にあり、空港行きもここから乗車する。

🕐 6:00～翌0:30頃、15～20分間隔、所要約60～90分　🎫 €16.60

②RER B線

RER（高速郊外鉄道）のB線でパリ市内の各駅へ行ける。北駅までは急行で約30分。治安はあまりよくないので夜など人の少ない時間帯は避けたほうが無難。

🕐 4:50～22:59、10～20分間隔、所要約30～40分
🎫 €11.80

ポイント

空港～パリ市内間のバスやRERは、ゾーン1～5で使えるパリ・ヴィジット、ナヴィゴ・デクーヴェルトなども利用できる。ナヴィゴ・イージーの場合はチケットをチャージして利用する（詳細は▶P.215）

③タクシー

荷物が多い場合やグループであればタクシー利用が便利。正規タクシーは定額制なので安心だ。必ず各ターミナルの専用タクシー乗り場から乗車すること。

🕐 24時間、所要約40～90分
🎫 右岸 €55、左岸 €62（定額制）

オルリー空港（ORY）

①オルリーバス OrlyBus

オルリー空港と、メトロ4・6号線およびRER B線のダンフェール・ロシュロー駅を結ぶシャトルバス。6:00～翌0:30頃、8～15分間隔で運行、所要約30分、€11.50

②RER B線

オルリーヴァル（モノレール）でアントニー駅まで行き、RER B線に乗り換えてパリ市内各駅へ。所要約30～40分、€14.50。

※183番バスでポン・ド・ランジス駅へ行きRER C線に乗り換える方法もある。

③タクシー

所要約20～40分、パリ左岸€35、パリ右岸€41の定額制。

※空港～パリ間の移動については右記サイトも参考に **URL** www.ratp.fr/en/titres-et-tarifs/airport-tickets
※2024年6月にはメトロ14号線がオルリー空港まで延長される予定

国内移動

パリから近郊への移動は鉄道がメイン。ポイントを押さえて使いこなそう。

都市間移動は鉄道が便利

フランス国鉄SNCFはフランス全土をほとんど網羅しており、どこに行くにも便利に使える。路線はパリを中心に放射線状に伸びており、行き先によって以下の7つのターミナル（北駅、東駅、サン・ラザール駅、リヨン駅、ベルシー駅、オーステルリッツ駅、モンパルナス駅）から発着する。

主な列車の種類

●TGV（テー・ジェー・ヴェー）
最高時速320kmの高速列車。国内の主要都市間のほか隣国まで延びる。
●Intercités（アンテルシテ）
TGVが運行していない路線をカバーする中長距離列車。
●TER（テー・ウー・エール）
地方都市間を結ぶ普通列車。
●Transilien（トランシリアン）
イル・ド・フランス地域圏で運行の普通列車。
●Intercités de nuit
　（アンテルシテ・ド・ニュイ）
国内を走る夜行列車。要予約。

切符の購入

TGVやIntercitésの一部は予約が必要。予約は一般に乗車4か月前から可能。駅の窓口や券売機でも購入できるが、SNCFのWEBサイトでの予約がおすすめ。オンラインで支払いをしたら、eチケットを印刷するかSNCFのアプリ（SNCF Connect）で提示。予約番号と支払い時のクレジットカードがあれば駅窓口や券売機でも受け取れる。
URL www.sncf.com/en（英語）

列車の乗り方

駅構内の案内板で列車が停まるホームの番線（Voie）を確認する。発車時刻の10〜20分前まで表示されないので注意。以前は切符の刻印が必要だったが、現在は不要に。自動改札機がない駅もあるが、車内検札があるので切符は持っておくこと。なおTGVのドアは出発時刻2分前に閉まるので注意。

フランスの各都市をつなぐTGV

パリの市内交通はP.214〜紹介！

フランスグルメ

指さしオーダー カタログ

庶民的なレストランやビストロでよく食べられる定番料理を中心に紹介。食べたいものがあったら指をさしてお店の人に伝えよう。飲み物のメニューは付録カフェガイドのP.14を参考に。

前菜
Entrée

前菜はEntrée（アントレ）。サラダやスープなど軽いものだけでなくフォアグラなどのボリュームのある料理もある。

ブルゴーニュ風エスカルゴ
Escargots de Bourgogne

カタツムリのオーブン焼き。たいていは香草のみじん切りを練り込んだバターで味付けする。

フォアグラのソテー
Foie gras sauté

世界三大珍味のひとつであるフォアグラ。両面をこんがり焼き、うまみを閉じ込めた代表料理。

メイン
Plat

魚料理（Poissons ポワッソン）と肉料理（Viandes ヴィヤンド）で別々にメニューに書かれる場合と、まとめてPlat（プラ）で書かれる場合がある。

ステーキ＆フリット
Steak frites

フランスの定番ランチメニュー。ステーキにはたっぷりのフライドポテト（フリット）が付く。

牛肉のタルタルステーキ
Tartare de boeuf

みじん切りした生肉にオリーブオイルやタマネギ、ニンニク、卵黄などを混ぜたもの。

鴨のコンフィ
Confit de canard

鴨を塩・胡椒、ニンニクなどで1日マリネし、それを鴨の脂で煮、さらにじっくり焼き上げる。

チキン・フリット
Poulet frites

ローストしたチキンに揚げたてのフリットを添えたもの。フランス産チキンは味わい深い。

カスレ
Cassoulet

フランス南西部の家庭料理。白インゲン豆と鴨肉やソーセージなどの肉類を煮込んだもの。

スズキのグリル
Bar entier grillé

スズキ1尾をこんがりグリルしたフランスの典型的な魚料理。塩やレモンだけでも美味。

サーモンのグリル
Saumon grillé

サーモンは定番食材のひとつで、グリルしたものをホワイトソースで食べるのが一般的。

ムール貝の白ワイン蒸し
Moules marinières

バケツに山盛りで出てくるムール貝の白ワイン蒸しは、フリットとともに食べるのが定番。

カレイのロティ
Turbo rôti

ロティとはローストのこと。直火で炙ったりオーブンで焼き上げたりする調理法を指す。

シャルロット
Charlotte

シャルロット型で焼いたフランス定番のケーキ。チョコレートやフルーツ入りがある。

リ・オ・レ
Riz au lait

米を牛乳と砂糖で煮た家庭的な味わい。フランスでは一般的な昔ながらのデザート。

フルーツサラダ
Salade de fruits

季節のフルーツが入ったサラダ。オレンジやフランボワーズなどを使い彩りも楽しめる。

チーズ
Fromage

正式なコースではメインのあとにチーズ（フロマージュ）を食べる。フランスには豊富なチーズの種類がある。

コンテ
Comté

フランスを代表するフランシュ・コンテ地方のハードチーズ。熟成されたコクのある味わい。

パテのパイ包み
Pâté en croûte

豚や鴨などのパテをパイ生地で包んで焼き上げたもの。パテの種類やサイズはさまざま。

生ガキ
Huîtres

ブルターニュ地方が産地。細長く窪みのあるクルーズ種（写真）と丸型のブロン種がある。

シャルキュトリー盛り合わせ
Charcuterie

シャルキュトリーとは肉の加工品。パテやリエット、ハムやソーセージのことを指す。

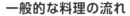

一般的な料理の流れ

食前酒（アペリティフ）
↓ シャンパン、カクテルなど
前菜（アントレ）
↓ サラダ、魚介、加工肉など
メイン（プラ）
↓ 肉料理、魚料理
デザートorチーズ（デセールorフロマージュ）
↓ クレーム・ブリュレ、ガトーショコラなど
食後の飲み物（ボワソン）
エスプレッソ、デカフェ、ハーブティーなど

●本格的なフルコースの場合
アペリティフ→アミューズ・ブッシュ（つきだし）→スープ→魚料理→肉料理→チーズ→デザート→プチフール＋コーヒー。合間に口直しの品が出ることも。

小鳩のソテー
Pigeon avec des blettes

ぷりぷりの食感とほんのり野性的な風味が魅力の小鳩のソテー。素材の良さを堪能したい。

ブッフ・ブルギニョン
Boeuf bourguignon

牛肉のブルゴーニュ風赤ワイン煮込み。ビストロやカフェでも頼める代表的な家庭料理。

シュークルート
Choucroute

アルザスの郷土料理。キャベツの酢漬けにソーセージや豚肉が添えられ、ボリューム満点。

料理の選び方

前菜＋メイン＋デザートが基本だが、空腹の度合いに応じて前菜＋メイン、メイン＋デザートの組み合わせでも構わない。単品料理はà la carte（ア・ラ・カルト）。Menu（ムニュ）というセットメニュー（定食）を用意する店も多く、メニューが固定の場合と、選べる場合がある。ディナーなら最低限メイン一皿は注文を。アペリティフはノンアルコールや水でもいい。

デザート
Dessert

フランス語読みはデセール。ショコラやフルーツを使ったデザートが人気。ボリュームがあるので食べるときは注意。

クレーム・ブリュレ
Crème brûlée

「焦がしたクリーム」の意味どおり、表面はパリッと、中はとろりとしたカスタードが美味。

リンゴのタルト
Tarte aux pommes

ロワール地方の伝統的なデザート。リンゴをバターや砂糖と一緒にオーブンで焼いたもの。

レストランのマナーと利用のコツ

●予約を入れたほうが確実
人気店は混むので、カジュアルな店でも予約を。ウェブサイトやアプリを利用したり、ホテルのコンシェルジュに依頼するなどしよう。

●食事の時間帯
フランス人の食事の時間帯は、ランチが12〜15時、ディナーが19時30分〜23時と遅め。人気店は開店早々の時間帯を狙うのも手だ。

●シェアは基本的にしない
基本的にシェアはしない。とくにきちんとした店では、料理のお皿の交換や、一皿を一緒につつくことはNGと考えよう。

ロックフォール
Roquefort

羊乳の青カビチーズ。塩味が強く、熟成が進んだものは特徴的な香りとうまみが広がる。

メロワ
Mellois

フランスのポワトゥ近郊で作られる菱形の山羊乳のチーズ。繊細な口当たりが魅力。

ロロ
Rollot

ピカルディ産の牛のミルクで作られたウォッシュチーズ。クリーミーで食べやすい。

レストランの種類

星付きなどの高級レストランでは、最高級の食事やサービスを受けられる。店の雰囲気もよいので、身だしなみに注意したい。一般的なフレンチレストランであれば、ドレスコードはあまり気にしなくて問題ない。ビストロはより庶民的な雰囲気で価格も手頃。ただし中には高級店や雰囲気重視の店もある。ブラッスリーはノンストップ営業の大衆食堂。短時間でさっと食事ができる。カフェでも、軽食やある程度しっかりした食事メニューを用意する店も多い。

INDEX

僕が知りたいお店は何ページかな〜？

インデックスを見れば すぐ探せるよ！

	名称	ジャンル	エリア	ページ
	メゾン・ゲンズブール	美術館	サン・ジェルマン・デ・プレ	69
	モンマルトル美術館	美術館	モンマルトル	162
ら	ルーヴル美術館	美術館	オペラ～ルーヴル	70
	ロダン美術館	美術館	エッフェル塔周辺	86
	ロマン派美術館	美術館	モンマルトル	89

GOURMET

	名称	ジャンル	エリア	ページ
あ	アスティエ	ビストロ	市街東部	101
	アルノー・ラエール	スイーツ	モンマルトル	117
	アンジェリーナ	カフェ	オペラ～ルーヴル	付録8
	アンジェリーナ（ヴェルサイユ宮殿内）	サロン・ド・テ	ヴェルサイユ	53
	エリック・カイザー	パン	オペラ～ルーヴル	110
	オール	レストラン	ヴェルサイユ	53
	オテル・デュ・ノール	カフェ、レストラン	サン・マルタン運河	173
	オ・ロシェ・ド・カンカル	カフェ	マレ～バスティーユ	105
か	カーエル・パティスリー	スイーツ	市街北部	117
	カール・マルレッティ	スイーツ	カルチェ・ラタン	116
	カフェ・カンパナ	カフェ	サン・ジェルマン・デ・プレ	81
	カフェ・キツネ	カフェ	オペラ～ルーヴル	付録13
	カフェ・デ・ドゥ・ムーラン	カフェ	モンマルトル	163
	カフェ・ド・フロール	カフェ	サン・ジェルマン・デ・プレ	付録4
	カフェ・ド・ラ・ヌーヴェル・メリー	カフェ	カルチェ・ラタン	27
	カフェ・ド・ラ・ラベ	カフェ、レストラン	オペラ～ルーヴル	159
	カフェ・ド・ラ・メリー	カフェ	サン・ジェルマン・デ・プレ	167
	カフェ・ド・ランデュストリー	カフェ	バスティーユ	104
	カフェ・ミュロ	カフェ	マレ	付録10
	カフェ・モリアン	カフェ	オペラ～ルーヴル	77
	カフェ・ラベルーズ・コンコルド	カフェ	オペラ～ルーヴル	付録11
	カフェ・リシュリュー・アンジェリーナ	カフェ	オペラ～ルーヴル	77
	カフェ・ルノワール	カフェ	モンマルトル	付録11
	カレット	カフェ	マレ	付録8
	クラマト	ビストロ	バスティーユ	103
	グランド・ブラッスリー	ブラッスリー	バスティーユ	98
	クレープリー・ジョスラン	クレープ	モンパルナス	118
	ココ	レストラン	オペラ	37
	コントワール・ド・ラ・ガストロノミー	ビストロ	オペラ～ルーヴル	101
さ	ザ・ホクストン	カフェ	オペラ～ルーヴル	付録12
	サロン・デュ・フロマージュ・ヒサダ	チーズ	オペラ～ルーヴル	98
	ジャド・ジュナン	ショコラ	オペラ～ルーヴル	129
	ジャン・ポール・エヴァン	ショコラ	モンマルトル	114
	ジル・マルシャル	スイーツ	モンマルトル	163
	ストレール	惣菜	オペラ～ルーヴル	119
	セバスチャン・ゴダール	スイーツ	オペラ～ルーヴル	116
	セバスチャン・デガルダン	パン	カルチェ・ラタン	99
た	ダロワイヨ	カフェ	サン・ラザール駅	付録9
	テッラ・ネラ	イタリアン	カルチェ・ラタン	27
	デュ・パン・エ・デ・ジデ	パン	サン・マルタン運河	111
	テン・ベル	カフェ	サン・マルタン運河	付録12
な	ナロ	ビストロ	カルチェ・ラタン	102
は	バー・ア・シャンパーニュ（エッフェル塔内）	バー	エッフェル塔	30
	バー・ア・マカロン（エッフェル塔内）	スイーツ	エッフェル塔	30

	名称	ジャンル	エリア	ページ
	バー・デュ・マルシェ	カフェ	サン・ジェルマン・デ・プレ	105
	パトリック・ロジェ	ショコラ	オペラ～ルーヴル	115
	パン・パン	パン		111
	ビストロ・ヴィヴィエンヌ	ビストロ	オペラ～ルーヴル	104
	ビストロ・ポール・ベール	ビストロ	バスティーユ	100
	ブイヨン・シャルティエ	ブイヨン	市街北部	109
	ブイヨン・シャルティエ・モンパルナス	ブイヨン	モンパルナス	109
	ブイヨン・ジュリアン	ブイヨン	市街北部	109
	ブイヨン・ピガール	ブイヨン	モンマルトル	109
	ブイヨン・レピュブリック	ブイヨン	北マレ	109
	フーケッツ・パリ	カフェ	シャンゼリゼ大通り	34
	ブラッスリー・デ・プレ	ブラッスリー	サン・ジェルマン・デ・プレ	100
	ブラッスリー・リップ	ブラッスリー	サン・ジェルマン・デ・プレ	99
	ブレ・シュクレ	パン	バスティーユ	111
	ブレッツ・カフェ	クレープ	北マレ	118
	ベルーシュ	カフェバー	オペラ～ルーヴル	105
	ベルティヨン	アイスクリーム	サン・ルイ島	165
	ボワラーヌ	パン	サン・ジェルマン・デ・プレ	110
	ボンタン	カフェ	北マレ	付録13
ま	マダム・ブラッスリー（エッフェル塔内）	レストラン	エッフェル塔	30
	マリアージュ・フレール	カフェ		付録9
	ムーラン・ド・ラ・ギャレット	レストラン	モンマルトル	162
	メゾン・フィリップ・コンティチーニ	スイーツ	サン・ジェルマン・デ・プレ	117
	メゾン・ミュロ	惣菜	サン・ジェルマン・デ・プレ	119
や	ユーゴ・エ・ヴィクトール	ショコラ	サン・ジェルマン・デ・プレ	129
ら	ラ・ガンティーヌ・デュ・トロケ・デュプレックス	ビストロ	エッフェル塔周辺	103
	ラス・デュ・ファラフェル	ファラフェル	マレ	171
	ラ・ターブル・デューゴ・デノワイエ	ステーキ	市街西部	98
	ラデュレ・パリ（ボナパルト店）	スイーツ	サン・ジェルマン・デ・プレ	付録9・112
	ラ・トック・キュイヴレ	スイーツ	モンパルナス	99
	ラ・パティスリー・シリル・リニャック	スイーツ	バスティーユ	116
	ラ・パレット	カフェ	サン・ジェルマン・デ・プレ	付録7
	ラ・フォンテーヌ・ド・マルス	ビストロ	エッフェル塔周辺	101
	ラ・メール・プラール	オムレツ	モン・サン・ミッシェル	57
	ラ・メゾン・ディザベル	パン	サン・ジェルマン・デ・プレ	98
	ラ・メゾン・デュ・ショコラ	ショコラ	オペラ～ルーヴル	114
	ラ・モスケ・ド・パリ	カフェ	カルチェ・ラタン	169
	ラ・ロトンド	カフェ	モンパルナス	付録6
	リッツ・パリ・ル・コントワール	スイーツ	オペラ～ルーヴル	159
	リトル・ブレッツ	クレープ		118
	ル・カフェ・ピエール・エルメ（オデオン店）	スイーツ	サン・ジェルマン・デ・プレ	113
	ル・カフェ・マルリー	カフェ	オペラ～ルーヴル	77
	ル・ガブリエル	レストラン	シャンゼリゼ大通り周辺	107
	ル・グラン・カフェ・フォション	カフェ、レストラン	オペラ～ルーヴル	159
	ル・グルニエ・ア・パン	パン	モンマルトル	163
	ル・コンシュラ	ビストロ	モンマルトル	163
	ル・サロン・デュ・シネマ・デュ・パンテオン	カフェ	カルチェ・ラタン	169
	ル・サンク	レストラン	シャンゼリゼ大通り	106
	ル・ショコラ・アラン・デュカス・マニュファクチュール・ア・パリ	ショコラ	バスティーユ	115
	ル・セレクト	カフェ	モンパルナス	付録6
	ル・ドーム	カフェ	モンパルナス	付録7
	ルノートル	惣菜	マレ	119

名称	ジャンル	エリア	ページ
ル・バントルシュ	ビストロ	モンマルトル	103
ル・プロコップ	ビストロ	サン・ジェルマン・デ・プレ	99
ル・レストラン・ミュゼ・ドルセー	レストラン	サン・ジェルマン・デ・プレ	81
レクリューズ	ワインバー	オペラ〜ルーヴル	104
レストラン・ル・ムーリス・アラン・デュカス	レストラン	オペラ〜ルーヴル	107
レ・ドゥ・マゴ	カフェ	サン・ジェルマン・デ・プレ	付録5
レ・ビュッフェ（エッフェル塔内）	カフェ	エッフェル塔	30
レボショワール	ビストロ	バスティーユ	102

SHOPPING

名称	ジャンル	エリア	ページ
あ アーペーセー・シュルプリュス	ファッション	モンマルトル	139
アスティエ・ド・ヴィラット	食器	オペラ〜ルーヴル	137
アニエス・ベー	ファッション	オペラ〜ルーヴル	127
ア・ロ・ミルヌフソンサンク	ファッション	マレ	127
アルタザール	書店	サン・マルタン運河	173
アンプラント	工芸品	北マレ	172
ヴァンヴの蚤の市	蚤の市	市街南部	45
エッフェル塔公式ブティック	おみやげ	エッフェル塔	30
エルベ・シャブリエ	バッグ	オペラ〜ルーヴル	139
か カルフール・マーケット	スーパー	サン・ジェルマン・デ・プレ	147
キャトルヴァン・シス・シャン	コスメ、スイーツ	シャンゼリゼ大通り	34
ギャラリー・ラファイエット・シャンゼリゼ	デパート	シャンゼリゼ大通り	35
ギャラリー・ラファイエット・パリ・オスマン	デパート	オペラ〜ルーヴル	132
ギャラリー・ヴィヴィエンヌ	パッサージュ	オペラ〜ルーヴル	150
ギャルリー・ヴェロ・ドダ	パッサージュ	オペラ〜ルーヴル	150
グタール	フレグランス	サン・ジェルマン・デ・プレ	143
クリニャンクールの蚤の市	蚤の市	市街北部	44
ケルゾン	フレグランス	北マレ	143
さ サマリテーヌ・パリ・ポン・ヌフ	デパート	オペラ〜ルーヴル	130
サントル・コメルシアル	ファッション	サン・マルタン運河	173
シティファルマ	コスメ	サン・ジェルマン・デ・プレ	144
セント・ジェームス	ファッション	オペラ〜ルーヴル	127
た ディプティック	フレグランス	北マレ	142
デュランス	フレグランス	オペラ〜ルーヴル	143
ド・ラ・カンパーニュ・ア・ムフタール	スーパー	カルチェ・ラタン	128
は パッサージュ・ジュフロワ	パッサージュ	オペラ〜ルーヴル	150
パッサージュ・デ・パノラマ	パッサージュ	オペラ〜ルーヴル	150
花市	花市	シテ島	165
パピエ・ティーグル	文具	北マレ	172
パリ・ランデヴー	おみやげ	マレ	171
ビオコープ	スーパー	バスティーユ	129
ビオコープ・ラ・ルシュ・ムフタール	スーパー	カルチェ・ラタン	129
ピュブリシス・ドラッグストア	複合施設	シャンゼリゼ大通り	34
ビュリー1803＆グラン・カフェ・トルトーニ	コスメ	北マレ	172
フォション	紅茶	オペラ〜ルーヴル	149
ブキニスト	古本	シテ島周辺	165
ブティック・アウリル	コスメ	マレ	128
ブティック・クール・ド・マルブル	おみやげ	ヴェルサイユ	53
フラゴナール	フレグランス	オペラ〜ルーヴル	142
フラマン	雑貨	サン・ジェルマン・デ・プレ	167
プランタン・オスマン	デパート	オペラ〜ルーヴル	134
フランプリ	スーパー	オペラ〜ルーヴル	147
フリュックス	雑貨	マレ	140
ま マイユ	マスタード	オペラ〜ルーヴル	148
マドモワゼル・ビオ	コスメ	マレ	144
マルシェ・ダリーグル	マルシェ	バスティーユ	43
マルシェ・デ・ザンファン・ルージュ	マルシェ	北マレ	43
マルシェ・デ・バスティーユ	マルシェ	バスティーユ	43
マルシェ・ビオ・ラスパイユ	マルシェ	サン・ジェルマン・デ・プレ	42
マルシェ・プレジダン・ウィルソン	マルシェ	シャンゼリゼ大通り周辺	43
メゾン・キツネ	ファッション	北マレ	139
メゾン・ド・ラ・トリュフ	トリュフ	オペラ〜ルーヴル	159
メゾン・プリソン	エピスリー	北マレ	172
メルシー	コンセプトストア	北マレ	136
メロディ・グラフィック	文具	マレ	141
モノップ・ビューティー	コスメ	モンマルトル	145
モノプリ（オペラ店）	スーパー	オペラ〜ルーヴル	146
モノプリ（シャンゼリゼ店）	スーパー	シャンゼリゼ大通り	35
モノプリ（レピュブリック店）	スーパー	レピュブリック	128
や ユー・エクスプレス	スーパー	オペラ〜ルーヴル	128
ら ラヴィニア	ワイン	シャンゼリゼ大通り周辺	149
ラ・ヴット・ド・パリ	おみやげ	サン・ジェルマン・デ・プレ	129
ラ・シャンブル・オ・コンフィチュール	ジャム	モンマルトル	149
ラ・スリーズ・シュル・ル・シャポー	帽子	サン・ジェルマン・デ・プレ	136
ラバルトメン・セザンヌ	ファッション	オペラ〜ルーヴル	138
ラ・プティック・ド・ラ・メール・プラール	おみやげ	モン・サン・ミッシェル	57
ラ・メゾン・デュ・ミエル	ハチミツ	オペラ〜ルーヴル	149
リブレリー・デ・ブランス	おみやげ	ヴェルサイユ	53
リブレリー・ブティック・デュ・ミュゼ・ドルセー	おみやげ	サン・ジェルマン・デ・プレ	81
リブレリー・ブティック・ミュゼ・デュ・ルーヴル	おみやげ	オペラ〜ルーヴル	76
ルージュ	ファッション	オペラ〜ルーヴル	138
ル・カフェ・アラン・デュカス	コーヒー	バスティーユ	148
ル・プチ・ブランス	雑貨	サン・ジェルマン・デ・プレ	141
ル・ボン・マルシェ・リヴ・ゴーシュ	デパート	サン・ジェルマン・デ・プレ	135
レクリトワール	文具	オペラ〜ルーヴル	141
レ・フルール	雑貨	バスティーユ	140
レベット	靴	オペラ〜ルーヴル	137
ロレール	ファッション	オペラ〜ルーヴル	127

STAY

名称	エリア	ページ
あ オーベルジュ・サン・ピエール	モン・サン・ミッシェル	55
か グラモン・オペラ	オペラ〜ルーヴル	174
た デザール	モンマルトル	174
な ノートル・ダム	カルチェ・ラタン	174
は フォション・ロテル・パリ	オペラ〜ルーヴル	174
ホテル・フーケッツ・パリ	シャンゼリゼ大通り	174
ら ル・グラン・コントロール	ヴェルサイユ	53
ル・ルレ・サントノレ	オペラ〜ルーヴル	174
ル・ルレ・サン・ミッシェル	モン・サン・ミッシェル	55
ルレ・サン・ジェルマン	サン・ジェルマン・デ・プレ	174

EXCURSION

	名称	ジャンル	エリア	ページ
あ	アゼ・ル・リドー城	観光スポット	ロワール	184
	アルザス博物館	博物館	ストラスブール	187
	アンシアン・オテル・ボディ	レストラン	ジヴェルニー	179
	アン・ノエル・アン・アルザス	雑貨	ストラスブール	187
	アンボワーズ城	観光スポット	ロワール	185
	ヴィランドリー城	観光スポット	ロワール	184
	ヴーヴ・クリコ	シャンパンメゾン	ランス	183
か	ガンヌの宿屋（バルビゾン派美術館）	美術館	バルビゾン	181
	グルテルホフト	レストラン	ストラスブール	187
	クロード・モネの家と庭園	観光スポット	ジヴェルニー	179
	クロ・リュセ城	観光スポット	ロワール	185
	コルマール	観光スポット	コルマール	188
さ	サン・レミ聖堂	観光スポット	ランス	183
	G.H.マム	シャンパンメゾン	ランス	183
	ジヴェルニー印象派美術館	美術館	ジヴェルニー	179
	シャルトル	観光スポット	シャルトル	188
	ジャンヌ・ダルク教会	観光スポット	ルーアン	182
	シャンボール城	観光スポット	ロワール	185
	シュノンソー城	観光スポット	ロワール	185
た	ティエリー・ミュロップ	スイーツ	ストラスブール	187
	ト宮殿	観光スポット	ランス	183
な	ナンシー	観光スポット	ナンシー	188
	ノートル・ダム大聖堂	観光スポット	ルーアン	182
	ノートル・ダム大聖堂	観光スポット	ランス	183
	ノートル・ダム大聖堂	観光スポット	ストラスブール	187
は	フォンテーヌブロー城	観光スポット	フォンテーヌブロー	181
	フジタ礼拝堂	観光スポット	ランス	183
	プチット・フランス	観光スポット	ストラスブール	186
	ブロワ城	観光スポット	ロワール	184
	ポメリー	シャンパンメゾン	ランス	183
ま	ミレー記念館	美術館	バルビゾン	181
や	ユッセ城	観光スポット	ロワール	184
ら	ルーアン美術館	美術館	ルーアン	182

目的の店が
簡単に見つかったね♪

まっぷるWORLD パリ フランス

STAFF

■編集
昭文社編集部
Pub a Part（佐藤可奈子、松岡亜希）

■取材・執筆
横島朋子、木戸美由紀（株式会社みゆき堂）
オフィス・ヴァンティエム、八木涼子、
今澤澪花、宮方由佳、Pub a Part

■撮影
井田純代、井上実香

■編集協力
森本育子、大場敬子、嘉永円

■キャラクターデザイン
栗山リエ

■表紙フォーマットデザイン
soda design（柴田ユウスケ）

■表紙写真
Adobe Stock

■本誌イラスト
栗山リエ、松島由林

■アートディレクション・ロゴデザイン
soda design

■本文デザイン
ARENSKI（本木陽子、秋葉麻由）

■DTP制作
明昌堂

■校正
光永玲子、山下さをり、三和オー・エフ・イー

■地図デザイン
yデザイン研究所（山賀貞治）

■地図制作協力
周地社、安宅直子

■写真協力
Shutterstock、PIXTA、iStock、photoAC
（株）フジ・メディア・テクノロジー（AMF）

2024年3月1日　1版1刷発行

発行人　川村哲也
発行所　昭文社

本社
〒102-8238 東京都千代田区麹町 3-1
☎0570-002060（ナビダイヤル）
IP電話などをご利用の場合は
☎03-3556-8132
※平日9:00～17:00（年末年始、弊社休業日を除く）
ホームページ https://www.mapple.co.jp/

\ どこよりも詳しい /

パリの
ACCESS & MAP

Bienvenue à Paris!
(パリへようこそ!)

Getting
cute items!

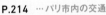

CONTENTS

icon				
♧ 観光地	✉ 郵便局	✝ 教会
🏛 博物館・美術館	🚏 バス停	⊞ 病院
🛈 観光案内所	💰 銀行	

パリ市内の 交通

交通手段は観光の重要なポイント。パリ市内を巡るにあたって、
おもな移動手段は4種類。シチュエーションや行き先にあわせて選択しよう。

パリ市内のおもな交通
移動手段はコレ！

市内全域を網羅するメトロをメインに、行き先や時間帯
によってRERやバス、タクシーもうまく使おう。

CHECK!
紙の切符は廃止予定
メトロやバスで使う切符は、
紙からICカード（ナヴィゴ
▶P.215）への移行が進められ
ている。10枚回数券（カルネ）はすでに廃止さ
れており、1回券も今後、廃止される予定だ。

🚇 メトロ

メトロ（地下鉄）は最もメジャーな交通手段。
全14路線あり、市内のほぼ全域にアクセスできる。

料金	1回券€2.15
運行時間	5:30〜翌1:15頃（平日）
切符購入	現金、クレジットカード

● **RATP**（パリ交通公団）　**URL** www.ratp.fr

移動の基本
はこれ！

詳しくは
P215

🚆 RER

高速郊外鉄道RERは、A〜Eまで5路線あり、
パリの主要メトロ駅と近郊を結んでいる。

料金	€2.15〜（目的地により異なる）
運行時間	5:30〜翌1:20頃
切符購入	現金、クレジットカード

● **RATP**（パリ交通公団）　**URL** www.ratp.fr

近郊の観光に
マストな手段

詳しくは
P216

🚌 路線バス

市内全域を走る路線バス。上級者向けだが
昼間は本数も多く、便利に移動ができる。

料金	1回券€2.15
運行時間	6:30〜24:00頃（路線により異なる）
切符購入	現金、クレジットカード（※車内購入は不可）

● **RATP**（パリ交通公団）　**URL** www.ratp.fr

小回りがきく
バス移動

詳しくは
P217

🚕 タクシー

早朝・深夜や荷物が多いときにおすすめ。
料金体系は時間帯やエリアにより異なる。

料金	初乗り€2.60〜4.18（最低料金€7.30）
運行時間	24時間
支払方法	現金、クレジットカード

● **G7** ☎3607　**URL** www.g7.fr
● **アルファ・タクシー** ☎01-45-85-85-85　**URL** www.alphataxis.fr

夜間の外出時に
活用して

詳しくは
P217

メトロ Métro

旅行者でも使いやすく便利な交通手段

距離に関係なく一律€2.15で、指定時間内ならメトロ間、メトロ・RER間またはバス間、バス・トラム間の乗り換えや乗り継ぎができる。1回券のほか、メトロ、RER、バスなどが乗り放題になるお得なパスや、チャージ式ICカードもある（右記参照）。行き先や用途に合わせて使いこなそう。

メトロの乗車方法

①駅の入口を探す

メトロの看板は数種類あり、二重丸の中に黄色のMマークや、METROまたはMETROPOLITAINと書かれたものがある。市中心部は地下に駅があるのが一般的。

②切符を買う

券売機で切符の購入やナヴィゴのチャージができる。購入方法は右下参照。有人窓口での購入は、「Vente」と書かれた場所のみで可能。

③ホームへ向かう

自動改札機に切符を入れるかナヴィゴをかざす。切符は入れると刻印され、取り出すとドアが開くかターンバーのロックが解除される。路線番号と終着駅の表示を見てホームに進もう。

④乗車＆降車する

車両ドアが手動式の場合は、乗り降りの際にボタンを押すか、レバーを上げて扉を開ける必要がある。

⑤外に出る／乗り換える

降車したら、案内図を頼りに目的地に近い出口（Sortie）へ。自動または手動のドアから外に出る。降車時に切符は必要ないが、頻繁に検札があるので、外に出るまでは必ず保管を。乗り換える際は、乗換案内の看板を探し、次に乗る路線番号の方向へ進む。

切符の種類と運賃

乗り放題のパスは公共交通ゾーン（▶P.221の図参照）によって料金が異なるので、行き先に応じて選ぼう。

●1回券 Ticket t +（チケ・テー・プリュス）

メトロ、RER（ゾーン1内のみ）、バス、トラムに使える1回券€2.15。90分以内ならメトロ間、メトロ・RER間、バス間、バス・トラム間の乗り換えが可能（メトロ・RERは改札内のみ有効）。

●パリ・ヴィジット Paris Visite

メトロ、RER、バス、トラム、SNCF近郊線などが乗り放題。一部観光スポットの割引もある。ゾーン1〜3は1日券€13.95、2日券€22.65、3日券€30.90、5日券€44.45。空港を含むゾーン1〜5も4種類あり1日券€29.25〜。日付と氏名を記入して使う。

●ナヴィゴ・イージー Navigo Easy

切符をチャージして使うICカード。お得な回数券も1日乗車券もチャージできる。窓口で€2のカードを買い、券売機や専用機でチャージする。詳細は▶P.216
※一部の券売機でも購入可

●ナヴィゴ・デクーヴェルト Navigo Découverte

1週間パスなどをチャージして使うICカード。顔写真の貼付と氏名の記入が必要。窓口で€5のカードを買い、券売機や専用機でチャージする。詳細は▶P.216

切符の購入方法

●タッチパネル式の操作例

①最初に言語を選び、「Touch here to buy tickets」を選択（英語の場合）。ナヴィゴのチャージは「Place your Navigo pass」を選ぶ（▶P.216）。

②チケットを選択。1回券（Ticket t +）のほかパリ・ヴィジットなども選べる。次の画面で通常料金「Full Fare」をタッチ（10歳以上）、次に枚数を選ぶ。

③「My Choice」で料金が表示されるので確認し、「Validate」を押すと支払い画面になる。現金かカードで支払い、チケットを受け取る。

●ローラー式の場合

ローラー式の券売機の場合は、画面下のローラーを回して選択し、緑ボタンで決定、赤ボタンでキャンセルする。

※Île-de-France Mobilitésのアプリを使えばスマホで改札を通れるが一部機種限定（詳細は▶P.197）

🚉 RER（高速郊外鉄道） Réseau express régional

郊外までのびる"市民の足"

メトロを運営するパリ交通公団RATPとフランス国鉄SNCFが共同運行する高速郊外鉄道RER（エール・ウー・エール）。A～Eの5路線あり、シャルル・ド・ゴール国際空港やヴェルサイユなどの郊外とパリ市内を結ぶ。市内ではメトロの駅とつながっているので乗り換えは便利だが本数は少ない。エリアによっては治安があまりよくないので注意。

RERの乗車方法

①切符を買う

市内区域（ゾーン1）までは1回券で利用できるが、ゾーン2以降は目的地により料金が異なる。乗り越し精算できないので、必ず目的地までの切符を買うこと。

自動券売機で「Ticket for Paris region」（英語の場合）を選ぶ

駅名を頭から入力すると候補が出てくるので、目的の駅を選ぶ

②乗車&降車する

ホームの掲示板で路線番号と最終駅を確認する。停車駅にはランプがついている。郊外はA-1、A-2…と細かく支線に分かれているので、目的地に停まるかどうかよく確認しよう。メトロと違い、改札を出る際も切符やナヴィゴが必要になる。

③乗り換える

RERからメトロへの乗り換えは、同じチケットで利用できる。メトロからRERに乗り換える場合は、1回券のままゾーン2以降の目的地に行ってしまわないよう注意が必要。基本的に乗り越し精算はできず、検札で見つかると罰金を取られてしまう。ゾーン2以降に行く際は、最初に目的地までの切符を買うか、ゾーン1内の乗り継ぎ駅などで、必ず目的地までの切符を買って向かうこと。

2種類のナヴィゴ、どっちを使う？

ICカードのナヴィゴで旅行者が使いやすいものは2種類。滞在日数が短く移動が少なめならナヴィゴ・イージー、アクティブに動くならナヴィゴ・デクーヴェルトでお得な1週間パスを利用するのがおすすめ。紙の切符は今後廃止される予定なので、ナヴィゴの使い方をマスターしておこう。

窓口でカードを購入し、自動券売機左のチャージ機でチャージ。チャージ機はカード払いのみが多いので注意。RATPやÎle-de-France Mobilitésのアプリ（▶P.197）からもチャージできる

●ナヴィゴ・イージーとデクーヴェルトの比較

ナヴィゴの種類	ナヴィゴ・イージー Navigo Easy（カード代：€2）	ナヴィゴ・デクーヴェルト Navigo Découverte（カード代：€5）
チャージできる種類	・1回券：€2.15 ・回数券（Carnetカルネ）：10枚 €17.35 ・1日乗車券（Navigo Jourナヴィゴ・ジュール）：€8.65～ ・ロワシーバス：€14.50 ・オルリーバス：€10.30など	・1週間パス（Navigo Semaineナヴィゴ・スメーヌ）：€30.75（ゾーン1～5） ※左記のナヴィゴ・ジュールや、1か月定期券（Navigo Moisナヴィゴ・モア€86.40）などもチャージできる
ポイント	・お得な回数券が利用できる	・空港～パリ市内の移動（ロワシーバスも利用可）、ヴェルサイユなど近郊の観光にも使えて便利
注意点	・回数券が余っても払い戻しはできない ・滞在日数や行き先により、デクーヴェルトを選ぶほうがお得	・顔写真1枚（横2.5×縦3cm）と記名が必要 ・1週間パスはチャージ日からではなく、月曜から日曜までの1週間で有効。チャージできるのは前週の金曜から、利用する週の木曜まで。曜日が合わないと活用しづらい

🚌 路線バス　Autobus

乗り方をマスターすれば便利に使える

小回りがきくバス移動。平日昼間は本数も多く、5〜20分間隔で運行している。パリ市内はメトロと共通の切符（1回券€2.15）。最初に刻印して90分以内なら他のバスに乗り換えもできる。現在、車内での切符の購入はできない。事前に切符かナヴィゴを用意して乗車しよう。

バスの乗車方法

①切符を買う

切符はメトロと共通なので自動券売機などで購入しておこう。

②バス停で路線図を確認

バス停にある路線図で現在地（Vous êtes ici）、行き先、時間帯などを確認しよう。

次に来るバスを知らせる電光掲示板がある停留所も増えている

③乗車する

バスが来たら手を上げて乗車の意思を運転手に伝える。ドアが手動の場合はボタンを押して開く。乗車したら刻印機に切符を通すか、ナヴィゴを機械にタッチする。

紙の切符を通す刻印機（左）とナヴィゴをタッチする機械（右）。乗車時のみでOK

④降車する

車内アナウンスは聞き取りづらいので、車内にある路線図や停留所名、車外の風景などで現在地を把握しよう。降りる際は赤いボタンを押す。

停車ボタンを押すと「ARRET DE MANDE（次停まります）」と表示される

🚕 タクシー　Taxi

時間帯や目的によっては最適な手段に

早朝や深夜、荷物が多いときなどに便利なタクシー。料金は時間帯やエリアにより異なるが、初乗り料金€2.60〜4.18で、1kmごとに€1.14〜1.70が加算される。1回乗車時の最低料金は€7.30。直前予約は€4、事前予約は€7の追加料金がかかる。また5人目からは€4.50の追加料金も必要。

タクシーの乗車方法

①空車を探す

流しのタクシーはつかまえにくいので、タクシー乗り場で待つほうがよい。予定が決まっている場合は事前の予約がおすすめ。タクシー会社のWEBサイトやアプリからも配車依頼や予約ができる。

②乗車する

ドアは手動なので自分で開け、あいさつをして後部座席に乗る。乗車は3人までが基本で、4人以上は要交渉。目的地は紙などに書いて伝えよう。走り出したらメーターが正しく動いているか確認を。

③お金を払い降車する

メーターの表示額に追加料金を加えた金額を支払う。チップは義務ではないが、渡すなら€2〜3程度を目安に。機械の故障でクレジットカードが使えない場合も多いので、現金も用意しておくと安心。

タクシー乗り場の看板

緑色が空車、赤色は乗車中

配車アプリもおすすめ

タクシー会社が提供する配車アプリも便利。正規タクシーではないが、Uber（ウーバー）も普及している。いずれも事前に料金がわかり、アプリ内で決済できるのでうまく活用したい。（詳細は▶P.197）

観光バスやレンタサイクルも活用しよう!

観光バスも、うまく使えば強い味方に。アクティブ派はレンタサイクルもおすすめ。

観光バス Bus Touristique

●トゥートバス・パリ

Tootbus Paris

RATP（パリ交通公団）が運行する100%クリーンエネルギーのオープントップバス。オペラ座、シャンゼリゼ大通り、エッフェル塔などパリの主要観光スポット10か所を巡る「パリ・ディスカバリー」のチケットは1〜3日券の3種類あり、有効期間中ならどこでも何度でも乗り降り自由。他に、セーヌ川クルーズがセットになったチケット「マスト・シー・パリ」€58〜や、ナイトツアー€33なども催行。チケットはWebサイトのほか車内でも購入できる。

🕐9:30〜18:30で10分ごとに運行（時期により異なる）
🎫パリ・ディスカバリー1日券€44、2日券€52、3日券€57
URL www.tootbus.com/en/paris/home

トリコロールカラーが目印。晴れたら2階席に座りたい

●ビッグ・バス・パリ

Big Bus Paris

10か所の主要スポットをめぐる乗り降り自由の2階建て観光バス。通常の1日券のほか、セーヌ川クルーズがセットになった1〜2日券、2時間のナイトツアーもある。

🕐9:30〜19:30で7〜15分間隔で運行（時期により異なる）
🎫1日券€45、1日券＋クルーズ€59、2日券＋クルーズ€75
URL www.bigbustours.com/en/paris/paris-bus-tours

主要な観光スポットを巡回する乗り降り自由なバス。景色が楽しめて移動も便利!

ヴェリブ・メトロポール Vélib' Métropole

市内に約1400か所のステーションがあるセルフレンタサイクル。電動と非電動の2種類の自転車があり料金等が異なる。ステーションにある機械か、公式サイト、アプリから登録・支払いを済ませ、アクセスコードとPIN（暗証番号）を入力すると利用できる。走り出す前に、借りる自転車に故障や不具合がないかをしっかり確認しよう。

🎫45分利用の1回券€3、24時間パス（非電動€5、1回30分まで追加料金なし）など URL www.velib-metropole.fr

ブルーが電動自転車、グリーンが非電動タイプ

パリ市内交通の注意点

① 駅や路線の工事
工事のために駅が閉鎖され、電車が素通りする場合もある。また路線ごと工事で利用不可となることも。駅構内のポスターや、車内ドア上の路線図に情報が表示されているので確認を。

② ストライキが多い
ストライキは日常茶飯事。最新の運行情報は下記サイトなどで確認できる。「たびレジ」（▶P.202）から届く情報もチェックしよう。
URL www.ratp.fr/infos-trafic

③ 治安について
メトロやRERでは、日中でもスリやひったくりに十分注意をしたい（▶P.202）。夜遅い時間の利用はおすすめしない。

④ 検札に注意
メトロもバスも検札が頻繁にある。出口を出るまで切符は必ず持っていること。ナヴィゴ・デクーヴェルトなどで、顔写真や記名が必要なのに忘れている場合もNG。高額な罰金を取られてしまうので注意しよう。

218

覚えておきたい数字

0 ⋯⋯ zéro(ゼロ)	4 ⋯⋯ quatre(キャトル)	8 ⋯⋯ huit(ユイット)
1 ⋯⋯ un , une(アン、ユヌ)	5 ⋯⋯ cinq(サンク)	9 ⋯⋯ neuf(ヌフ)
2 ⋯⋯ deux(ドゥ)	6 ⋯⋯ six(スィス)	10⋯⋯ dix(ディス)
3 ⋯⋯ trois(トロワ)	7 ⋯⋯ sept(セット)	100 ⋯ cent(サン)

基本フレーズ

はい
Oui.
ウィ

いいえ
Non.
ノン

おはよう／こんにちは
Bonjour.
ボンジュール

こんばんは
Bonsoir.
ボンソワール

ありがとう
Merci.
メルスィ

さようなら
Au revoir.
オ ルヴォワール

元気／大丈夫
Ça va.
サ ヴァ

はじめまして
Enchanté.
アンシャンテ

おいしい
C'est bon.
セ ボン

いくらですか？
C'est combien ?
セ コンビアン？

わかりません
Je ne comprends pas.
ジェ ヌ コンプラン パ

（メモを見せて）この住所へ行って下さい
Je voudrais aller à cette adresse.
ジュ ヴドレ アレ ア セッタドレス

すみませんが／ごめんなさい
Excusez-moi.
エクスキュゼ モワ

切符を1枚下さい
Un billet, s'il vous plaît.
アン ビエ、スィル ヴ プレ

～お願いします
S'il vous plaît.
スィル ヴ プレ

これを下さい
Je prends ça.
ジュ プラン サ

もう一度お願いします
Pardon?
パルドン？

お勘定をお願いします
L'addition, s'il vous plaît.
ラディシオン、スィル ヴ プレ

わかりました
D'accord.
ダコール

助けて！
Au secours!
オ スクール！

どういたしまして
Je vous en prie./De rien.
ジュ ヴ ゾン プリ/ドゥ リアン

トイレはどこですか？
Où sont les toilettes?
ウソン レ トワレット？

これはなんですか？
Qu'est-ce que c'est ?
ケ スク セ

試着していいですか？
Puis-je l'essayer?
ピュイ ジュ レセイエ？

交通に関する単語集

Métro(メトロ)メトロ
Train(トラン)列車
Gare(ガレ)列車の駅
Station(スタスィオン)
メトロなどの駅
Billet(ビエ)切符
Carnet(カルネ)回数券
Entrée(アントレ)入口
Sortie(ソルティ)出口
Correspondance
(コレスポンダンス)乗り換え

Destination
(デスティナスィオン)目的地
Direction
(ディレクスィオン)行き先
Accés aux quais
(アクセ オ ケ)改札口
Quai/Voie(ケ/ヴォワ)ホーム
Poussez(プセ)押す
Tirez(ティレ)引く
Grève(グレーヴ)ストライキ

レストランでのお役立ち単語集

cru(クリュ)生の
confit(コンフィ)漬け込みの
sauté(ソテ)炒めた
poêlé(ポワレ)油で焼いた
rôti(ロティ)ロースト
grillé(グリエ)グリル
frit(フリッ)揚げた
fumé(フュメ)燻製
bœuf(ブッフ)牛肉
veau(ヴォー)仔牛肉

porc(ポー)豚肉
poulet(プレ)若鶏肉
agneau(アニョー)仔羊肉
canard(カナール)鴨肉
coquille St-Jacques(コ
キィユ・サンジャック)ホタテ
crudités(クリュディテ)生野菜
thon(トン)マグロ
œuf(ウフ)卵
jambon(ジャンボン)ハム

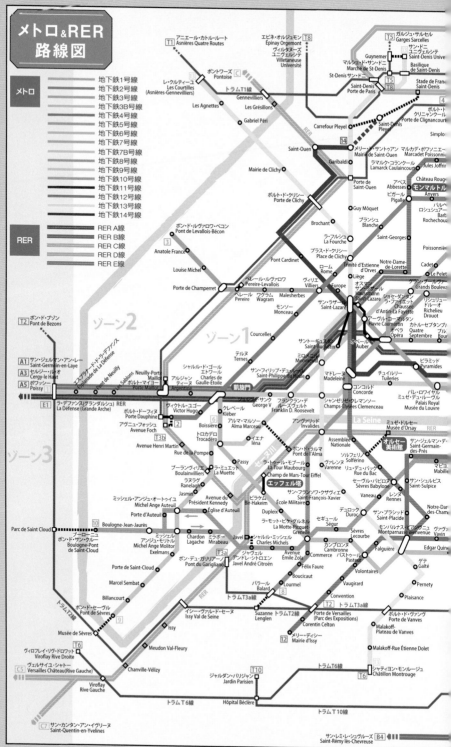

世界遺産INDEX

※フランスの52の世界遺産のうち、本土にある47を掲載

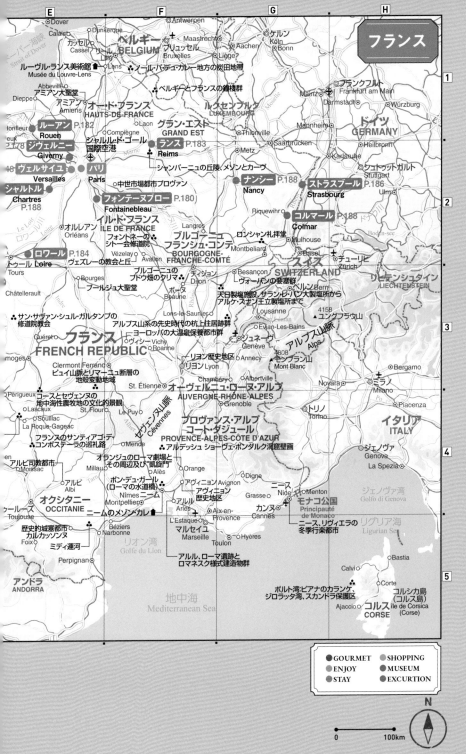

フランス

E | F | G | H

1

- Dover
- Calais
- カッセル Cassel
- リール Lille
- ルーヴル・ランス美術館 Musée du Louvre-Lens
- ベルギー BELGIUM
- ブリュッセル Bruxelles
- Antwerpen
- Maastricht
- Aachen
- ケルン Köln
- Bonn
- フランクフルト Frankfurt am Main
- Mainz
- Darmstadt
- Würzburg
- ベルギーとフランスの鐘楼群

1

- Abbeville
- アミアン大聖堂
- Dieppe
- Honfleur
- ルーアン P.182 Rouen
- ジヴェルニー Giverny
- ヴェルサイユ Versailles
- シャルトル Chartres P.188
- フォンテーヌブロー Fontainebleau P.180
- ロワール P.184 Loire
- Tours
- Châtellerault
- アミアン Amiens
- オード・フランス HAUTS-DE-FRANCE
- Compiègne
- シャルル・ド・ゴール 国際空港
- パリ Paris
- イル・ド・フランス ILE DE FRANCE
- Orléans
- フォントネーの シトー会修道院
- ヴェズレーの教会と丘
- ランス P.183 Reims
- シャンパーニュの丘陵、メゾンとカーヴ
- 中世市場都市プロヴァン
- グラン・エスト GRAND EST
- Laon
- Metz
- Thionville
- ルクセンブルク LUXEMBOURG
- Saarbrücken
- Karlsruhe
- シュトゥットガルト Stuttgart
- ナンシー P.188 Nancy
- ストラスブール P.186 Strasbourg
- コルマール P.188 Colmar
- Riquewihr
- ドイツ GERMANY
- Heilbronn
- Mannheim
- Ulm

2

- ブルゴーニュ フランシュ・コンテ BOURGOGNE-FRANCHE-COMTÉ
- Langres
- Avallon
- ブルゴーニュの ブドウ畑のクリマ
- ブールジュ大聖堂
- Bourges
- Dijon
- Beaune
- ロンシャン礼拝堂
- Montbéliard
- Besançon
- ヴォーバンの要塞群
- 天日製塩施設、サラン・レ・バン大製塩所から アルケ・スナン王立製塩所まで
- バーゼル Basel
- チューリヒ Zürich
- スイス SWITZERLAND
- リヒテンシュタイン LIECHTENSTEIN
- Bodensee
- ドイツ川

2

- サン・サヴァン・シュル・ガルタンプの 修道院教会
- Guéret
- フランス FRENCH REPUBLIC
- Limoges
- アルプス山系の先史時代の杭上住居跡群
- ヨーロッパの大温泉保養都市群
- ヴィシー Vichy
- Roanne
- リヨン歴史地区 Lyon
- Lons-le-Saunier
- Bern ベルン
- Lausanne
- Evian-Les-Bains
- ジュネーヴ Genève
- Annecy
- アルプス山脈 Alps
- 415B
- ユングフラウ山
- Bergamo
- ミラノ Milano
- Novara

3

- Clermont-Ferrand
- ピュイ山脈とリマーニュ断層の 地殻変動地域
- St. Étienne
- ペリグー Périgueux
- コースとセヴェンヌの 地中海性農牧地の文化的景観
- Lascaux
- La Roque-Gageac
- Souillac
- フランスのサンティアゴ・デ・ コンポステーラの巡礼路
- アルビ司教都市 Moissac
- オクシタニー OCCITANIE
- アルビ Albi
- Foix
- 歴史的城塞都市 カルカッソンヌ
- トゥールーズ Toulouse
- Béziers
- Narbonne
- ミディ運河
- Perpignan
- アンドラ ANDORRA
- Chambéry
- オーヴェルニュ・ローヌ・アルプ AUVERGNE-RHÔNE-ALPES
- Le Puy
- St. Flour
- Mende
- Millau
- Alès
- ポン・デュ・ガール（ローマの水道橋）
- ニーム NÎMES
- ニームのメゾン・カレ
- Montpellier
- マルセイユ Marseille
- Toulon
- アルル、ローマ遺跡と ロマネスク様式建造物群
- Albertville
- モンブラン山 Mont Blanc
- 4808
- Grenoble
- プロヴァンス・アルプ コート・ダジュール PROVENCE-ALPES-CÔTE D'AZUR
- アルデッシュ ショーヴェ・ポンダルク洞窟壁画
- Orange
- オランジュのローマ劇場と その周辺及び"凱旋門"
- Avignon
- アヴィニョン歴史地区
- Digne
- Grasse
- Aix-en-Provence
- アルル Arles
- L'Estaque
- Hyères
- ニース Nice
- Menton
- カンヌ Cannes
- モナコ公国 Principauté de Monaco
- ニース、リヴィエラの 冬季行楽都市
- イタリア ITALY
- トリノ Torino
- ジェノヴァ Genova
- La Spezia
- Piacenza
- Po
- リグリア海 Ligurian Sea
- ジェノヴァ湾 Golfo di Genova
- Corte

3

4

4

5

- ポルト湾：ピアナのカランケ、 ジロラッタ湾、スカンドラ保護区
- Ajaccio
- Calvi
- Bastia
- Corte
- コルシカ島（コルス島） Île de Corsica (Corse)
- コルス CORSE
- 地中海 Mediterranean Sea
- リオン湾 Golfe du Lion

5

GOURMET / SHOPPING / ENJOY / MUSEUM / STAY / EXCURSION

N

0 100km

パリ

クールブヴォワ
Courbevoie

R. Raymond Ridel

アスニエール・シュル・セーヌ駅
Asnières-sur-Seine

クリシー
Clichy

Mairie de Clich

クールブヴォア駅
Courbevoie

グランド・ジャット島
Île de la Grande Jatte

クリシー・ルヴァロワ駅
Clichy-Levallois

ルヴァロワ・ペレ
Levallois Perret

Porte
de Clichy

P.33 グランダルシュ
（新凱旋門）
La Grande Arche

ラ・デファンス（グランダルシュ）駅
La Défense (Grande Arche)
ラ・デファンス La Défense

ヌイイ・シュル・セーヌ
Neuilly-sur-Seine

Anatole France

ポン・カルディネ駅
Pont Cardinet

Louise Michel

P.117 カーエル・パティスリー
KL Pâtisserie

Pont Cardinet

Esplanade
de La Défense

Pont de Neuilly

Porte de Champerret

Pereire

Wagram

第17区

Malesherbe

ビュトー駅
Puteaux

Les Sablons

マルジュアン広場

Villiers

ビュトー
Puteaux

ビュトー橋

アクリマタシオン公園
Jardin d'Acclimatation

パレ・デ・コングレ
ポルト・マイヨー
Porte Maillot

モンソー公園
Parc de Monceau

第8区

P.90 フォンダシオン・ルイ・ヴィトン
Fondation Louis Vuitton

ベルヴェデール
Belvédère

ビュトー島
Île de Puteaux

フォッシュ大通り凱旋門

凱旋門

Av. des Champs-Elysées

シュレーヌ・モン・ヴァレリアン駅
Suresnes Mt. Valerian

バガテル庭園
Parc de Bagatelle

Porte Dauphine

Av. Foch

ヴィクトル・ユゴー広場
Pl. Victor Hugo

第16区

シュレーヌ・ロンシャン
Suresne Longchamp

ブーローニュの森
Le Bois de Boulogne

Avenue Foch

Rue de la
Pompe

P.240

市立近代美術館

ロンシャン競馬場
Hippodrome
de Longchamp

パリ市民の憩いのスポット、アクリ
マタシオン公園は子供向け遊園地、
バガテル庭園はバラが有名

シュペリウール湖
Lac Supérieur

P.226

シャイヨー宮

第7区

レ・コトー Les Coteaux

P.87 マルモッタン・モネ美術館
Musée Marmottan Monet La Muette

Boulainvilliers

エッフェル塔
シャン・ド・マルス
トゥール・エッフェル
Champ de Mars
Tour Eiffel

バルドール駅
Val d,Or

P.98 ラ・ターブル・デューゴ・デノワイエ
La Table d'Hugo Desnoyer

Ranelagh

アンヴァリッド
（国立廃兵院）

ブーローニュ池
Étang de Boulogne

オートゥイユ競馬場
Hippodrome d'Auteuil

Jasmin

カステル・ベランジェ
Castel Béranger

ラディオ・フランス
Radio France

レ・ミロン
Les Milons

全仏オープン・テニス会場

Porte d'Auteuil

Michel Ange Auteuil

第15区

サン・クルー駅
Saint-Cloud

ローラン・ギャロス・スタジアム
Stade Roland Garros

Michel Ange
Auteuil

Église
d'Auteuil

Mirabeau

Javel-André Citroën

モンパルナス駅
Gare Montparnass

ブークル・ド・サン・クルー
Parc de Saint-Cloud

Boulogne-
Jean-Jaurès

Michel-Ange
Molitor

Exelmans

シャルドン・ラガシュ
Chardon Lagache

ジャステ邸

P.230 8号線

Félix-Faure

Boulogne-Pont
de Saint-Cloud

パルク・ド・プランス
Parc des Prince

Pont du
Garigliano

Lourmel

Vaugirard

ブーローニュ・ビヤンクール
Boulogne-Billancourt

Porte de Saint-Cloud

Balard

Convention

サン・クルー公園
Parc de Saint-Cloud

パリ・サンジェルマンのホームスタジアム

トラム T3a線

Pernety

Billancourt

Marcel Sembat

パレ・デ・スポール
Palais des Sports

Pte. de Versailles

Plaisance

Musée
de Sèvres

Pont de Sèvres

イシー・ヴァル・ド・セーヌ駅
Issy Val de Seine

パリ・エクスポ
Paris-Expo

ポルト・ド・ヴァン
Porte de Vanve

セーヴル焼美術館

ルノー
Renault

サン・ジェルマン島
Île Saint-Germain

Corentin Celton

ヴァンヴ
Vanves

スガン島
Île Sugain

ジャック・アンリ・ラルティーグ
Jacques-Henri Lartigue

メリー・ディシー
Mairie d'Issy

Malakoff-Plateau
de Vanves

ヴァンヴの蚤の
Marché aux Pue
de Vanves

ブランポリオン
Brimborion

レ・ムリノー
Les Moulineaux

イシー・レ・ムリノー
Issy-les-Moulineaux

マラコフ
Malakoff

ベルヴュー駅
Bellevue

イシー駅
Issy

ヴァンヴ・マラコフ駅
Vanves Malakoff

ムドン
Meudon

ムドン・シュル・セーヌ
Meudon-sur-Seine

ヴェルサイユ

イシー・レ・ムリノー駅

クラマール駅
Clamart

シャティオン・モンルージュ
Châtillon-Montrouge

モンルーシ
Montroug

Meudon ムドン駅

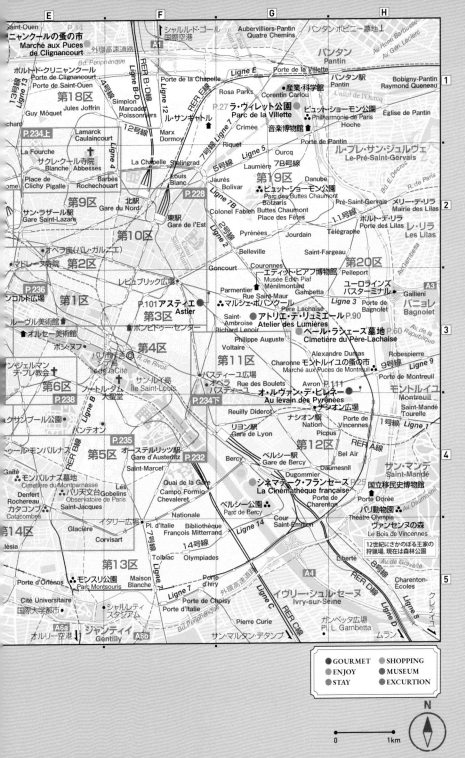

A B C D

□ハイアット・リージェンシー
Hyatt Regency Étoile

□カルフール・マーケット

La Fromagerie

バレ・デ・コングレ・
Palais des Congrès

サン・フェルディナン教会✝

テルヌ広場
Ternes

テルヌ
Ternes
サンタレクサンドル✝
ネフスキー教会

□サン・フェルディナン広場

ヌイイ・ポルト・マイヨー
Neuilly-Porte Maillot

第17区
17E

ラ・メゾンド・
ショコラ サル・プレイエル

ポルト・マイヨー
Porte Maillot

Renaissance
Arc de Triomphe

パロディ公園
Sq. A.et R.Parodi

Plaza Étoile

Raffles Paris
□ Le Royal
Monceau

Le Touring
□Pergolese

□ Marmotel
Hôtel Magda

Sofitel Paris
Arc de Triomphe

アルジャンティーヌ
Argentine

シャルル・ド・ゴール・エトワール
Charles de Gaulle-Étoile

フォンダシオン ルイ・ヴィトン行
シャトルバス発着所

パリ商工会議所
□ Balzac

シャルル・ド・ゴール・エトワール
Charles de Gaulle-Étoile

凱旋門への
地下道入口

シャルル・ド・ゴール広場・
Arc de Triomphe P.32 凱旋門

P.34

ジョルジュ・サ
George V

ブローニュの森

Av. Foch

P.26 バストロノーム
Bustronome

ピュブリシス
ドラッグストア
Publicis Drugstore

P.149 ラヴィニア
Lavinia

●アルメニア
美術館

ダッペール美術館●

□Raphaël

R. Vernet

2号線 Ligne 2

ルノートル
Lenôtre

パトリック・ロジェ
Patrick Roger

Peninsula
Paris

サン・ジョルジュ教会✝

Saint-James
Paris

ヴィクトル・ユーゴー
Victor Hugo

クレベール
Kléber

ヴィクトル・ユーゴー広場

バッシー貯水場
R. Copernic

Victor Hugo

Kléber
□

Bassano □

Four Seasons
Hotel George V Paris

✝サントノレ・デロー教会
Conti

R. Cimarosa

●ジャン・モネ広場
Le Parc Trocadéro
Renaissance

✝サントノレ・デロー
新教会

アメリカ合衆国広場

バカラ美術館
Galerie-Musée
Baccarat

サン・ピエール・ド・
シャイヨ教会

パリ・アメリカ教会✝

□Renoma

ボワシエール
Boissière

ギメ美術館(別館)
サンテチエンヌ教会✝

□ Le Dokhan's

国立ギメ東洋美術館

ギャリエラ博物館
Musée Galliera

シャンゼリゼ劇場

□ Le Metropolitan
⊗ジャンソン・ド・サイイ校

●メキシコ広場

第16区
16E

R. Greuze

Le Palais
Chaillot

□ Roy Chocolatier

アルマ・マルソー
Alma Marceau

リュ・ド・ラ・ポンプ
Rue de la Pompe

トロカデロ
Trocadéro

イエナ
Iéna

バレ・ド・トーキョー
Palais de Tokyo

アルマ広場
Pl. de l'Alma

西ヨーロッパ連合機構

□シャングリ・ラ
Shangri-La Paris

市立近代美術館 P.89
Musée d'Art Moderne
de la Ville de' Paris

バッシー墓地⊥
Cimetière de Passy

P.31 シャイヨー宮
Palais de Chaillot

●建築・文化財博物館

●シャイヨー劇場

モナ・ビスマーク
アメリカン・センター

ポン・ド・ラルマ
Pont de l'Alma

下水道博物館

✝アノンシアシオン教会
Église Annonciation

Café de l'Homme

P.31 トロカデロ庭園
Jardins du Trocadéro

●アクアリウム
ド・パリ

P.88
ケ・ブランリー
ジャック・シラク美術館
Musée du Quai Branly-
Jacques Chirac

●人類博物館
Musée de l'Homme

バトー・パリジャン乗船場
Bateaux Parisiens

P.41 デュカス・シュル・セーヌ
Ducasse sur Seine

エッフェル塔

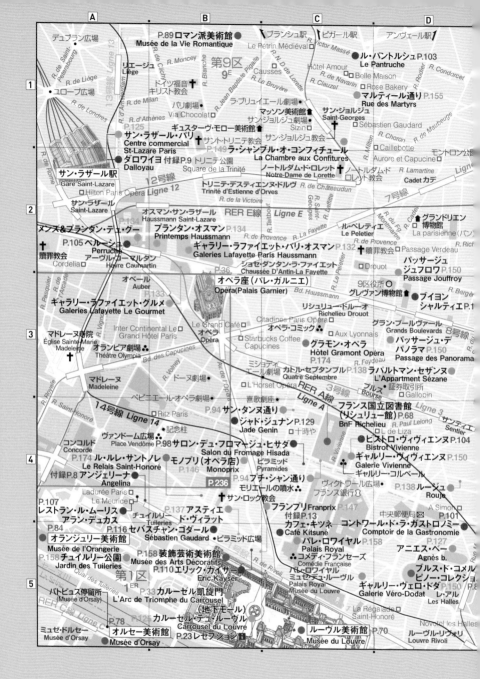

	A	B	C	D

デュプラン広場

P.89 ロマン派美術館
Musée de la Vie Romantique

ブランシュ駅　ピガール駅　アンヴェール駅
Le Pétrin Médiéval

ル・バントルシュ P.103
Le Pantruche

リエージュ
Liège

第9区
9E

ベル・メゾン
Belle Maison

ユロープ広場

ドイツ福音
キリスト教会

ラ・ブリュイエール劇場

マルティール通り P.155
Rue des Martyrs

バリ劇場
Via Chocolat

マッソン美術館
サンジョルジュ劇場

サン・ジョルジュ
Saint-Georges

P.125

ギュスターヴ・モロー美術館

サン・ジョルジュ教会

セバスチャン・ゴダール
Sébastien Gaudard

サン・ラザール・パリ
Centre commercial
St-Lazare Paris

サント・トリニテ教会
P.149 ラ・シャンブル・オ・コンフィチュール
La Chambre aux Confitures

ダロワイヨ 付録P.9
Dalloyau

トリニテ公園
Square de la Trinité

ノートル・ダム・ド・ロレット
Notre-Dame de Lorette

モントロン公園

サン・ラザール駅
Gare Saint-Lazare

ノートルダム・ド・
ロレット教会

Hilton Paris Opera

12号線
Ligne 12

トリニテ・デスティエンヌ・ドルヴ
Trinité d'Estienne d'Orves

R. Lamartine
Cadet カデ

サン・ラザール
Saint-Lazare

R. de la Victoire

オスマン・サン・ラザール
Haussmann Saint-Lazare

RER E線　Ligne E

7号線
Ligne 7

ル・ペルティエ
Le Peletier

グランドリエン
博物館

メンズ&プランタン・デュ・グー

プランタン・オスマン
Printemps Haussmann P.134

R. de Provence

La parisienne (パン

P.105 ペルーシュ
Perruche

ギャラリー・ラファイエット・パリ・オスマン
Galeries Lafayette Paris Haussmann P.132

贖罪教会
Passage Verdeau

贖罪教会
Cordelia

アーヴル・カーマルタン
Havre Caumartin

ショセ・ダンタン・ラ・ファイエット
Chaussée D'antin-La Fayette

Drouot

パッサージュ
ジュフロワ P.150
Passage Jouffroy

P.36

オベール
Auber

オペラ座 (パレ・ガルニエ)
Opéra(Palais Garnier)

9区役所

グレヴァン博物館

ブイヨン
シャルティエ P.1

P.133

Bd. Haussmann

R. Bergè

ギャラリー・ラファイエット・グルメ
Galeries Lafayette Le Gourmet

Inter Continental Le
Grand Hôtel Paris

Le Grand Café

リシュリュー・ドルオー
Richelieu Drouot

グラン・ブールヴァール
Grands Boulevards 8号線

マドレーヌ寺院
Église Sainte-Marie
Madeleine

オペラ
Opéra

Citadines Paris Opéra

オペラ・コミック

パッサージュ・デ・
パノラマ
Passage des Panoramas

オランピア劇場
Théâtre Olympia

Starbucks Coffee
Capucines

Aux Lyonnais

グラモン・オペラ
Hôtel Gramont Opéra P.174

マドレーヌ
Madeleine

ドーヴ劇場

ミショディ
エール劇場

カトル・セプタンブル
Quatre Septembre

R. Feydeau

ラパルトマン・セザンヌ
L'Appartment Sézane

ベビニエール・オペラ劇場

喜歌劇座

RER A線　Ligne A

ブルス　証券取引所
Bourse

サン・ロノレ通り
14号線 Ligne 14

Ritz Paris

P.94 サン・タンヌ通り

フランス国立図書館
(リシュリュー館) P.68
BnF Richelieu

Ligne 3線

サンティエ
Sentier

ヴァンドーム広場
Place Vendôme P.98

ジャド・ジュナン P.129
Jade Genin

記念柱

サロン・デュ・フロマージュ・ヒサダ
Salon du Fromage Hisada

十時や

R. Paul Lelong

ビストロ・ヴィヴィエンヌ P.104
Bistrot Vivienne

コンコルド
Concorde

P.174 ル・ルレ・サントレ
Le Relais Saint-Honoré

モノプリ(オペラ店)
Monoprix P.146

ピラミッド
Pyramides

ギャルリー・ヴィヴィエンヌ
Galerie Vivienne P.150

付録P.8 アンジェリーナ
Angelina

P.94 プチ・シャン通り

モリエールの噴水

ヴィクトワール広場
フランス銀行

ギャルリー・コルベール

P.138 ルージュ
Rouje

P.107
レストラン・ル・ムーリス
アラン・デュカス

Ladurée Paris
Le Meurice

サン・ロック教会

フランプリ P.147
Franprix 付録P.13

中央郵便局
A. Simon

P.101

P.84

P.137 アスティエ
ド・ヴィラット

カフェ・キツネ
Café Kitsuné

コントワール・ド・ラ・ガストロノミー
Comptoir de la Gastronomie

P.127

オランジュリー美術館
Musée de l'Orangerie

P.116 セバスチャン・ゴダール
Sébastien Gaudard

ピラミッド広場

パレ・ロワイヤル
Palais Royal P.158

アニエス・ベー
Agnès b.

P.158 チュイルリー公園
Jardin des Tuileries

第1区
1ER

P.158 装飾芸術美術館
Musée des Arts Décoratifs

コメディ・フランセーズ
Comédie Française

ブルス・ド・コメル

P.110 エリック・カイザー
Eric Kayser

パレ・ロワイヤル
ミュゼ・デュ・ルーヴル
Palais Royal
Musée du Louvre

ギャルリー・ヴェロ・ドダ
Galerie Véro-Dodat P.150

P.236

バビュス停留所
(Musée d'Orsay)

P.158 ラルク・ド・トリオンフ・デュ・カルーゼル
L'Arc de Triomphe du Carrousel

ミュゼ・ドルセー
Musée d'Orsay

P.78 P.125 カルーゼル・デュ・ルーヴル
Carrousel du Louvre
(地下モール)

ルーヴル・リヴォリ
Louvre Rivoli

オルセー美術館
Musée d'Orsay

P.23 レセプション

ルーヴル美術館
Musée du Louvre P.70

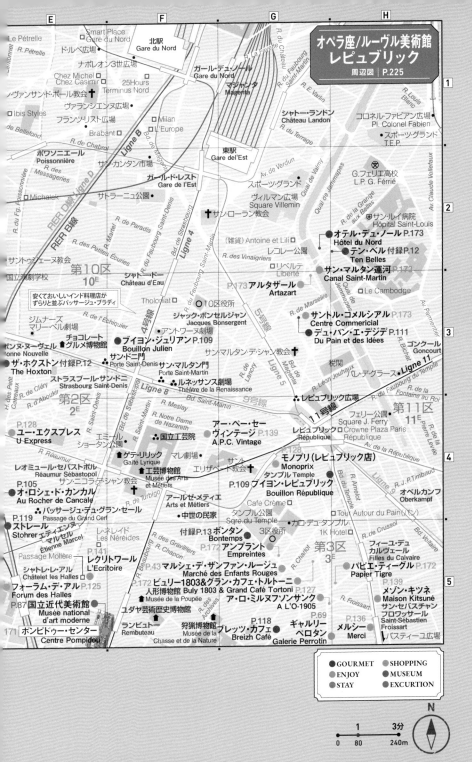

E　F　G　H

Le Pétrelle
R. Pétrelle
ド・ルベ広場

Smart Place
Gare du Nord
北駅
Gare du Nord

R. de La Fayette
R. du Château
R. Louis Blanc
R. E. Varlin

ナポレオン3世広場
Chez Michel
Chez Casimir

25Hours
Terminus Nord

ガール・デュ・ノール
Gare du Nord

マジャンタ
Magenta

シャトー・ランドン
Château Landon

R. du Faubourg Saint-Denis

コロネル・ファビアン広場
Pl. Colonel Fabien

ノ・ヴァンサン・ド・ポール教会 ✝
Ibis Styles
ヴァランシエンヌ広場

Milan
L'Europe

R. du Terrage

スポーツ・グランド
T.E.P.

de Belledonf
フランツ・リスト広場
Brabant

R. de Chabrol

東駅
Gare del'Est

R. Louis Blanc

G.フェリエ高校
L.P.G. Férrié

ポワソニエール
Poissonnière

Ligne B

Bd. de Magenta

サン・カンタン市場

Av. de Verdun

Quai de Valmy

R. des Messageries

ガール・ド・レスト
Gare de l'Est

スポーツ・グランド

Quai de Jemmapes

Michalak

サトラーニュ公園

ヴィルマン広場
Square Villemin

Av. Claude Vellefaux

R. de la Grange aux Belles

サン・ルイ病院
Hôpital Saint-Louis

RER D線 Ligne D

R. de Strasbourg

R. de Paradis

R. des Petites Écuries

サン・ローラン教会 ✝

オテル・デュ・ノール P.173
Hôtel du Nord

RER B線

サントゥジェーヌ教会

(雑貨) Antoine et Lili

テン・ベル 付録P.12
Ten Belles

国立演劇学校

第10区
10E

シャトー・ドー
Château d'Eau

レコレー公園

Ligne 4

リベルテ
Liberté

サン・マルタン運河 P.173
Canal Saint-Martin

Le Cambodge

安くておいしいインド料理店が
ずらりと並ぶパッサージュ・ブラディ

Tholoziat

10区役所

アルタザール
Artazart

P.173

Quai de Jemmapes

ジムナーズ
マリー・ベル劇場

R. de l'Échiquier

ジャック・ボンセルジャン
Jacques Bonsergent

R. de Marseille

サントル・コメルシアル P.173
Centre Commercial

R. Parmentier

チョコレート
グルメ博物館

アントワーヌ劇場

ブイヨン・ジュリアン P.109
Bouillon Julien

5号線

デュ・パン・エ・デジデ P.111
Du Pain et des Idées

ンヌ・ヌーヴェル
onne Nouvelle

サン・ドニ門
Porte Saint-Denis

サン・マルタン・デ・シャン教会 ✝

R. de Lancry

Ligne 11

ゴンクール
Goncourt

ザ・ホクストン 付録P.12
The Hoxton

ポルト・サン・ドニ
Porte Saint-Denis

サン・マルタン門
Porte Saint-Martin

税関

Ligne 11

バレ・デ・グラース
Ligne 11

R. de Cléry

ストラスブール・サン・ドニ
Strasbourg Saint-Denis

ルネッサンス劇場
Théâtre de la Renaissance

Bd. de Magenta

R. du Faubourg du Temple

第2区
2E

R. Saint-Denis

Ligne 8

Bd. Saint-Martin

9号線

レピュブリック広場

R. de la Fontaine au Roi

P.128

ユー・エクスプレス
U Express

R. Meslay

R. Notre Dame de Nazareth

アー・ペー・セー
ヴィンテージ A.P.C. Vintage P.139

レピュブリック
République

フェリー公園
Square J. Ferry

第11区
11E

R. Réaumur

国立工芸院

レピュブリック
République

Crowne Plaza Paris

R. du Temple

Av. de la République

R. J. P.Timbaud

レオミュール・セバストポル
Réaumur Sébastopol

エミール・
ショーダン公園

ゲテ・リリック
Gaîté Lyrique

マレ劇場

サント・
エリザベート教会

モノプリ(レピュブリック店)
Monoprix

P.105

工芸博物館
Musée des Arts
et Métiers

タンプル Temple

オベルカンフ
Oberkampf

オ・ロシェ・ド・カンカル
Au Rocher de Cancale

サン・ニコラ・デ・シャン教会

P.109 ブイヨン・レピュブリック
Bouillon République

Café Crème

R. J. P.Timbaud

P.119

パッサージュ・デュ・グラン・セール
Passage du Grand Cerf

R. de Turbigo

アールゼ・メティエ
Arts et Métiers

タンプル公園
Sqre du Temple

トゥ・トゥ・アウトゥール・デュ・パン(パン)
Tout Autour du Pain

ストレール
Stohrer

エティエンヌ・
マルセル
Étienne Marcel

中世の民家

カロ・デュ・タンプル

1K Hotel

P.141

Les Néréides

付録P.13 ボンタン
Bontemps

3区役所

フィーユ・デュ・
カルヴェール
Filles du Calvaire

Passage Molière

レクリトワール
L'Ecritoire

アンプラント
Empreintes

第3区
3E

R. de Crussol

R. Charlot

パピエ・ティーグル P.172
Papier Tigre

シャトレ・レ・アル
Châtelet les Halles

P.43 マルシェ・デ・ザンファン・ルージュ
Marché des Enfants Rouges

P.128

R. Froissart

メゾン・キツネ P.139
Maison Kitsuné

フォーラム・デ・アル
Forum des Halles

P.172 ビュリー1803&グラン・カフェ・トルトーニ
Buly 1803 & Grand Café Tortoni

P.127

サン・セバスチャン
フロワッサール
Saint-Sébastien
Froissart

P.87 国立近代美術館
Musée national
d'art moderne

人形博物館
Musée de la Poupée

ア・ロ・ミルヌフソンサンク
A L'O-1905

P.69

ユダヤ芸術歴史博物館

R. des Archives

P.118

P.136

171

ポンピドゥー・センター
Centre Pompidou

ランビュトー
Rembuteau

狩猟博物館
Musée de la
Chasse et de la Nature

ブレッツ・カフェ
Breizh Café

ギャルリー・
ペロタン
Galerie Perrotin

メルシー
Merci

バスティーユ広場

● GOURMET　　● SHOPPING
● ENJOY　　　 ● MUSEUM
● STAY　　　　 ● EXCURSION

3分
0　80　240m

N

A B C D

P.31 シャイヨー宮
Palais de Chaillot
デュカス・シュル・セーヌ
P.41 Ducasse sur Seine
バトー・パリジャン乗船場 P.40
Bateaux Parisiens
アルマ広

Av. Paul Doumer
R. de la Tour
パッシー
Passy
P.31 トロカデロ庭園
Jardins du Trocadéro
ヴァルソヴィ広場
Pl. de Varsovie
ケ・ブランリー
ジャック・シラク美術館 P.88

第16区
16ᴱ Maison FL
サン・ルイ・ド・コンザーグ校
Woo Jung(韓国)
イエナ橋
Pont d'Iéna
バトビュス停留所
(Tour Eiffel)
出口
Au Bon Accueil
R. de Mottessuy
ラ・フォンテーヌ・ド・マルス
La Fontaine de Mars P.101

Passy Eiffel
アニエス・ベー
エッフェル塔入口
エッフェル塔 P.28
Tour Eiffel
マルスの噴水
Fantaine de Mars

ワイン博物館
Musée du Vin
パッシー
Passy
パリ・カレッシュ P.26
Paris Calèches
Le Petit
Troquet

賑やかなショッピング・ストリート
シャン・ド・マルス・トゥール・エッフェル
Champ de Mars Tour Eiffel
ビラケム橋
Pont de Bir-Hakeim
エミール・アントワーヌ
スタジアム
ジャック・リュエフ広場
Pl. Jacques Rueff

バルザック博物館
Maison de Balzac
トルコ大使館
スポット24
SPOT24
Pullman Paris
Tour Eiffel
シャン・ド・マルス公園
Parc du Champ de Mars

Av. de Lmballe
ケネディ・ラジオ・フランス
Kennedy Radio France
R. Jean Rey
パリ日本文化会館
ビラケム
Bir-Hakeim

ここを通過するメトロの車窓からはエッフェル塔がよく見える
日本文化をフランス人に理解してもらうための多目的会館。日本映画の上映等
Le Casse Noix
官報局
グラン・パレ(仮設)
Grand Palais Ephémère

白鳥の小径
Allée des Cygnes
P.103
ラ・カンティーヌ・デュ・トロケ・デュプレックス
La Cantine du Troquet Dupleix

緑の散歩道、白鳥の小径と自由の女神像へはグルネル橋かビラケム橋にある階段を下りていく
デュプレックス
Dupleix
デュプレックス広場
Pl. Dupleix
Village Suisse
サン・レオン教会
Église Saint-Léon

グルネル橋
Pont de Grenelle
ローラン・デュボワ
Laurent Dubois
Beaugrenelle
Mercure
Paris Tour Eiffel

トーテム
Avant Seine
アヴァン・セーヌ
R. Viala
R. Rouelle

自由の女神像
La Statue de la Liberté
Laduree
サン・シャルル広場
Pl. Saint-Charles
ラ・モット・ピケ・グルネル
La Motte-Picquet-Grenelle

142 Crêperie Contemporaine
(クレープ)
クオック・オン美術館
Musée Kwok On

ボーグルネル・パリ
Beaugrenelle Paris
アヴニュ・エミール・ゾラ
Avenue Émile Zola
カンブロンヌ広場
Place Cambronne

シャルル・ミッシェル広場
Pl. Charles Michels
Alizé Grenelle Av. Émile Zola
Rue Frémicourt
カンブロンヌ
Cambronne

10号線 Ligne 10
シャルル・ミッシェル
Charles Michels
地元の人々で賑わう活気のある商店街

国立印刷所
Imprimerie Nationale
コメルス広場
Pl. du Commerce
Les Parisettes

第15区
15ᴱ
コメルス
Commerce

サン・ジャン・バティスト・ド・グルネル教会
Saint-Jean Baptiste de Grenelle

サン・シャルル・ロータリー
パリ第1大学
Université Paris I
フェリックス・フォール
Félix Faure
サン・ランベール公園
Square Saint-Lambert

グルネル墓地
Cimetière de Grenelle
デュラントン公園
Jardin Duranton
ブシコー
Boucicaut
コンタ・ヴェネサン広場
Pl. du Comtat Venaissin
アドルフ・シェリウ広場
Place et Square Adolphe Chérioux

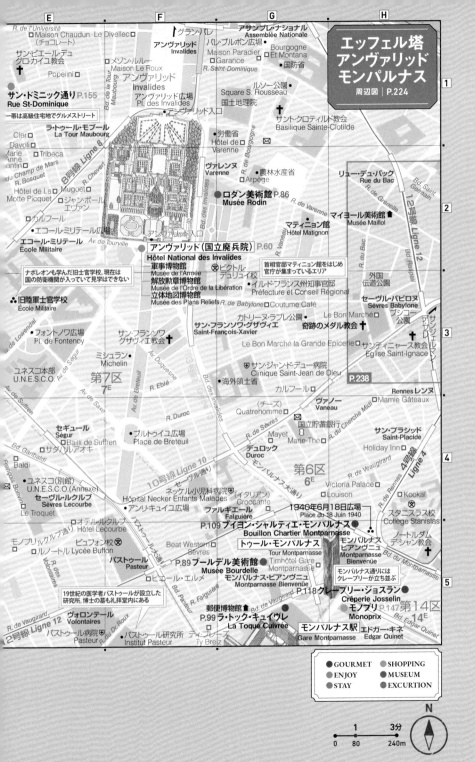

ミュゼ・ドルセー (Musée d'Orsay)
Musée d'Orsay ●バトビュス停留所
レジオン・ドヌール博物館・バトビュス停留所 (Louvre)
オルセー美術館 R.78 P.70 ルーヴル美術館
Musée d'Orsay Musée du Louvre
ルーヴル宮の要塞 Le Fumoir ルーヴル・リヴォリ
Louvre Médiéval Louvre Rivoli 第1区 1ER
○1区役所
サン・ジェルマン
ロクセロワ教会

A **B** **C** **D**

ソルフェリノ
Solférino
RER C線 カルーゼル橋 P.130 サマリテーヌ・パリ・ポン・ヌフ
Pont du Carrousel Samaritaine Paris Pont-Neuf P.68 サンカント
Quai Voltaire (画材) ●ポン・デザール ヌフ・リヴォリ
Sennelier Quai Malaquais Pont des Arts ポン・ヌフ 59 Rivoli
●カレ・リヴ・ゴーシュ (Saint-Germain-des-Prés) Pont Neuf
Carré Rive Gauche ●バトビュス停留所 ポン・ヌフ P.41
P.69 メゾン・ゲンスブール ●ヴデット・デュ・ポン・ヌフ乗船場 Pont Neuf パリ・シャトレ号
Gaya par メゾン・ゲンスブール ● Vedettes du Pont Neuf
Pierre Gagnaire 国立美術学校■
L'Atelier de Joël ■Hôtel Montalembert フランス学士院♣ アンリ4世の時代からあり、時間が
Robuchon Saint Germain Guy Savoy♣ 止まったような雰囲気のある広場
リュ・デュ・バック 造幣局● ドーフィヌ広場・
Rue du Bac 国立行政院 貨幣博物館● P.165 コンシェルジュリ
La Cave Boutique R. Jacob Musée de la Monnaie Conciergerie
de Joël Robuchon パリ第5大学 Palais de Justice 裁判所● ●
マイヨール Ze Kitchen Galerie● P.165 サント・シャペル
美術館 四季の噴水 国立ドラクロワ美術館■ Laperouse Sainte-Chapelle
Musée Fontaine des Quatre Saisons Relais Christine■ 警視庁●
Maillol サン・ジェルマン・デ・プレ教会■ サン・ジェルマン・デ・プレ P.174 ノートル・ダム
Eglise Saint-Germain-des-Prés Saint-Germain-des-Prés Relais Hôtel Hôtel Le Notre Dame
マビヨン du Vieux Paris
ロジェ・ステファーヌ公園・ Mabillon サン・ミッシェル Les Rives de
R. du Four Saint-Michel Notre-Dame
Marché Saint Germain オデオン P.47 カヴォ・ド・ラ・ユシェット
Odéon Caveau de la Huchette
ブシコー公園・ (チョコレート) Patrick Roger サン・セヴラン教会♣
Le Bon Marché セーヴル・バビロヌ サン・シュルピス (中華) Mirama
奇跡のメダル教会 Sèvres Babylone Saint-Sulpice 第6区 クリュニー・ラ・ソルボンヌ (シーフード)
6E Cluny La Sorbonne Le Bar à Huîtres
Le Bon Marché サン・シュルピス広場■ モノプリ (サン・ミッシェル店)
la Grande Epicerie ○6区役所 P.147 P.87 クリュニー中世美術館
Jean-Charles Rochoux サン・シュルピス教会 Musée de Cluny - Musée National du Moyen Âge
Eglise Saint-Sulpice オデオン座 Polidor (ワイン)
Plastiques Théâtre National de l'Odéon P.238 ■Hôtel Saint-Paul
(雑貨)
■Mamie Gâteaux ■Villa Madame ソルボンヌ コレージュ
レンヌ Bocage (靴)● 広場・ ド・フランス
Rennes リュクサンブール宮殿♣ ソルボンヌ P.169
サダハル・アオキ Palais du Luxembourg Sorbonne
サン・プラシッド (ケーキ) 17世紀にアンリ4世の王妃 ル・サロン・デュ
Saint-Placide ■Judy マリー・ド・メディシスが建設 シネマ・デュ
Holiday Inn Bread & Roses した宮殿のフランス式庭園 パンテオン P.169
Paris リュクサンブール Le Salon du Cinéma
アリアンス リュクサンブール公園 Luxembourg du Panthéon
Victoria フランセーズ Jardin du Luxembourg P.169 パンテオン
Palace Alliance Théâtre du P.99 セバスチャン・デガルダン Panthéon
Française Marionnettes Sébastien Dégardin ○5区役所
ノートルダム・デ・シャン
Notre-Dame des Champs 国立高等鉱業学校● P.27 テッラ・ネラ
モンパルナス・ビアンヴニュ R. Auguste Comte Terra Nera
●1940年6月18日広場 ジャン・ポール・エヴァン P.27 カフェ・ド・ラ・ヌーヴェル・メリー
Montparnasse Bienvenüe Jean-Paul Hévin Café de la Nouvelle Mairie
Place du 18 Juin 1940 ●モンテーニュ公園 サン・ジャック・
ノートルダム ■Sainte-Beuve デュ・オー・パ教会
デ・シャン教会 ●ル・セレクト 付録P.6 ザッキン美術館 ノートルダム・デュ・
バーガーキング■ Le Select Musée Zadkine パリ第5大学 リバン教会
●ラ・ロトンド 付録P.6 Université Paris V
第14区 ヴァヴァン La Rotonde 第5区
14E Vavin ●ヴィラ・デ・ザルティスト 5E
Victoria クレープリー Villa des Artistes
ジョスラン P.118 ピカソ広場
■Marché Crêperie Josselin Pl. P. Picasso
Edgar Quinet マルコ
エドガー・キネ 付録P.7 ポーロ庭園
Edgar Quinet ●ル・ドーム Jardin 天文台の噴水
Le Dôme Marco
Polo ●Le Croserie des Lilas ヴァル・ド・グラース
モンパルナス大通り Val de Grâce

サン・ジェルマン・デ・プレ
シテ島／カルチェ・ラタン

周辺図｜P.225

- ●GOURMET　●SHOPPING
- ●ENJOY　●MUSEUM
- ●STAY　●EXCURSION

N

1　3分
0　80　240m

モンマルトル
周辺図｜P.225

- P.117 R. Lamarck
  アルノー・ラエール
  Arnaud Larher
- Lamarck Caulaincourt
  ラマルク・コランクール
- Francis Labutte
  Francis Labutte
- P.47 オ・ラパン・アジル
  Au Lapin Agile
- 第18区 18E
- 付録P.11 カフェ・ルノワール
  Café Renoir
- モンマルトル墓地 P.60
  Cimetière de Montmartre
- P.162 モンマルトル美術館
  Musée de Montmartre
- モンマルトルの
  ブドウ畑
- P.162 Le Passe Muraille 壁抜け男
- P.163 ル・コンスラ
  Le Consulat
- サクレ・クール寺院 P.38
  Basilique du Sacré-Cœur
- P.162 ムーラン・ド・ラ・ギャレット
  Moulin de la Galette
- テルトル広場
  Place du Tertre
- シャトー・ルージュ
  Château Rouge
- P.162
- P.162 ゴッホのアパート
  Maison de Van Gogh
- アトリエ洗濯船跡
  Le Bateau Lavoir
- サン・ピエール教会 P.161
  Eglise St-Pierre
- P.174 Hôtel des Arts デザール
- P.162
  ダリ・パリ
  Dali Paris
- アーペーセー
  シュルプリュス P.139
  A.P.C. Surplus
- Ibis Paris
  Montmartre
- P.163 ル・グルニエ・ア・パン
  Le Grenier à Pain
- アベス
  Abbesses
- ジュテームの壁
  Le Mur des je t'aime
- アル・サン・ピエール美術館
  Musée Hall Saint Pierre
- P.163 カフェ・デ・ドゥ・ムーラン
  Café de 2 Moulins
- P.145 モノップ
  Monop' Beauty
  ビューティ
- フニキュレール乗場 P.38
  Funiculaire
- Monop' Beauty
- ムーラン・ルージュ P.46
  Moulin Rouge
- アベス広場
- ジル・マルシャル P.163
  Gilles Marchal
- Tati
- ラ・フルシュ駅
- 凱旋門
- Ligne 2 ブランシュ
  Blanche
- プチ・トラン乗場
  Petit Train
- エロチズム博物館
- P.111 パン・パン
  Pain Pain
- エリゼ・モンマルトル ♪
- Bd. de Rochechouart
- バルベス
  ロシュシュアール
  Barbès
  Rochechouart
- プラス・ド・クリシー
  Place de Clichy
  コメディー・ドパリ
- 第9区 9E
  Joke♪
- Bd. de Clichy
- Mercure Pigalle
- ブイヨン・ピガール P.109
  Bouillon Pigalle
- アンヴェール
  Anvers
- Bd. Barbès
- Design Secret
- ピガール
  Pigalle
- ピガール広場
  Place Pigalle
- Rochechouart
- アンヴェール公園
- R. du Delta
- P.89 ロマン派美術館
  Musée de la Vie Romantique
- フォンテーヌ劇場
- サン・ジョルジュ駅
- カルフール
- L'Oriental
- Av. Trudaine
- 1 2分
  0 160m
- N

バスティーユ
周辺図｜P.225

- レピュブリック広場
- リシャール・ルノワール
  Richard Lenoir
- ロケット公園
  Sqre. de la Roquette
- R. du Chemin Vert
- 11区役所
- ヴォルテール
  Voltaire
- R. de la Roquette
- Av. Philippe Auguste
- シュマン・ヴェール
  Chemin Vert
- マルシェ・バスティーユ P.43
  Marché Bastille
- ペール・シャイエ広場
- Jeff de Bruges
  (チョコレート)
- R. Mercœur
- ビオコープ P.147
  Biocoop
- 第11区 11E
- スポーツ・グランド
- ブレゲ・サバン
  Bréguet Sabin P.104
- シナゴーグ
- シナゴーグ
  Synagogue
- R. de Charonne
- カフェ・ド・ランデュストリー
  Café de L'Industrie
- ル・カフェ・アラン・デュカス P.148
  Le Café Alain Ducasse avec 1985 by Lavazza
- シャロンヌ
  Charonne
- カルフール・シティ
- ル・ショコラ・アラン・デュカス
  マニュファクチュール・ア・パリ P.115
  Le Chocolat Alain Ducasse Manufacture à Paris
- Des Arts
- R. de Charonne
- ル・ピュール・カフェ P.24
  Le Pure Café
- エミール・ガレ公園
- バスティーユ広場
  Place de la Bastille
- Pause Café
- クラマト P.103
  Clamato
- ラ・パティスリー
  シリル・リニャック P.116
  La Pâtisserie Cyril Lignac
- 七月革命記念柱
- Les Fleurs
- シャロンヌ通り
- サント・マルグリート教会
- R. Bouvier
- Isabel Marant
- L'Antoine
- P.100 ビストロ・ポール・ベール
  Bistrot Paul Bert
- ボン・スクール教会
  リュ・デ・ブレ
  Rue des Boulets
- バスティーユ駅
  Bastille
- ルドリュ・ロラン
  Ledru Rollin
- (モロッコ) Mansouria
- Le 6 Paul Vert
- P.36 オペラ・バスティーユ
  Opéra Bastille
- レ・フルール P.140
  Les Fleurs
- フェデルブ・シャリニー
  Faidherbe Chaligny
- サント・ファミーユ教会
  Eglise Sainte-Famille
- Hôtel Paris Bastille
- P.111 ブレ・シュクレ
  Blé Sucré
- P.102 レボショワール
  L'Ebauchoir
- 第12区 12E
- ヴィアデュック・デザール
  (芸術高架橋)
- P.43 マルシェ・ダリグール
  Marché d'Aligre
- サンタントワーヌ病院
  Hôpital Saint-Antoine
- 2分
  0 160m
- N

234

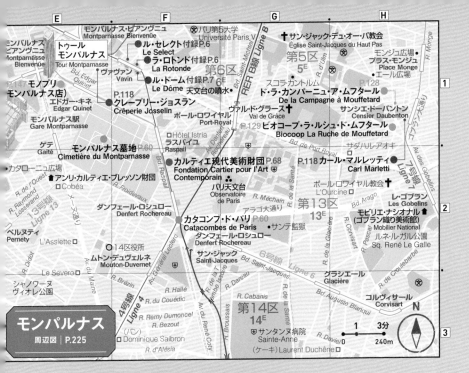

周辺図 | P.225

モンパルナス

地図内ラベル:

- モンパルナス・ビアンヴニュ / Montparnasse Bienvenüe
- モンパルナス ビアンヴニュ / Montparnasse Bienvenüe
- トゥール モンパルナス / Tour Montparnasse
- パリ第5大学 / Université Paris V
- サン・ジャック・デュ・オー・パ教会 / Église Saint-Jacques du Haut Pas
- ル・セレクト付録P.6 / Le Select
- ラ・ロトンド付録P.6 / La Rotonde
- ヴァヴァン / Vavin
- ル・ドーム付録P.7 / Le Dôme
- 天文台の噴水 /
- 第6区 / 6E
- 第5区 / 5E
- モンジュ広場 / プラス・モンジュ / Place Monge
- エール広場
- スコラ・カントルム
- ド・ラ・カンパーニュ・ア・ムフタール / De la Campagne à Mouffetard
- モノプリ モンパルナス店 /
- エドガー・キネ / Edgar Quinet
- P.118 クレープリー・ジョスラン / Crêperie Josselin
- ポール・ロワイヤル / Port-Royal
- ヴァル・ド・グラース / Val de Grâce
- サンシエ・ドーバントン / Censier Daubenton
- P.128
- サダハルアオキ
- モンパルナス駅 / Gare Montparnasse
- ゲテ / Gaîté
- Hôtel Istria / ラスパイユ / Raspail
- P.129 ビオコープ・ラ・ルシュ・ド・ムフタール / Biocoop La Ruche de Mouffetard
- モンパルナス墓地 P.60 / Cimetière du Montparnasse
- P.118 カール・マルレッティ / Carl Marletti
- カタローニュ広場 /
- アンリ・カルティエ・ブレッソン財団
- R. de l'Ouest / R. de Raymond Losserand / Ligne 13 / 13号線
- Cobéa
- R. Froidevaux
- カルティエ現代美術財団 P.68 / Fondation Cartier pour l'Art Contemporain
- パリ天文台 / Observatoire de Paris
- R. Méchain
- Bd. de Port-Royal
- L'Ourcine
- ポール・ロワイヤル教会 / L'Ourcine
- レ・ゴブラン / Les Gobelins
- ペルネティ / Pernety
- L'Assiette
- ダンフェール・ロシュロー / Denfert Rochereau
- アラゴ大通り / R. Méchain
- 第13区 / 13E
- モビリエ・ナシオナル (ゴブラン織物美術館) / Mobilier National
- ル・ネ・ル・ガル公園 / Sq. René Le Galle
- カタコンブ・ド・パリ P.60 / Catacombes de Paris
- ダンフェール・ロシュロー / Denfert Rochereau
- サンテ監獄
- R. Corvisart
- R. Dareau
- 14区役所
- ムトン・デュヴェルネ / Mouton-Duvernet
- サン・ジャック / Saint-Jacques
- R. du Couédic
- R. de la Glacière
- グラシエール / Glacière
- R. de Croulebarbe
- シャノワーヌ ヴィオレ公園
- Le Severo
- R. Didot
- R. Brézin
- Av. du Général Leclerc
- R. Halle
- R. Cabanis
- Bd. Saint-Jacques
- Ligne 6 / 6号線
- Bd. Auguste Blanqui
- コルヴィザール / Corvisart
- R. Remy Dumoncel
- R. Bezout
- 第14区 / 14E
- R. Broussais
- R. de la Santé
- R. de la Glacière
- N
- モンパルナス 周辺図 P.225
- Dominique Saibron (パン)
- R. d'Alésia
- サンタンヌ病院 / Sainte-Anne
- R. David
- Laurent Duchêne (ケーキ)
- 1 3分 / 0 240m

トゥール・モンパルナス展望台は €18（平日）

モンパルナスは20世紀初頭、モンマルトルにかわり芸術家たちが集った街。彼らが愛した老舗カフェが今も残る。また、ブルターニュ地方行きの列車がモンパルナス駅から出るため、ブルターニュ名物のクレープの店が多いのも特徴。ランドマークは高さ210mのトゥール・モンパルナス。展望台は絶景が広がる。

バスティーユは地元の人や若者が集うパリの下町のようなエリア。カジュアルなビストロが並び、ナイトスポットも多い。おしゃれなブティック、雑貨店も点在する。ランドマークは、フランス革命の発端となった牢獄跡地のバスティーユ広場。広場に面して、近代的建築のオペラ・バスティーユが建っている。

7月革命記念柱が立つバスティーユ広場

モンパルナスや
バスティーユの
散策も楽しいよ！

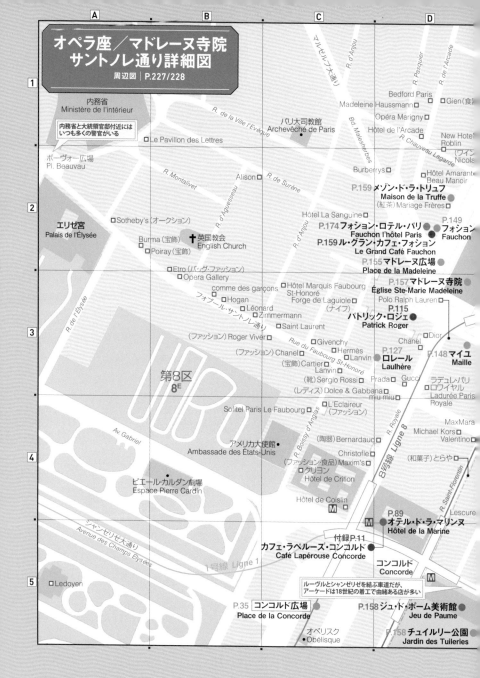

オペラ座／マドレーヌ寺院
サントノレ通り詳細図

周辺図 | P.227/228

A

内務省
Ministère de l'intérieur

内務省と大統領官邸付近には
いつも多くの警官がいる

□ Le Pavillon des Lettres

ボーヴォー広場
Pl. Beauvau

R. Montalivet

エリゼ宮
Palais de l'Élysée

□ Sotheby's（オークション）

Alison □

R. de Surène

R. d'Aguesseau

Burma（宝飾）□
✝ 英国教会
□ Poiray（宝飾）English Church

□ Etro（バッグ・ファッション）
□ Opera Gallery

comme des garçons □

第8区
8ᴱ

□ Hogan
□ Léonard
□ Zimmermann

（ファッション）Roger Viver □
（ファッション）Chanel □
（宝飾）Cartier □
Lanvin □

□ Hôtel Marquis Faubourg
St-Honoré
Forge de Laguiole □

□ Saint Laurent

Rue du Faubourg St-Honoré
□ Givenchy
□ Hermès
□ Lanvin

（靴）Sergio Rossi □
（レディス）Dolce & Gabbana □

□ Prada
□ Gucci

miu miu □

□ L'Eclaireur
（ファッション）

Av. Gabriel

アメリカ大使館 ●
Ambassade des États-Unis

ピエール・カルダン劇場
Espace Pierre Cardin

シャンゼリゼ大通り
Avenue des Champs Élysées

□ Ledoyen

Soltel Paris Le Faubourg

（陶器）Bernardaud □
Christofle □
（ファッション・食品）Maxim's □
□ クリヨン
Hôtel de Crillon

Hôtel de Coislin

付録P.11
カフェ・ラペルーズ・コンコルド ●
Café Lapérouse Concorde

P.35 コンコルド広場 ●
Place de la Concorde

オベリスク
● Obélisque

B

R. de la Ville l'Evêque

パリ大司教館
Archevêché de Paris

Hôtel La Sanguine □

Burma（宝飾）

C

R. d'Anjou

R. Pasquier

Bd. Malesherbes

R. Chauveau Lagarde

R. d'Anjou

R. Royale

R. de Boissy d'Anglas

R. Royale

B号線 Ligne 8

1号線 Ligne 1

M

M

Bedford Paris
Madeleine Haussmann □
Opéra Marigny □
Hôtel de l'Arcade □

Burberrys □

P.159 メゾン・ド・ラ・トリュフ
Maison de la Truffe ●
（紅茶）Mariage Frères ●

P.174 フォション・ロテル・パリ
Fauchon l'hôtel Paris ●
P.159 ル・グラン・カフェ・フォション
Le Grand Café Fauchon ●

P.155 マドレーヌ広場 ●
Place de la Madeleine

P.157 マドレーヌ寺院
Église Ste-Marie Madeleine ●

Polo Ralph Lauren □

P.115
パトリック・ロジェ ●
Patrick Roger

□ Chanel

P.127
ロレール ●
Laulhère

M

P.89
オテル・ド・ラ・マリンヌ
Hôtel de la Marine

コンコルド
Concorde

ルーヴルとシャンゼリゼを結ぶ車道だが、
アーケードは18世紀の着工で由緒ある店が多い

P.158 ジュ・ド・ポーム美術館
Jeu de Paume

D

R. de l'Arcade

□ Gien（食器）

New Hotel
Roblin
（ワイン）
Nicola

□ Hôtel Amarante
Beau Manoir

P.149
フォション ●
Fauchon

□ Dior

P.148 マイユ
Maille

ラデュレ・パリ
ロワイヤル
Ladurée Paris
Royale

MaxMara
Michael Kors ●
Valentino □

（和菓子）とらや □

Lescure

R. Saint-Florentin

M

P.158 チュイリリー公園
Jardin des Tuileries

236

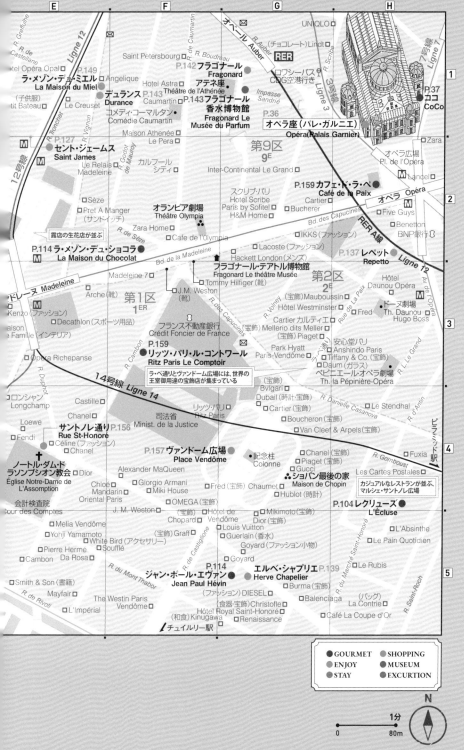

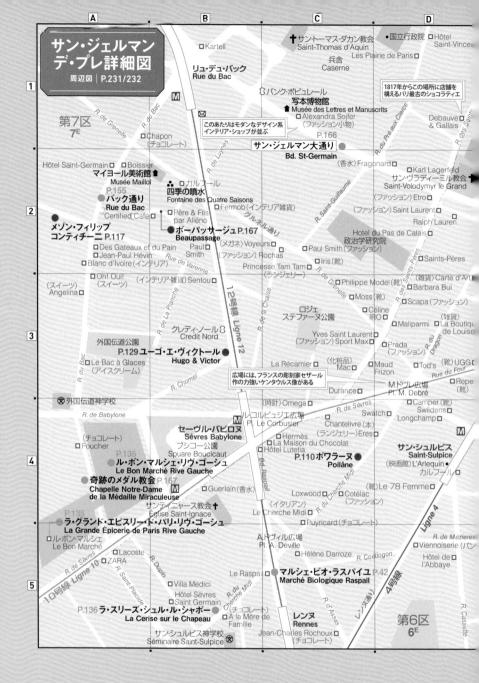

サン・ジェルマン
デ・プレ詳細図

周辺図 P.231/232

リュ・デュ・バック
Rue du Bac

□Kartell

✝サン・トーマス・ダカン教会
Saint-Thomas d'Aquin

●国立行政院 □Hôtel
Saint-Vince

兵舎
Caserne

Les Plairie de Paris □

第7区
7ᴱ

M

R. de Grenelle
R. du Bac

□Chapon
(チョコレート)

✉

🏛バンク・ポピュレール
写本博物館
🏛Musée des Lettres et Manuscrits

このあたりはモダンなデザイン系
インテリア・ショップが並ぶ

Alexandra Soifer
(ファッション小物)
P.166

1817年からこの場所に店舗を
構えるパリ最古のショコラティエ

Debauve□
& Gallais

サン・ジェルマン大通り ●
Bd. St-Germain

Hôtel Saint-Germain □ □Boissier
マイヨール美術館
Musée Maillol 🏛
P.155

バック通り
Rue du Bac
Certified Café□

●メゾン・フィリップ
コンティチーニ P.117

Des Gateaux et du Pain□
□Jean-Paul Hévin
□Blanc d'Ivoire(インテリア)

♣♣カルフール
四季の噴水
Fontaine des Quatre Saisons

□Fermob(インテリア雑貨)

□Père & Fils
par Alléno

●ボーパッサージュ P.167
Beaupassage

Paul
Smith

□Paul Smith(ファッション)

(メガネ)Voyeurs□

(香水)Fragonard

□Karl Lagerfeld
サン・ヴラディーミル教会
Saint-Volodymyr le Grand

(ファッション)Etro□

(ファッション)Saint Laurent□

Ralph Lauren

Hotel du Pas de Calais □

(ファッション)
Rochas

□Iris(靴)

□Saints-Pères

Princesse Tam Tam□
(ランジェリー)

政治学研究院

(スイーツ)
Angelina□

□Oh! Oui!
(スイーツ)

(インテリア・雑貨)Sentou□

□Philippe Model(靴)

(雑貨)Carte d'Art

□Barbara Bui

□Moss(靴)

□Scapa(ファッション)

ロジェ
ステファーヌ公園

□Céline
IRO

(雑貨)
□Maliparmi

□La Boutiqu
de Louise

外国伝道公園
P.129 ユーゴ・エ・ヴィクトール ●
Hugo & Victor

クレディ・ノール🏛
Credit Nord

□Le Bac à Glaces
(アイスクリーム)

Yves Saint Laurent□
(ファッション)Sport Max□

La Récamier □

(化粧品)
Mac□

□Prada
(ファッション)

□Maud
Frizon

□Tod's

(靴)UGG

Repe
(靴)

R. Chomel

広場には、フランスの彫刻家セザール
作の力強いケンタウルス像がある

Durance□

Mᴰトゥレヴ広場
Pl. M. Debré

⊗外国伝道神学校

R. de Babylone

セーヴル・バビロヌ
Sèvres Babylone

ブシコー公園
Square Boucicaut

(時計)Omega□
ル・コルビュジエ広場
Pl. Le Corbusier

R. de Sèvres

Camper(靴)
Swildens

Swatch□

Longchamp□

(チョコレート)
□Foucher

P.135
●ル・ボン・マルシェ・リヴ・ゴーシュ
Le Bon Marché Rive Gauche

Chantelivre(本)
(ランジェリー)Eres□
□Hermès

🏛La Maison du Chocolat
Hôtel Lutetia

M

サン・シュルピス
Saint-Sulpice

(映画館)L'Arlequin ●
カルフール🏛

●奇跡のメダル教会 P.167
Chapelle Notre-Dame
de la Médaille Miraculeuse

M

□Guerlain(香水)

Loxwood□

□Cotélac
(ファッション)

(靴)Le 78 Femme

サンティニャース教会✝
Eglise Saint-Ignace

Le Cherche Midi□

(イタリアン)
Le Cherche Midi □

P.135
●ラ・グランド・エピスリー・ド・パリ・リヴ・ゴーシュ
La Grande Épicerie de Paris Rive Gauche

□Puyricard(チョコレート)

Aドヴィル広場
Pl. A. Deville

□ル・ボン・マルシェ
Le Bon Marché

□Hélène Darroze

R. Coëtlogon

R. de Mézières

□Viennoiserie(パン

Hôtel de□
l'Abbaye

□Lacoste

□ZARA

R. Dupin

Le Raspail□

●マルシェ・ビオ・ラスパイユ P.42
Marché Biologique Raspail

□Villa Medici

Hôtel Sèvres
□Saint Germain

(チョコレート)
□A la Mère de
Famille

レンヌ
Rennes

第6区
6ᴱ

P.136 ラ・スリーズ・シュル・ル・シャポー ●
La Cerise sur le Chapeau

Jean-Charles Rochoux●
(チョコレート)

サン・シュルピス神学校 ⊗
Séminaire Saint-Sulpice

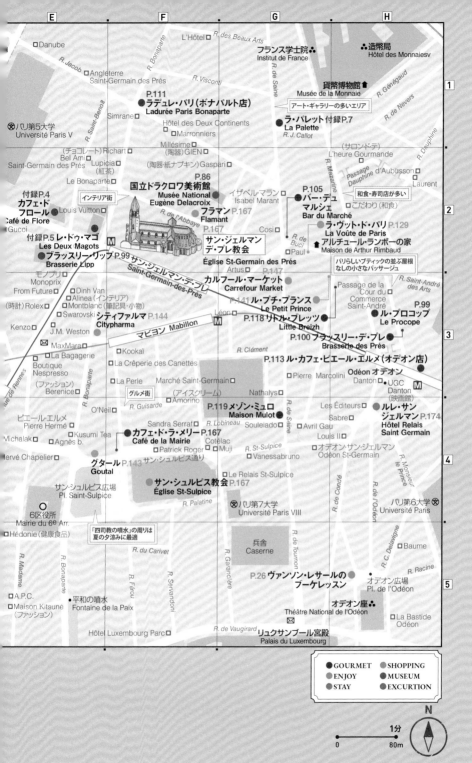

□Danube

R. Jacob　□Angleterre
Saint-Germain des Prés

L'Hôtel□　R. des Beaux Arts

フランス学士院∴
Institut de France

∴造幣局
Hôtel des Monnaies∨

⊗パリ第5大学
Université Paris V

貨幣博物館📧
Musée de la Monnaie

R. Génégaud

R. de Nevers

1

P.111
●ラデュレ・パリ（ボナパルト店）
Ladurée Paris Bonaparte

Simrane□

Hôtel des Deux Continents

□□Marronniers

アート・ギャラリーの多いエリア

●ラ・パレット 付録P.7
La Palette

R. J. Callot

（チョコレート）Richart□
Bel Ami□
Saint-Germain des Prés
Lupicia□
（紅茶）

Millésime□

□□（陶器）GIEN

（陶器・紙ナプキン）Gaspari□

R. Dauphine

L'heure Gourmande

（サロン・ド・テ）

Passage
Dauphine d'Aubusson□

□Laurent

2

付録P.4
カフェ・ド
フロール
Café de Flore

□Le Bonaparte

インテリア街

Louis Vuitton□□

P.86
国立ドラクロワ美術館
Musée National
Eugène Delacroix

イザベル・マラン
Isabel Marant

P.105
●バー・デュ
マルシェ
Bar du Marché

和食・寿司店が多い

こだわり（和食）

Gucci□

付録P.5 レ・ドゥ・マゴ
Les Deux Magots
●

フラマン P.167
Flamant

P.167

R. de l'Abbaye

Cosi□

R. de
Buci

●ラ・ヴット・ド・パリ P.129
La Voûte de Paris

▲アルチュール・ランボーの家
Maison de Arthur Rimbaud

●ブラッスリー・リップ P.99
Brasserie Lipp

サン・ジェルマン・
デ・プレ教会
Église St-Germain des Prés

Artus□

P.147

パリらしいブティックの並ぶ屋根
なしの小さなパッサージュ

R. Saint-André
des Arts

モノプリ
Monoprix
From Future

□Dinh Van

カルフール・マーケット
Carrefour Market

Passage de la
Cour du
Commerce
Saint-André

P.99
●ル・プロコップ
Le Procope

（時計）Rolex□

Alinea（インテリア）

□Montblanc（筆記具・小物）

P.141 ●ル・プチ・プランス
Le Petit Prince

□Swarovski

シティファルマ P.144
Citypharma

P.118 リトル・ブレッツ●
Little Breizh

P.100 ブラッスリー・デ・プレ
Brasserie des Prés

Kenzo□

J.M. Weston□

レオン
Léon

マビヨン Mabillon

3

✉ MaxMara□

□La Bagagerie

Boutique
Nespresso

（ファッション）
Berenice□

□Kookaï

La Crêperie des Canettes□

R. Clément

P.113 ル・カフェ・ピエール・エルメ（オデオン店）

□Pierre Marcolini

Odéon オデオン

Danton□

UGC
Danton
（映画館）

M

La Perle□

Marché Saint-Germain

グルメ街

（アイスクリーム）
□Amorino

Nathalys□

O'Neil□

R. Guisarde

P.119 メゾン・ミュロ
Maison Mulot ●

R. Lobineau

Souleiado□

Les Éditeurs□

Sabre□

Avril Gau□

●ル・ルレ・サン
ジェルマン P.174
Hôtel Relais
Saint Germain

ピエール・エルメ
Pierre Hermé

Sandra Serraf□

カフェ・ド・ラ・メリー P.167
Café de la Mairie ●

Cotélac□

Louis II□

オデオン・サン・ジェルマン
Odéon St-Germain

4

Michalak□

□Agnès b.

Patrick Roger□

□Muji

R. St-Sulpice

□Vanessabruno

Hervé Chapelier□

グタール P.143
Goutal

サン・シュルピス通り

□Le Relais St-Sulpice

R. de Condé

R. de l'Odéon

パリ第6大学 ⊗
Université Paris

サン・シュルピス広場
Pl. Saint-Sulpice

●サン・シュルピス教会 P.167
Église St-Sulpice

R. Palatine

⊗パリ第7大学
Université Paris VIII

O
6区役所
Mairie du 6e Arr.

「四司教の噴水」の周りは
夏の夕涼みに最適

□Baume

□Hédonie（健康食品）

R. du Carivet

R. de Tournon

兵舎
Caserne

R. C. Delavigne

R. Racine

5

□A.P.C.

□Maison Kitsuné
（ファッション）

●平和の噴水
Fontaine de la Paix

P.26 ヴァンソン・レサールの●
ブーケ・レッスン

オデオン広場
Pl. de l'Odéon

Hôtel Luxembourg Parc□

R. de Vaugirard

オデオン座∴
Théâtre National de l'Odéon

リュクサンブール宮殿
Palais du Luxembourg

□La Bastide
Odéon

●GOURMET　●SHOPPING
●ENJOY　●MUSEUM
●STAY　●EXCURSION

1分
0　　80m

N

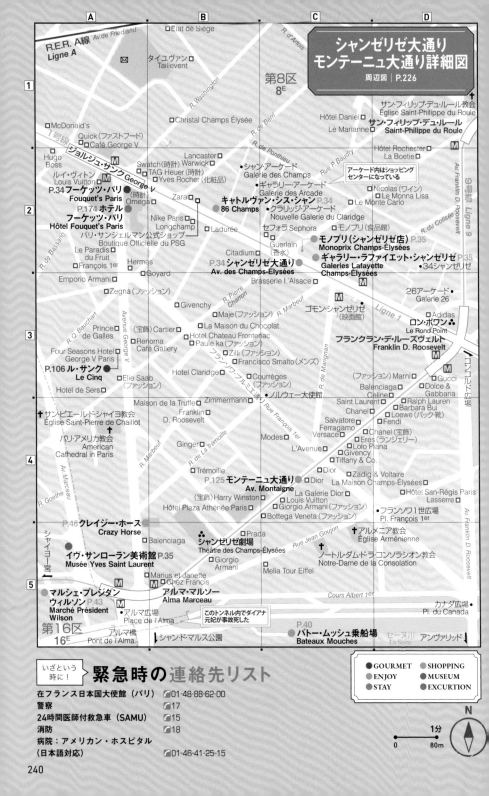

シャンゼリゼ大通り モンテーニュ大通り詳細図

周辺図 | P.226

緊急時の連絡先リスト

いざという時に！

在フランス日本国大使館（パリ）	01-48-88-62-00
警察	17
24時間医師付救急車（SAMU）	15
消防	18
病院：アメリカン・ホスピタル（日本語対応）	01-46-41-25-15

- GOURMET
- SHOPPING
- ENJOY
- MUSEUM
- STAY
- EXCURSION

1分
0　80m